现代汽车维护与保养

第4版

主　编　夏长明
副主编　张南峰　车　志
参　编　罗志高　郭艳红　刘案榕
　　　　陈伙南　徐浩荣　孙晓佳

机械工业出版社

本书以汽车维护"预防为主、定期检测、强制维护"的原则为基础，结合现代汽车的性能特点、使用维护规定及车主个性化需求等实际情况，以汽车维护与保养的"清洁、检查、紧固、调整、润滑、补给、更换和检测"八大作业为主线，设计了汽车维护与保养的理论基础、汽车维护与保养的作业技术、汽车维护与保养的4S店作业三大学习项目、八个学习任务。本书内容紧贴汽车新技术、汽车维护保养需要和企业生产实际，便于学校进行灵活多变的项目化教学。

本书配有学习工作页、教师示范操作微视频、3D动画、课程标准、单元设计、教学课件和试题库等教学资源，便于教师备课、授课，学生预习、练习和复习。

本书主要作为高职高专道路运输类汽车服务与营销、汽车运用与维修、汽车美容与装潢以及汽车制造类汽车制造与试验技术、汽车电子技术、汽车造型与改装技术等专业教材，也可供广大车主、汽车维修管理人员学习参考。

图书在版编目（CIP）数据

现代汽车维护与保养 / 夏长明主编. —4版. —北京：机械工业出版社，2022.5（2025.8 重印）

ISBN 978-7-111-70464-5

Ⅰ.①现… Ⅱ.①夏… Ⅲ.①汽车 – 车辆修理 – 高等职业教育 – 教材 ②汽车 – 车辆保养 – 高等职业教育 – 教材 Ⅳ.① U472

中国版本图书馆 CIP 数据核字（2022）第 051001 号

机械工业出版社（北京市百万庄大街22号 邮政编码100037）
策划编辑：谢 元　　　　　责任编辑：谢 元　丁 锋
责任校对：张晓蓉　王 延　封面设计：张 静
责任印制：单爱军
中煤（北京）印务有限公司印刷
2025年8月第4版第3次印刷
184mm×260mm·19印张·1插页·478千字
标准书号：ISBN 978-7-111-70464-5
定价：59.00元（含学习工作页）

电话服务　　　　　　　　　网络服务
客服电话：010-88361066　　机 工 官 网：www.cmpbook.com
　　　　　010-88379833　　机 工 官 博：weibo.com/cmp1952
　　　　　010-68326294　　金 书 网：www.golden-book.com
封底无防伪标均为盗版　机工教育服务网：www.cmpedu.com

前　言

据统计，目前我国私人乘用车保有量已占绝对数量，显然私家车主已经成为汽车维修市场的主要服务对象。为适应汽车维修市场服务对象的巨大变化，国家对相关法律法规和技术标准进行了较大幅度的修订，并对汽车维护分级、作业内容、检验标准重新进行了界定。因此，汽车类专业师生、汽车售后企业相关从业人员以及广大车主均应及时了解相应变化，熟悉相关知识，掌握相关技能，以确保道路运输车辆和私人乘用车的行车安全。

本书以汽车维护与保养的"清洁、检查、紧固、调整、润滑、补给、更换和检测"八大作业为主线，设计了汽车维护与保养的作业技术等三个学习项目，布置了现代汽车的常规维护与保养、新能源汽车的维护与保养以及现代汽车4S店维护作业的操作规程等八个学习任务，节选介绍了国家关于汽车维护与保养方面的相关法规和有关标准；详细讲解了汽车常规维护、深度维护等各类维护的作业流程、保养项目、操作要领和技术要求等内容；例举示范了4S店汽车维护作业的工作流程和操作规程。每个任务的内容相互递进，互为补充，方便各学校依据自身条件实施灵活多变的项目化教学。

本书为《现代汽车维护与保养》的第4版，对第3版内容、格式及排版进行了较大幅度的修订，删除了汽车运行材料、工量具、仪器设备及保养灯归零等方面的内容，进一步强化了汽车维护内容。教材改版遵循职业教育教学规律和人才成长规律，更符合学生认知特点，更能体现先进职教理念，具有更鲜明的职教特色。

新版教材"以真实生产项目、典型工作任务为载体"进行教学任务的设计，编写理念紧跟时代步伐，内容贴近汽车新技术、汽车维护保养需要以及企业生产实际，便于学校开展项目化教学。本教材具有如下特点：

一是将知识目标与能力目标进行有机结合，通过完成主教材及学习工作页各项任务，使学生掌握关键知识，拥有核心技能，具备职业素养，树立工匠精神，体现了"立德树人"的根本宗旨。

二是以职业教育真实生产项目、典型工作任务为载体组织教学单元，体现了产业发展的新技术、新工艺、新规范、新标准，同时强化了汽车维护的作业流程、操作要领、技术要求和注意事项等企业要素，突出了职业教育的岗位属性。

三是主教材配备了学习工作页，精心设计了典型工作任务单，内容紧密对接产业升级和技术变革趋势，便于开展实践教学和实施过程化考核，利于实现教学过程与生产过程的对接，具有明确的职业教育培养目标。

四是对关乎人身及车辆安全方面的关键知识和技能，进行知识拓展和微视频示范，学生通过扫码观看教师示范操作视频，再分组实训，顺应了"互联网+教育"时代要求，规范了学生的实践活动，利于提高学生的安全责任意识和职业道德水平。

本书由广州城建职业学院汽车教研室教材编写组组织编写，其中夏长明副教授担任主编，编写任务1、任务2、任务3、任务5、任务7和任务8，并负责全书统稿；张南峰博士和车志副教授担任副主编，分别编写任务6和任务4；罗志高、郭艳红、刘案榕、陈伙南、徐浩荣、孙晓佳老师参与了部分内容的编写。教师示范操作微视频由广州城建职业学院现代教育技术中心李锦泉老师拍摄制作，夏长明、陈伙南、徐浩荣、郭艳红等老师参与了微视频拍摄。上海大众汽车、上海通用汽车售后服务中心和北汽新能源汽车股份公司对本书的编写提供了技术支持，在此一并表示由衷的感谢。

由于编写水平有限，本中难免有不妥之处，敬请读者批评指正。

编　者

目　录

前言

项目一　汽车维护与保养的理论基础

任务 1　现代汽车维护与保养概论 ………………………………………………… 2
　1.1　现代汽车维护与保养的意义 ……………………………………………… 2
　1.2　现代汽车维护与保养的目的 ……………………………………………… 3
　1.3　现代汽车维护与保养的原则 ……………………………………………… 3
　1.4　现代汽车维护与保养的分类及作业内容 ………………………………… 3
　1.5　现代汽车维护与保养的作业规范及作业范围 …………………………… 6
　1.6　现代汽车维护与保养的周期 ……………………………………………… 7
　任务总结 ………………………………………………………………………… 8
　任务验收 ………………………………………………………………………… 8

任务 2　现代汽车维护与保养的相关法规及工作制度 ……………………………… 9
　2.1　现代汽车维护与保养的相关法规 ………………………………………… 9
　2.2　汽车维修企业 7S 工作制 ………………………………………………… 10
　任务总结 ………………………………………………………………………… 16
　任务验收 ………………………………………………………………………… 17

项目二　汽车维护与保养的作业技术

任务 3　现代汽车的常规维护与保养 ……………………………………………… 20
　3.1　现代汽车的日常维护保养 ………………………………………………… 20
　3.2　现代汽车的一级维护保养 ………………………………………………… 30
　3.3　现代汽车的二级维护保养 ………………………………………………… 54
　任务总结 ………………………………………………………………………… 108
　任务验收 ………………………………………………………………………… 109

任务 4　现代汽车的季节维护与保养 …………………………………… 110
4.1　夏季汽车的维护与保养 ……………………………………………… 110
4.2　冬季汽车的维护与保养 ……………………………………………… 117
任务总结 ……………………………………………………………………… 122
任务验收 ……………………………………………………………………… 123

任务 5　现代汽车的深度维护与保养 …………………………………… 124
5.1　汽车发动机燃油系统的深度维护 …………………………………… 124
5.2　汽车发动机润滑系统的深度维护 …………………………………… 130
5.3　汽车发动机冷却系统的深度维护 …………………………………… 134
5.4　汽车空调系统的深度维护 …………………………………………… 136
5.5　汽车自动变速器的深度维护 ………………………………………… 140
5.6　汽车制动系统的深度维护 …………………………………………… 146
5.7　汽车液压助力转向系统的深度维护 ………………………………… 152
任务总结 ……………………………………………………………………… 157
任务验收 ……………………………………………………………………… 158

任务 6　新能源汽车的维护与保养 ……………………………………… 159
6.1　新能源汽车的保养周期及类别 ……………………………………… 159
6.2　新能源汽车的保养项目及内容 ……………………………………… 160
6.3　新能源汽车维护与保养的作业技术 ………………………………… 162
6.4　新能源汽车维护与保养的检测技术 ………………………………… 172
任务总结 ……………………………………………………………………… 174
任务验收 ……………………………………………………………………… 175

项目三　汽车维护与保养的 4S 店作业

任务 7　现代汽车 4S 店维护作业的工作流程 ………………………… 178
7.1　汽车 4S 店的基本运作流程 ………………………………………… 178
7.2　汽车 4S 店的安全生产 ……………………………………………… 186
任务总结 ……………………………………………………………………… 187
任务验收 ……………………………………………………………………… 188

任务 8　现代汽车 4S 店维护作业的操作规程 ·················· **189**
  8.1　汽车 4S 店的售前检查·· 189
  8.2　汽车 4S 店的首次保养·· 197
  8.3　汽车 4S 店的定期保养·· 218
任务总结 ··· **235**
任务验收 ··· **235**
参考文献 ··· **236**

项目一

汽车维护与保养的理论基础

※ 知识目标：
- ◆ 知道现代汽车维护与保养的意义和目的
- ◆ 知道现代汽车维护与保养的原则和分类依据
- ◆ 知道现代汽车维护与保养的作业规范及作业范围
- ◆ 知道现代汽车维护与保养的周期

※ 能力目标：
- ◆ 熟练掌握现代汽车维护与保养的分类及作业内容
- ◆ 熟悉《道路运输车辆技术管理规定》《汽车维护、检测、诊断技术规范》等相关法规及国家标准
- ◆ 掌握汽车维修企业 7S 工作制的核心要义

任务 1
现代汽车维护与保养概论

1.1 现代汽车维护与保养的意义

随着现代汽车制造业的不断进步，新技术、新工艺、新材料得到广泛应用，汽车的技术性能有了很大的提高。但是，汽车作为机电产品，即使是性能极其卓越，但随着行驶里程的增加，其零部件都会逐渐发生磨损，技术状况会不断变差，这是不可避免的。图 1-1 所示为汽车零部件磨损的三个阶段，其中正常工作期越长，就意味着大修间隔里程越长，车辆使用成本越低，而正常磨损阶段的长短主要取决于车辆的使用与保养状况。

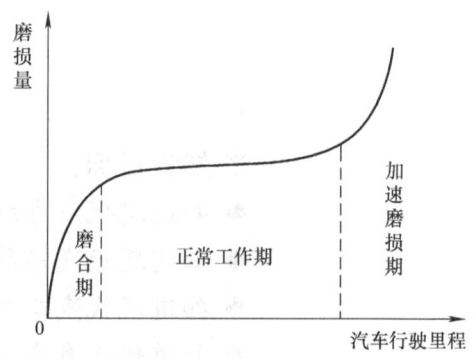

图 1-1　汽车零部件磨损的三个阶段

图 1-2 所示为汽车零部件的磨损曲线，由此可以看出，其磨损的程度在其他条件（如材料、路况等）相同的情况下，会因使用、保养的情况不同而有很大的差异。由此可见，只有根据零部件的磨损规律制定切实可行的维护保养措施，才能使其保持完好的技术状态，这便是汽车维护保养的意义所在。

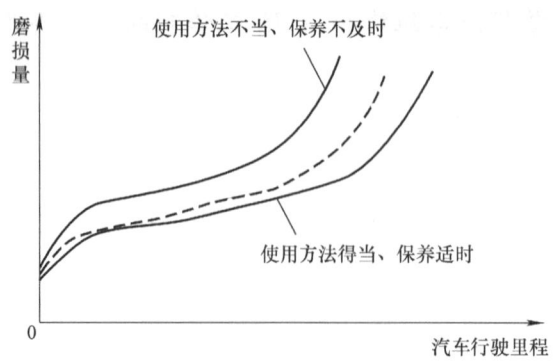

图 1-2　汽车零部件的磨损曲线

1.2 现代汽车维护与保养的目的

当汽车行驶一定的里程和时间间隔后,根据汽车维护技术标准,按规定的工艺流程、作业范围、作业项目和技术要求所进行的预防性作业称为汽车维护。其目的就是保持车辆技术状况良好,确保行车安全,充分发挥汽车的使用效能和降低运行消耗,以取得良好的经济效益、社会效益和环境效益。

1.3 现代汽车维护与保养的原则

根据《道路运输车辆技术管理规定》,汽车维护应贯彻"预防为主、定期检测、强制维护"的原则,即汽车维护必须遵照交通运输管理部门和汽车生产厂家规定的行驶里程或时间间隔,按期强制执行,不得拖延,并在维护作业中遵循汽车维护分级和作业范围的有关规定,以保证维护质量。

1. 预防为主

汽车维护是预防性的,保持车容整洁、车况良好,及时消除发现的故障和隐患,防止汽车过早损坏是汽车维护的基本要求。汽车维护的各项作业是有计划定期执行的,其内容是依照汽车技术状况变化的规律来安排的,并赶在汽车技术状况变坏之前进行,以突出预防为主的原则。

2. 定期检测

定期检测是指汽车在二级维护前必须用检测仪器或设备对汽车的主要性能和技术状况进行检测诊断,以了解和掌握汽车的技术状况和磨损程度,并作出技术评定,根据检测结果确定该车的附加作业或小修项目,从而结合二级维护一并进行附加作业或小修。

3. 强制维护

强制维护是在计划预防维护的前提下所执行的维护制度,是指汽车维护工作必须遵照交通运输管理部门或汽车使用说明书规定的行驶里程或时间间隔,按期进行,不得任意拖延,以体现强制性的维护原则。

> 思政链接:这些原则与习近平总书记所提出的"人民至上、生命至上,保护人民生命安全和身体健康可以不惜一切代价""我们要倡导绿色、低碳、循环、可持续的生产生活方式"的理念是一脉相承的。

1.4 现代汽车维护与保养的分类及作业内容

在汽车的使用过程中,由于汽车的新旧程度、行驶地区、使用条件的不同,在各个时期对汽车维护与保养的作业分类也不相同。根据GB/T 18344—2016《汽车维护、检测、诊断技术规范》的规定,汽车维护分为日常维护、一级维护和二级维护三类。

> ☞ 提示:在汽车的实际使用过程中,日常维护、一级维护和二级维护通常称为常规维护,而季节性维护和免拆维护(或深度养护)通常称为按需维护。

如图1-3所示,汽车维护与保养以清洁、检查、紧固、调整、润滑、补给、更换和检测八大作业为主,维护范围随着行驶里程的增加而逐步扩大,内容逐步加深。

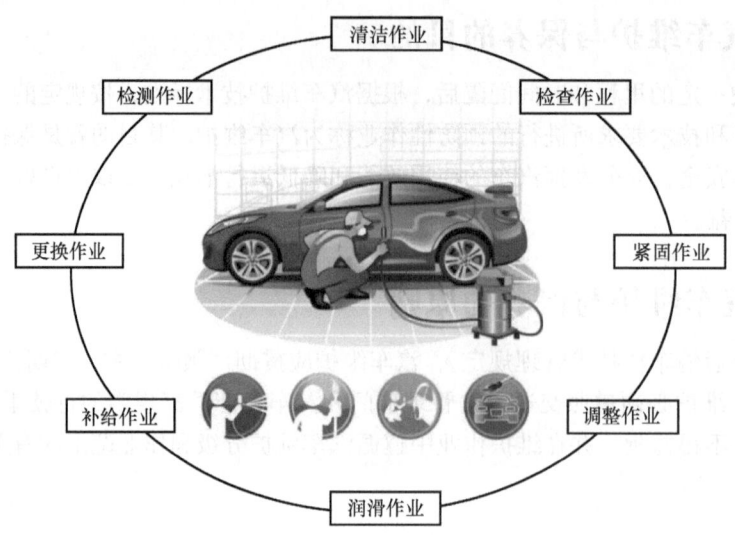

图 1-3　汽车维护八大作业

> 👉 **重要提示**：汽车维护的八大作业是"汽车维护"课程教学的核心内容，是实施理实一体化教学的主线条，是提炼汽车维护的典型工作任务，实现教学过程与生产过程对接的主渠道。

1. 清洁作业

清洁作业是提高汽车维护质量，防止机件腐蚀，减轻零部件磨损和降低燃油消耗的基础，也是做好检查、紧固、调整、润滑、补给、更换和检测等作业的前提。其工作内容主要包括对燃油、机油、空气、空调等滤清器滤芯的清洁，汽车外表的养护以及对有关总成、零部件内外部的清洁。

> 👉 **提示**：发动机中的燃料供给系统、润滑系统、冷却系统，底盘中的制动系统、液压助力转向系统、自动变速器以及车身中的空调系统等，可根据需要进行深度免拆清洁，即"骨子里"的清洁，以便彻底清除这些系统管路中的积炭、漆膜、杂质和胶质等沉积物，从而提高系统工作性能、降低能源消耗、延长使用寿命。

2. 检查作业

检查作业是汽车维护的重要工作之一，通过对汽车各部位的检查，以确定零部件的变异和损坏情况。其工作内容主要是检查汽车各总成和机件是否齐全，连接是否紧固；是否存在漏水、漏油、漏气和漏电等现象；利用汽车上的指示仪表、报警装置以及随车诊断装置，检查各总成、机构和仪表的技术状况是否完好。

> 👉 **提示**：对影响汽车安全行驶的转向、制动、灯光等工作情况，应加强检查的力度；在汽车拆检或装配、调整时，应重点检查各主要部件的配合间隙是否正常。

3. 紧固作业

紧固作业是确保各部位机件连接可靠，防止机件松动出现安全隐患的重要预防性作业。汽车在运行中，由于振动、颠簸、热胀冷缩等原因，会改变零部件的紧固程度，以致零部件失去连接的可靠性。紧固工作的重点应放在负荷重且经常变化的各机件的连接部位上。

> ☞提示：应及时对各连接螺栓进行必要的紧固和配换，若发现连接部位因紧固件损坏、失效而松动、无法按规定力矩进行紧固时，必须更换新件，以免发生应该可以避免的故障。

4. 调整作业

调整作业是保证各总成和机件长期正常工作的重要环节。调整工作的好坏，对减少机件磨损、保持汽车使用的经济性和可靠性有直接的关系。其作业内容主要是按技术要求，恢复总成、机件的正常配合间隙及工作性能等。

> ☞提示：调整作业是各项维护作业中技术难度最大、操作要领和注意事项最多的一项复杂性维护作业。要求从事调整作业的技术人员，必须熟悉各部位调整参数，熟练相关工量具及仪器设备的使用操作，否则会严重影响车辆技术性能，甚至过早损坏车辆。

5. 润滑作业

润滑作业是为了减小各摩擦副的摩擦力，减轻机件的磨损所进行的作业。其工作内容包括按照汽车的润滑图表和规定的周期，用规定牌号的润滑油或润滑脂进行润滑；各油嘴、油杯和通气塞必须配齐，并保持畅通；发动机、变速器、转向器、驱动桥等应按规定补充、更换润滑油。

> ☞提示：润滑作业是确保汽车各运转部件能够正常运转的最频繁、最重要的维护作业，也是最大限度地减小运动副摩擦阻力，降低零部件磨损，延长车辆使用寿命的关键环节。如发动机号称汽车的"心脏"，而润滑油（俗称机油）号称发动机的"血液"，其润滑性能的好坏直接决定发动机的能耗、排放、噪声和寿命；自动变速器是汽车上结构最复杂的机、电、液一体化的产品，其工作性能的好坏和使用寿命的长短直接取决于液力传动油的选用。因此，应认真提炼润滑作业中的典型工作任务，让学生熟练掌握润滑作业的工艺流程、操作要领、技术要求和注意事项等关键内容。

6. 补给作业

补给作业是指在汽车维护中，对汽车的燃料及特殊工作液进行加注补充；对蓄电池进行补充充电、对轮胎进行补气等作业。

> ☞提示：补给作业应选用与系统和总成相互匹配的运行材料，否则容易引发故障，甚至失效。应及时添加或更换燃料和冷却液等运行材料，以确保系统和总成的正常工作。

7. 更换作业

更换作业是指结合汽车二级维护，对发动机正时带、附件驱动带，制动器摩擦衬片、制动液、转向助力液、液力传动油、润滑油以及燃油滤清器等零部件进行更换的过程。

☞ 提示：更换作业一般作为二级维护作业的附加小修项目，与二级维护作业一并进行，并不得大拆大卸，仅拆卸无关紧要的小零部件即可，以体现维护作业尽量不拆的技术原则。

8. 检测作业

检测作业是指汽车在进行二级维护前，为了确定更换某些总成或部件，如正时带、蓄电池、摩擦衬片等，并确定附加作业小修项目而进行的检查、检验和测试，是确定更换和附加作业小修项目的技术依据。

☞ 提示：根据《汽车维护、检测、诊断技术规范》，汽车一级维护和二级维护前的检验（为了确定附加作业小修项目）、维护过程检验以及维护竣工检验，可视具体情况而定，未作硬性规定。

1.5 现代汽车维护与保养的作业规范及作业范围

1. 作业规范

维护作业包括上述所讲的清洁、检查、紧固、调整、润滑、补给、更换和检测等内容。一般除主要总成发生故障必须解体外，不得对车辆总成进行解体，这就明确了维护和修理的界限。车辆进行维护时，不能对其主要总成大拆大卸，只有在发生故障需要解体时方可进行解体。很显然，与过去的维护制度相比，现行的维护制度进行了以下规范。

1）取消了整车解体式的三级维护。生产实践证明，对主要总成大拆大卸的工艺方法是不科学的，也是不符合技术经济原则的。同时，"三级维护"作业内容既有维护作业，又有修理作业，不便于维护和修理的区分。

2）没有对各级维护周期作统一规定，由省、直辖市、自治区按车型，结合本地区具体情况提出统一的维护周期，但制定了车辆维护技术规范以保证车辆的维护质量。

3）对季节性维护作了规范。当车辆进入冬夏两季运行时，一般结合二级维护对车辆进行季节性维护。

2. 作业范围

现代汽车各类维护的作业范围（GB/T 18344—2016），见表1-1。

表1-1 现代汽车各类维护的作业范围

维护种类	作业范围
日常维护	日常维护作业以清洁、补给和安全性能检视为中心内容。其主要内容是： ① 坚持"三检"，即在出车前、行车中、收车后检视车辆的安全机构及各部位机件连接的紧固情况 ② 保持"四清"，即保持润滑油、空气、燃油滤清器和蓄电池的清洁 ③ 防止"四漏"，即防止漏水、漏油、漏气和漏电
一级维护	一级维护作业中心内容除日常维护作业外，以润滑、紧固为作业中心内容，并检查有关制动、操纵等系统中的安全部件
二级维护	二级维护作业中心内容除一级维护作业外，以检查、调整制动系统、转向操纵系统、悬架等安全部件，并拆检轮胎，进行轮胎换位，检查调整发动机工作状况和汽车排放相关系统等

(续)

维护种类	作业范围
季节性维护	由于冬夏两季的温差大，为使车辆在冬夏两季的合理使用，在换季之前应结合定期维护，并附加一些相应的项目，使汽车适应气候变化了的运行条件，这种附加性的维护称为季节性维护
免拆维护	免拆维护是指在突出"不解体"的前提下，用专用设备及保护用品对汽车燃油系统、冷却系统、润滑系统、制动系统、空调系统以及自动变速器等进行清洁和补给的维护

1.6 现代汽车维护与保养的周期

根据《道路运输车辆技术管理规定》，道路运输经营者和私家车主应当依据国家有关标准和车辆使用说明书等，结合车辆类别、车辆运行状况、行驶里程、道路条件、使用年限等因素，自行确定车辆维护周期，确保车辆正常使用。

日常维护周期为出车前、行车中和收车后。汽车一级维护、二级维护周期的确定应以行驶里程间隔为基本依据，行驶里程间隔执行车辆维修资料等有关技术文件的规定；对于不便用行驶里程间隔统计、考核的汽车，可用行驶时间间隔确定一级维护、二级维护的周期。道路运输车辆的一级维护、二级维护推荐周期，见表1-2。

表1-2 道路运输车辆一级维护、二级维护推荐周期（GB/T 18344—2016）

适用车型		维护周期	
		一级维护行驶里程间隔上限值或行驶时间间隔上限值	二级维护行驶里程间隔上限值或行驶时间间隔上限值
客车	小型客车（含乘用车）（车长≤6m）	10 000km 或 30 日	40 000km 或 120 日
	中型及以上客车（车长>6m）	15 000km 或 30 日	50 000km 或 120 日
货车	轻型货车（最大设计总质量≤3 500kg）	10 000km 或 30 日	40 000km 或 120 日
	轻型以上货车（最大设计总质量>3 500kg）	15 000km 或 30 日	50 000km 或 120 日
挂车		15 000km 或 30 日	50 000km 或 120 日

注：对于山区、沙漠、炎热、寒冷等特殊运行环境为主的道路运输车辆，可适当缩短维护周期。

> **注意**：当前数量庞大的进口、合资及自主品牌私家车各车型的维护保养规定与我国道路运输车辆的强制维护规定的内容有所不同，为保证这些汽车的合理使用和行车安全，在汽车实际维护保养工作中应以厂家规定内容为准。

表1-3所列（见书末插页）为上海大众特约维修站所执行的1.4T双离合2017款上海新桑塔纳轿车的保养周期，可供相关车型维护保养时参考。

解读和学习工匠精神之一

工匠精神是一种职业精神,它是职业道德、职业能力、职业品质的体现,是从业者的一种职业价值取向和行为表现。"工匠精神"的基本内涵包括敬业、精益、专注、创新等方面的内容。

敬业是从业者基于对职业的敬畏和热爱而产生的一种全身心投入的认认真真、尽职尽责的职业精神状态。

中华民族历来有"敬业乐群""忠于职守"的传统,敬业是中国人的传统美德,也是社会主义核心价值观的基本要求之一。

任务总结

1)当汽车行驶达到一定的里程和时间间隔后,根据汽车维护技术标准,按规定的工艺流程、作业范围、作业项目和技术要求所进行的预防性作业称为汽车维护。

2)汽车维护与保养的目的是保持车辆技术状况良好,确保行车安全,充分发挥汽车的使用效能和降低运行消耗,以取得良好的经济效益、社会效益和环境效益。

3)汽车维护与保养的原则是必须遵照交通运输管理部门和汽车生产厂家规定的行驶里程或时间间隔,按期强制执行,不得拖延。

4)根据《汽车维护、检测、诊断技术规范》,汽车维护分为日常维护、一级维护和二级维护三类。

5)目前汽车实际维护与保养的内容以清洁、检查、紧固、调整、润滑、补给、更换和检测八大作业为主,维护范围随着行驶里程的增加而逐步扩大,内容逐步加深。

6)汽车维护与保养的作业规范为车辆进行维护时,不得对其主要总成大拆大卸,只有在发生故障需要解体时方可进行解体。

7)汽车维护与保养的作业范围包括:日常维护作业以清洁、补给和安全性能检视为中心内容;一级维护除日常维护作业外,以润滑、紧固为作业中心内容,并检查有关制动、操纵等系统中的安全部件;二级维护除一级维护作业外,以检查和调整制动系统、转向操纵系统、悬架等安全部件为主,并拆检轮胎,进行轮胎换位,检查和调整发动机工作状况和汽车排放相关系统等。

8)道路运输经营者和私家车主应当依据国家有关标准和车辆使用说明书等,结合车辆类别、车辆运行状况、行驶里程、道路条件、使用年限等因素,自行确定车辆的维护与保养周期。

任务验收

掌握"学习工作页"任务1中的关键理论知识;熟练完成各项维护作业任务;认识大国工匠,学习和弘扬工匠精神。

任务 2
现代汽车维护与保养的相关法规及工作制度

2.1 现代汽车维护与保养的相关法规

2.1.1 道路运输车辆技术管理规定解读

为适应我国汽车维修市场服务对象的巨大变化，近年来国家有关部门出台了一系列政策法规，对相关法律法规进行了较大幅度的修订，如《道路运输车辆技术管理规定》。下面节选车辆维护方面的相关规定，作为汽车使用维修人员应熟练掌握。

1）道路运输经营者应当建立车辆维护制度。车辆维护分为日常维护、一级维护和二级维护。日常维护由驾驶员实施，一级维护和二级维护由道路运输经营者组织实施，并做好记录。

2）道路运输经营者应当依据国家有关标准和车辆维修手册、使用说明书等，结合车辆类别、车辆运行状况、行驶里程、道路条件、使用年限等因素，自行确定车辆维护周期，确保车辆正常维护。

车辆维护作业项目应当按照国家关于汽车维护的技术规范要求确定。

> ☞ 提示：道路运输经营者可以对自有车辆进行二级维护作业，保证投入运营的车辆符合技术管理要求，无需进行二级维护竣工质量检验。

道路运输经营者不具备二级维护作业能力的，可以委托二类以上机动车维修经营者进行二级维护作业。机动车维修经营者完成二级维护作业后，应当向委托方出具二级维护出厂合格证。

2.1.2 汽车维护、检测、诊断技术规范解读

近年来随着汽车产业的迅猛发展，政府相关部门也更加认识到汽车维修行业在人民生活和国民经济中的重要地位。提出汽车维修业关系到道路交通安全，关系到大气污染防治，关系到社会公众生活质量，关系到汽车产业健康、可持续发展，是重要的民生服务业。对此，国家相关部门也对有关国家标准重新进行了修订，对汽车维护分级、作业内容、检验标准等重新进行了界定，如 GB/T 18344—2016《汽车维护、检测、诊断技术规范》。下面节选车辆维护方面的相关标准，作为汽车使用维护人员应熟练掌握。

1）在汽车的使用过程中，由于汽车的新旧程度、使用地区条件的不同，在各个时期对汽车维护保养的作业项目也不同。

2）根据 GB/T 18344—2016《汽车维护、检测、诊断技术规范》，汽车常规维护分为日常维护、一级维护和二级维护三类，取消了走合维护。

3）维护作业以清洁、检查、紧固、润滑、调整和补给六大作业为主，维护范围随着行驶里程和时间间隔的增加逐步扩大，内容逐步加深。

> 提示：目前汽车实际维护与保养的内容以清洁、检查、紧固、调整、润滑、补给、更换和检测八大作业为主。

4）汽车进行一级和二级维护的相关检测及检验标准，参见相关任务。

2.2 汽车维修企业 7S 工作制

为塑造良好的工作环境和企业形象，提高生产效率、作业安全、服务水平和维修质量以及人员素质，减少不必要的浪费，目前大部分汽车维修企业开始推行 7S 工作制。其意义如图 2-1 所示。

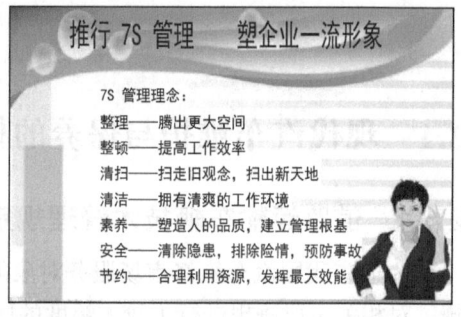

图 2-1 推行 7S 工作制的意义

2.2.1 汽车维修企业 7S 工作制的内容

1）整理 (Seiri)：工作现场，区别要与不要的东西，只保留有用的东西，撤除不需要的东西。

2）整顿 (Seiton)：把要用的东西按规定位置摆放整齐，并做好标志进行管理。

3）清扫 (Seiso)：将汽车维修企业不需要的东西清除掉，使工作现场处于无垃圾、无污秽状态。

4）清洁 (Seiketsu)：维持以上整理、整顿、清扫后的局面，使工作人员觉得整洁卫生。

5）素养 (Shitsuke)：让每个员工都自觉遵守各项规章制度，养成正确执行各项决定的良好习惯。

6）安全（Safety）：规范操作，树立安全第一观念；清除事故隐患，保障员工人身安全，保证生产正常运行。

7）节约（Saving）：合理利用时间、空间和能源，做到物尽其用，发挥其最大效能。

2.2.2 7S 工作制的要求

1）良好的仪表及礼仪：统一规范的着装要求，良好的坐姿、站姿，电话礼仪，整洁、明亮、大方、舒适的接待环境。如图 2-2 所示，良好的仪表及礼仪是职业素养的重要内涵，应当引起师生员工的高度重视。

2）单一整洁的办公室：台面整洁，文具单一化管理，公用设施、设备有责任人标志。

3）生产工具管理：采用单一化管理，简洁实用。

4）现场管理：分区画线，员工工作井然有序，工作环境清洁明亮。

5）工作速度和效率：最佳的速度和零不良率。

图 2-2 仪表礼仪及规范

6）空间效率：对现场分区画线，对各场地的利用率予以分析，增加有限空间的利用价值。

7）安全生产：禁止一切违规操作，定期检查安全设施，加强安全意识，做好安全宣传。

8）严明的小组督导：上班前经理、班组长对员工进行检查督导，工作过程中，对发现的问题及时开展小组督导，下班前对全天的工作进行总结。

9）工作评估：自我评估与综合考核评价相结合。

2.2.3　7S 工作制的作业技术

1）整理作业技术（表 2-1）。

表 2-1　7S 工作制中整理作业的措施及注意事项

序号	作业内容	具体措施	注意事项
1	清除不用物品	整理，根据情况，分清需要什么，不需要什么	① 使用后，按层次规定放置的位置 ② 不用的物品，按下列程序进行清除 确定对策范围和目标→实施准备→进行区别不用物品的方法教育→计量化和判断→管理人员的巡回检查、判断和指导
2	大扫除	大扫除，重点打扫地面部位	① 注意高空作业的安全 ② 爬上或钻进机器时要注意碰刮身体 ③ 使用洗涤剂或药品时要注意不要使设备生锈或被弄坏 ④ 使用錾凿工具或未使用惯的机器时要注意不要使自己受伤
3	消除安全隐患	经常检查一下有问题的地方	① 重点查看窗户、通道天棚、柱子、管路线路、灯泡、开关、台架、更衣室、外壳、盖板的脱落或破损以及安全支架和扶手的损坏等情况 ② 采取措施彻底解决以上部位长锈、脱落、杂乱等问题
4	消灭污垢来源	消除污垢，重点打扫污垢来源部位	① 明确什么是污垢 ② 知道污垢的来源 ③ 调查原因，研究措施方案并付诸实施 ④ 防止对产生污垢的根源不去解决，对问题放任不管；对清扫困难或对保持清洁失去信心

2）整顿作业技术（表 2-2、表 2-3）。

表 2-2　7S 工作制中整顿作业的原则及具体要求

序号	整顿原则	具体要求
1	规定放置的场所	① 撤掉不用物品可减少 50% 的库存，车间里（岗位上）原则上一种物品只留一个，其他一律清理除去 ② 放置场所的整体划分和布局，实行统一的分类法：分类区别什么放在远处，什么放在近处，什么放在中央仓库；近处只放必需的物品；室内的整体布局为使用次数多的物品放在门口附近，重的物品放在容易搬运的地方。这种分类区分法就是符合系统规律性的分类法 ③ 统一名称：工厂里使用、保管的物品的名称要统一，不能出现无名称、名称重复或无具体名称等问题

（续）

序号	整顿原则	具体要求
2	规定放置的方法	研究符合功能要求的放置方法： ① 所谓符合功能要求，就是考虑怎样放置才在质量、安全、效率上都没有浪费或徒劳 ② 在质量上，特别要注意品名、型号不要出现错误 ③ 对形状、品名、号码相似的物品要放得距离远一些，或放一个样品以便确认，或者用不同的颜色和形状来防止错误 ④ 把仓库编码附加在品名上 品种名称和放置场所的标示： ① 物品一定要填上名称，"固定位置对号入座" ② 物品的名称和放置场所的名称都必须明确 ③ 标示放置场所，固定物品的存放位置 ④ 物品和放置场所两者的配套名称，实物和仓库上都加以标注，放置方法的标示才算完成 拿放方便的改进： ① 名称标示好了，放置位置也已固定下来，就要想办法作出相关标示，以便能够顺利地找到存放地方，而不至于迷惑 ② 零件要按功能、产品类别或车间类别保管；物品要在一个地方备齐，特别的要使用成套或用工具箱，这样比较容易将其备齐；对备品等要以组装部件的方式准备好 ③ 放置场所的高度，要考虑安全，把重的物品放在下面或使用有滑轮的台车或设置脚手架、升降机等 ④ 取拿方便（或工作容易）的改进高度是，备品放置在从膝盖到头部为宜；工作用工具类，放置在从腰到肩的高度为宜 ⑤ 放置场所要充分利用建筑物的面积，同时也要考虑取拿方便和质量方面的要求
3	遵守保管的规则	日常管理和防止库存无货： ① 放置场所要明确标明：库存无货、未退货或丢失 ② 为了补充库存，对物品达到最低库存量时的订货起点要明确标示或用颜色区别 ③ 搬运要用适合物品的专用台车，通用零件和专用零件要分别搬运，而使用容易移动和容易作业的台车 取出、收存的训练和改进的效果： 整顿就是为了避免取出、收存环节浪费时间，一定要掌握改进的效果；因此，对取出、收存进行比赛也很有意义

表 2-3　7S 工作制中整顿作业的要点及具体措施

序号	整顿要点	具体措施
1	进行画线和定位标志	① 工厂里的整顿首要对通道和区域进行画线，标明定位；当然，最重要的原则是要有利于作业的合理布局 ② 布局应以直线、直角、垂直、平行为原则 ③ 主通道和副通道的划线宽度和颜色也可以不同 ④ 限制物品摆放的高度也很重要，它有助于防止物品掉下来、倒下来或库存过多

任务 2　现代汽车维护与保养的相关法规及工作制度

（续）

序号	整顿要点	具体措施
2	对台座、阁板、台车等进行整顿	① 减少台座和阁板的使用数量，物品放在台座和阁板上，不用的物品撤掉或收拾起来 ② 台座和阁板高矮不一样时，下面需要适当垫一下、摆成几层高度 ③ 台座或阁板不要直接放在地上，用物品垫起来 ④ 尽量少用起重机和叉车，使用台车效率更高些
3	对管线进行整顿	① 管线要离开地面，要防止打捆、磨擦和振动，要保持直线、直角和松散的状态 ② 不在地下埋设，全部在地上用垫子垫起来或者一根一根分别用不同的种类、号码、颜色来区分，以防出错；还要考虑布局变更容易
4	对工具、用具进行整顿	① 在设计上、维修上考虑减少使用工具 ② 减少工具的使用数；比如螺栓种类减少了，就可以少用扳手 ③ 工具要放在取拿方便的地方 ④ 按照使用顺序摆放工具 ⑤ 拿起工具不用改换姿式马上就能工作 ⑥ 工具挂起来松开手就能恢复到原来的位置
5	对刀具或模具进行整顿	① 不能搞错品名；保管场所要具备不掉齿、不损坏、不生锈、不弄脏的条件 ② 减少库存数量 ③ 若把刀具立起来保管，则从安全上考虑，一定要戴上保护套
6	对材料、产品、备品等进行整顿	① 对材料、产品首先固定场所，规定数量和位置；超过就应视规定为异常，另行管理，这是要点 ② 材料、产品、备品等必须按"先进先出"的原则使用 ③ 对不良品、保留品要专设放置场所，使用特殊箱子，特别是应以红色或黄色加以区别，便于识别
7	对备品进行明确标示	① 备品的保管，可以考虑保存双份或确定最低库存量 ② 保管中的物品要保持任何时候都具备使用的状态；保管时要注意，对污垢、伤痕、生锈等要有明确的标示
8	对润滑油、油脂、工作液等进行管理	① 减少和合并油种名称，以减少种类 ② 按颜色管理 ③ 集中管理、分开标志管理，都要遵守规定的保管场所、数量和规则 ④ 根据油的品种和注油口的形状准备好用具 ⑤ 对防火、公害、安全方面都要考虑周到 ⑥ 改进注油方法和延长注油周期
9	对计测器具、精密贵重工具等物品进行管理	① 计测器具、精密贵重工具等，实行专人管理 ② 对日常保管用的容器以及放置方法要下功夫研究
10	注意大件物品的放法	① 对大、重的物品要下功夫研究其形状和使用方法，以确定保管方法和搬运方法 ② 对安全钢丝绳和扫除用具的各种容器和放置方法都要下功夫研究
11	对小物品、消耗品等进行管理	① 作为经常储备品，要管好订货 ② 属于散落物品的，要防止在生产线上飞散和落下 ③ 弹簧和垫圈类消耗要少量保管
12	告示、布告、文字、条件表、图样、胶带	① 不是什么地方都可以张贴（粘）告示，要规定张贴的位置范围 ② 布告要写上期限，没有期限的不能张贴 ③ 黏胶带的痕迹要擦干净；贴纸时高度要平齐

3）清扫作业技术（表2-4）。

表 2-4　7S 工作制中清扫作业的要点及具体措施

序号	清扫要点与注意事项	具体措施
1	划分区域并规定责任范围	① 明确个人分担的区域和共同责任的 7S 各小组分担的区域；由一个人领导，共同负责 ② 实行值班制度，按车间、区域，每天设值班 ③ 个人分担的范围用地图表示
2	按区域、设备进行清扫	① 按区域、设备顺序进行清扫，会发现种种问题，因此可以得到改进 ② 采用多种形式如"手帕作战""擦一次作战""清除作战"的名称进行磨练
3	注意清扫和检查的方法	① 搞设备 7S 是自主保全第一阶段的活动 ② 使用"核对确认表"进行检查；设备的清扫、检查要从设备内部着手，这样可以发现许多问题 ③ 检查基本问题；设备的各个部位都应该清扫、检查，但关键问题是防止设备磨损损耗，即对污垢进行清扫、缺油注油，松动扭紧和发热的温度管理等
4	注意清扫和检查的教育	① 学习功能、结构等 ② 掌握机械各部分的知识
5	注意清扫、检查实施以及出现的问题	① 多由于清扫不彻底而产生污垢和堵塞 ② 多数问题的发现与过度自信有关
6	注意对设备功能上的问题进行分析研究	① 为什么这个地方重要 ② 为什么忽视了而未处理 ③ 如果这样下去，可能会发生什么问题；会有什么影响；要从原理和机制上考虑 ④ 为什么未能及早发现呢；如何才能做到及早发现

4）清洁作业技术（表2-5）。

表 2-5　7S 工作制中清洁作业的要点及具体措施

序号	清洁要点	具体措施
1	通过目视管理使异常问题暴露出来	① 通过暴露异常问题让每个人都知道 ② 目视管理的基础是视觉的意识化 ③ 对容易看管的用具等下功夫
2	目视管理工具的管理重点	① 从远处看也能明确 ② 管理的物品要有标志 ③ 好坏任何人都能明确指出来 ④ 任何人都能使用，使用起来方便 ⑤ 任何人都能维护，立即可以修好
3	目视管理的方法	① 编制目视管理手册 ② 训练每个人的行动
4	研究确定管理标签	① 润滑油标签表示油种和颜色，注油时间 ② 精确度管理标签表示测定量具的管理等级和精确度周期 ③ 年度检查标签表示年度和月份检查 ④ 恒温器（箱）标签表示各种温度的标签 ⑤ 每种物品都要标示管理责任者的姓名

(续)

序号	清洁要点	具体措施
5	标明管理界限	① 表示仪表测量的范围；通常对使用范围和危险范围，用划线办法或颜色加以区别；应对最低库存量加以标记 ② 配合记号；例如螺栓和螺母在一定位置上画上一条线以便发现是否松动 ③ 定位记号和停止线；例如斑点和停止位置记号
6	在视觉上下功夫	① 透明化：为使人们看得清楚，不要罩、不要门、不要盖，不上锁 ② 状态的视觉化：如在风扇上系飘带，使人知道送风状态 ③ 故障图像：对各种数据用图像形式表示，使人一目了然 ④ 表示去向：管理人或物品的去向 ⑤ 状态的定量化：表示管理界限和明确异常现象

5）素养作业技术（表2-6）。

表2-6 7S工作制中素养作业的要点及具体措施

序号	素养要点	具体措施
1	素养是指改变人们的习惯，要养成良好的习惯	① 为取得良好的结果，需要明确规定行动的准则 ② 正确的传达和良好的培训，准确地传授 ③ 组织全员参加活动 ④ 每个人都要养成对自己的行为负责的品质 ⑤ 以语言表示，每天行动，上级发现不好的立即纠正，这样就能养成习惯，形成有纪律的车间 ⑥ 集中全员的力量形成共识，便可发挥更大的力量
2	意向传达的良好方法	① 正确传达有困难的事情 ② 确认传授思想如何重要
3	标准或核对确认表的执行	① 要检查和未检查一样，要作为维持管理的工具使用了 ② 把填写核对确认表变成工作而容易管理，管理监督者也容易只依靠部下的核对确认表来判断工作；要从只看核对确认表变为到现场用目视去管理 ③ 在现场通过实物进行指导；对现场目视管理的重点，监督者要到现场，通过实物和现象进行指导 ④ 做的过程重要；标准或核对确认表的确定和填写过程很重要；不是上级分配了才去做，而是作业人员根据实际参加设备的检查过程去确定和填写
4	通过训练使员工确实会做	① 让作业者每个人都遵守确实是件难事；需要进行防止马虎以及调换设备的作业训练 ② 先从简单的开始做起；素养就是把遵守各项规定作为自觉行动，以"我的誓言""我的责任"激励自我，从简单的事情约束自己并养成习惯 ③ 训练最有效；通过技能教育使其理解，以示范的方式展示操作方法；向下级传授事情，为了有把握，进行训练最有效

6）安全作业技术（2-7）。

表2-7 7S工作制中安全作业的要点及具体措施

安全要点	具体措施
维护工作环境的安全及培养全员防灾、防公害的相关技能	①工作区域照明设备及灯光充足 ②消防设施定期保养 ③厂内车辆调度的行车限速适当 ④喷漆、清理粉尘或敲击时要戴上护具 ⑤使用千斤顶顶车后确保使用顶车架以避免危险 ⑥设置急救箱并让全员了解放置位置 ⑦厂房内逃生路线标示明确

7）节约作业技术（2-8）。

表2-8 7S工作制中节约作业的要点及具体措施

节约要点	具体措施
降低仪器设备故障率，减少各种资源的浪费，降低成本，提高企业的经济效益	（1）原材料与供应品的节约方法 ①制定正确的领发料制度和流程 ②对多余的原材料及时办理退料 ③将原材料整齐摆放到指定位置 ④加强原材料质量检验与用料监督 ⑤合理处理不良品和废弃物 （2）机械设备与工具的节约方法 ①制定合理的作业计划，充分利用各种机械设备 ②定期检查和保养机械设备 ③将工具进行分类，并实行定置管理 ④严格按照操作说明书使用机械设备和工具，形成良好习惯

解读和学习工匠精神之二

工匠精神是一种职业精神，它是职业道德、职业能力、职业品质的体现，是从业者的一种职业价值取向和行为表现。"工匠精神"的基本内涵包括敬业、精益、专注、创新等方面的内容。

精益就是精益求精，是从业者对每件产品、每道工序都凝神聚力、精益求精、追求极致的职业品质。

所谓精益求精，是指已经做得很好了，还要求做得更好，"即使做一颗螺丝钉，也要做到最好"。

任务总结

1）道路运输车辆技术管理规定：道路运输经营者应当建立车辆维护制度；道路运输经营者应当依据国家有关标准和车辆维修手册、使用说明书等，结合车辆类别、车辆运行状况、行驶里程、道路条件、使用年限等因素，自行确定车辆维护周期，确保车辆正常维护；车辆维护作业项目应当按照国家关于汽车维护的技术规范要求确定。

2）汽车维护、检测、诊断技术规范：汽车的使用过程中，由于汽车的新旧程度、使用地区条件的不同，在各个时期对汽车维护保养的作业项目也不同；汽车常规维护分为日常维护、一级维护和二级维护三类，取消了走合维护；维护作业以清洁、检查、紧固、润滑、调整和补给六大作业为主，并进行相应的更换和检测作业。

3）汽车维修企业推行7S工作管理机制的目的：塑造良好的工作环境和企业形象，提高生产效率、作业安全、服务水平和维修质量以及人员素质，减少不必要的浪费。

4）7S工作管理机制的内容包括整理（Seiri）、整顿（Seiton）、清扫（Seiso）、清洁（Seiketsu）、素养（Shitsuke）、安全（Safety）和节约（Saving）七个部分。

任务验收

掌握"学习工作页"任务2中的关键理论知识；熟练完成各项维护作业任务；认识大国工匠，学习和弘扬工匠精神。

项目二

汽车维护与保养的作业技术

※ **知识目标：**

◆ 知道汽车开展各类维护与保养作业的重要意义

◆ 知道汽车日常维护、一级维护、二级维护、季节性维护、免拆维护和新能源汽车维护的基本概念

◆ 知道汽车各类常规维护作业的工艺流程和作业内容

◆ 知道汽车冬夏两个季节的使用特点及其维护作业的要点

◆ 知道汽车有关系统和总成进行深度维护作业的原因

◆ 知道新能源汽车的保养周期及保养项目

※ **能力目标：**

◆ 熟悉汽车各类常规维护作业的中心内容，学会汽车各级各类常规维护作业项目的安排和实施，熟练掌握汽车各级各类常规维护作业的工艺流程、操作要领、技术要求及注意事项

◆ 熟悉汽车二级维护前的检测项目，熟练掌握确定更换作业、附加作业小修项目的方法和依据

◆ 熟悉汽车二级维护的质量控制和竣工检验的技术标准，掌握车辆维护质量的检验方法

◆ 熟悉汽车冬夏两个季节的使用特点，熟练掌握汽车冬夏两个季节维护作业的技术要点

◆ 熟悉汽车有关系统和总成深度维护的内容，熟练掌握现代汽车有关系统和总成进行深度维护的工艺规范

◆ 熟悉新能源汽车的保养内容，熟练掌握现代新能源汽车的维护与保养的作业技术

任务 3
现代汽车的常规维护与保养

3.1 现代汽车的日常维护保养

3.1.1 现代汽车日常维护保养的定义

日常维护按 GB/T 5624—2005 中定义 2.3.1.3.1 为：以清洁、补给和安全性能检视为中心内容的维护作业。汽车日常维护也称为例行保养，是各级维护的基础，是驾驶员在每日出车前、行车中、收车后，针对车辆使用情况所做的一系列预防性质的维护作业。

> ☞ **重要提示**：《道路运输车辆技术管理规定》规定，日常维护由驾驶人实施，进一步体现了从汽车使用源头上消除行车安全隐患的宗旨，再次明确了汽车日常维护的主体责任，进一步强调了作为车主必须承担的汽车出行前、行车中、收车后的日常维护任务。

3.1.2 现代汽车日常维护保养的目的

汽车在使用过程中，各部件将不可避免地产生不同程度的松动、磨损和损伤等，使汽车技术状况逐渐变坏。日常维护是保持汽车正常技术状况的基础性工作，要求由驾驶人来完成。日常维护的好坏，直接影响到行车的安全。为了预防交通事故、保证行车安全，应随时了解和掌握汽车的技术状况。

3.1.3 现代汽车日常维护保养的基本要求

日常维护是以预防性为主的维护作业，是驾驶人的一项重要工作职责，也是汽车运输企业的一项经常性的技术工作。因此，要求每位驾驶人在汽车日常维护保养中，必须强制执行"三检、四清、四防"，三检即坚持出车前、行车中、收车后检视车辆的安全机构及各部件的连接紧固情况，四清即保持空气、机油、燃油滤清器和蓄电池的清洁，四防即防止漏油、漏水、漏气、漏电的维护制度，以达到车容整洁、车况良好、行车安全的目的。

3.1.4 现代汽车日常维护保养的作业流程

汽车日常维护作业流程如图 3-1 所示。

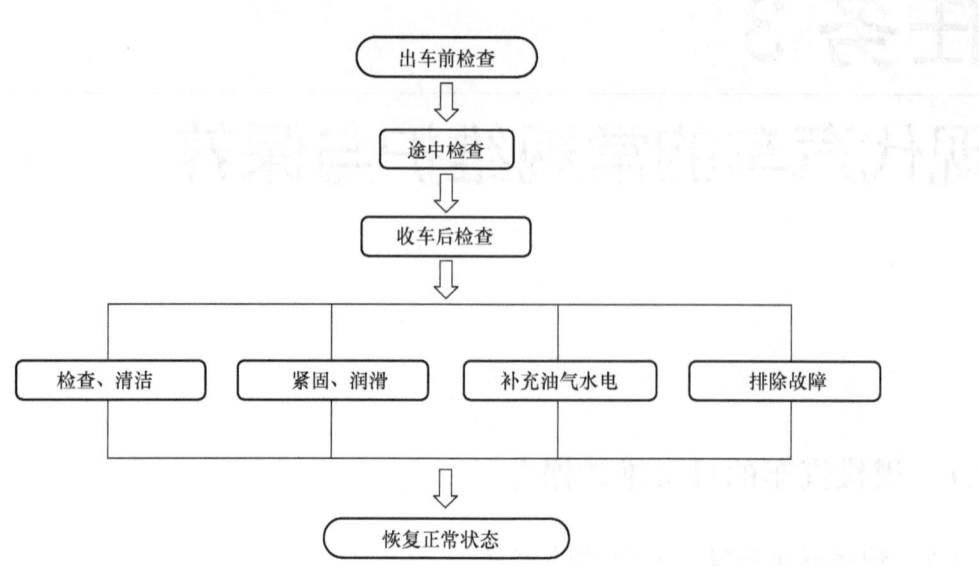

图 3-1　汽车日常维护作业流程

3.1.5　现代汽车日常维护保养的作业内容

汽车日常维护的基本作业内容为清洁、紧固和润滑。

1）清洁的目的是保持车辆整洁，防止水和灰尘等腐蚀车身及零部件。

2）紧固是因为当车辆行驶一定的里程后，车辆各部件连接处的螺栓、螺母等紧固件由于颠簸、振动等原因，可能发生松动甚至脱落，若不及时按要求拧紧或配齐，则会埋藏事故隐患，无法保证行车安全。

3）润滑包括发动机润滑、变速器润滑、驱动桥润滑、转向器润滑以及轮毂润滑等。润滑作业是保证车辆各运动部件正常运转、减小运动阻力，降低温度和能耗、减少磨损的重要手段。

☞ **重要提示**：进行润滑作业时要严格按照各汽车生产厂家的要求进行更换和加注润滑油/脂。如果所更换和加注的润滑油/脂的品牌和规格不当，则会造成发动机等总成的过早磨损或损坏，从而缩短车辆使用寿命。

3.1.6　现代汽车日常维护的作业项目及技术要求

根据 GB/T 18344—2016《汽车维护、检测、诊断技术规范》，汽车日常维护作业项目、作业内容及技术要求见表 3-1。

☞ **重要提示**：汽车日常维护的作业项目及技术要求，是 GB/T 18344—2016 中的新增项目，应注意不要遗漏。

表 3-1 汽车日常维护作业项目、作业内容及技术要求

序号	作业项目	作业内容	技术要求	维护周期
1	车辆外观及附属设施	检查、清洁车身	车身外观及客车车厢内部整洁,车窗玻璃齐全、完好	出车前或收车后
		检查后视镜,调整后视镜角度	后视镜完好、无损毁,视野良好	出车前
		检查灭火器、客车安全锤	灭火器配备数量及放置位置符合规定,并在有效期内。客车安全锤配备数量及放置位置符合规定	出车前或收车后
		检查安全带	安全带固定可靠、功能有效	出车前或收车后
		检查风窗玻璃刮水器	刮水器各挡位工作正常	出车前
2	发动机	检查发动机润滑油、冷却液液面高度,视情补给	油(液)面高度符合规定	出车前
3	制动	制动系统自检	自检正常,无制动警告灯闪亮	出车前
		检查制动液液面高度,视情补给	液面高度符合规定	出车前
		检查行车制动、驻车制动	行车制动、驻车制动功能正常	出车前
4	车轮及轮胎	检查轮胎外观、气压	轮胎表面无破裂、凸起、异物刺入及异常磨损,轮胎气压符合规定	出车前、行车中
		检查车轮螺栓、螺母	齐全完好,无松动	
5	照明、信号指示装置及仪表	检查前照灯	前照灯完好、有效,表面清洁,远、近光变换正常	出车前
		检查信号指示装置	转向灯、制动灯、示廓灯、危险警告灯、雾灯、喇叭、标志灯及反射器等信号指示装置完好有效,表面清洁	
		检查仪表	工作正常	出车前、行车中

注:"符合规定"是指符合车辆维修资料等有关技术文件的规定。

3.1.7 现代汽车日常维护与保养的作业任务实施

汽车的日常维护是汽车最基础、最基本、最平常的维护工作,而且维护工作的好与坏以及正确与否,直接关系到车辆的使用寿命、能耗高低、排放大小、行车安全以及后续的一级维护和二级维护作业任务的实施,应重点掌握。

> ☞ **重要提示**:汽车日常维护必须由驾驶人本人亲自来完成。可现实生活当中,有的驾驶人具有一定的车辆使用保养知识,而有的则对车辆使用保养知识知之甚少,甚至一窍不通。因此,如何指导、带领汽车驾驶人,尤其是学生(准驾驶人、车主和维修技师)认真做好汽车的日常维护保养工作,圆满完成汽车的各项日常维护任务,就显得尤为重要。

任务 3 现代汽车的常规维护与保养

如图 3-2 所示，为做好汽车的日常维护保养工作，应理清思路、制订计划、做好知识储备、备好工量具，严格制订工艺流程。认真提炼汽车日常维护的作业内容，反复练习其操作过程，重点掌握其操作要领、技术要求、注意事项。深刻领会做好汽车各项日常维护工作的重要意义，并对所开展的汽车日常维护作业质量进行验证评估，以确保汽车日常维护工作的有效性。

图 3-2　完成汽车日常维护与保养作业任务的要求

3.1.7.1　现代汽车日常维护的相关设备及材料准备（表 3-2）

表 3-2　汽车日常维护的相关设备及材料准备

序号	相关设备及材料	备注
1	场地：通风采光好，相互干扰少，车辆进出方便，能够分组实训	各学校可根据具体情况来定
2	车辆：搭载 EA888 或 EA211 发动机的大众系列车型	各学校可根据具体情况来定
3	仪器设备：三角警告牌、灭火器等	其他仪器设备的选配，各学校可根据具体情况来定
4	工量具：随车工具、安全锤、轮胎气压表等	其他工量具的选配，各学校可根据具体情况来定
5	材料：备用风窗清洗液、制动液、冷却液、润滑油（俗称机油）、齿轮油、抹布等	各运行材料品种及规格的选配，各学校可根据具体情况来定

3.1.7.2　现代汽车日常维护的作业内容及实施过程

汽车日常维护的作业内容可参照国家及相关行业企业标准及规定，结合车辆技术参数、汽车维修企业反馈、以及广大车主的使用情况来确定，其主要作业内容可提炼为：车辆外观及附属设施的检查，机油及冷却液液面高度的检查及必要的补给，汽车制动系统的工作状态检查及必要的进店（厂）检修，汽车车轮及轮胎的工作状态检查，以及照明、信号指示装置及仪表的工作状态检查等内容。

汽车日常维护的作业内容及任务实施，以市场上保有量较大的搭载 1.8L 和 2.0L TSI EA888 发动机的途观 SUV、帕萨特轿车等车型为例进行介绍，其他车型可参照执行。

1. 目视检查车辆外观及附属设施

1) 任务描述：目视检查车身并通过清洁车身，保持车容整洁，避免车身钣金过早锈蚀；通过目视检查后视镜、灭火器、安全锤、安全带、风窗玻璃刮水器等附属设施，及早发现隐患，确保行车安全。

2) 操作过程：

① 检查、清洁车身（图 3-3）。

② 目视检查后视镜，必要时调整后视镜的角度（图 3-4）。

图 3-3　车身清洁

图 3-4　调整后视镜

③ 目视检查灭火器、客车安全锤的放置位置及完好情况。

④ 目视检查安全带（图 3-5）。

⑤ 打开刮水器开关，目视检查风窗玻璃刮水器（图 3-6）。

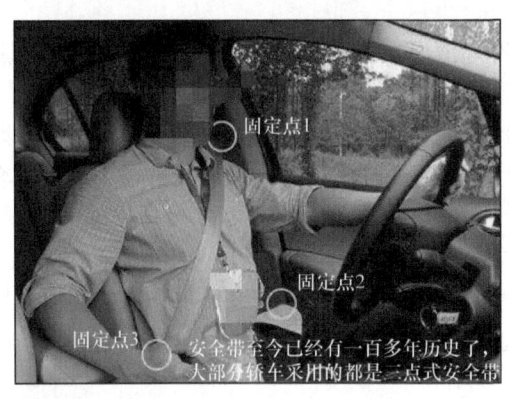
图 3-5　检查安全带

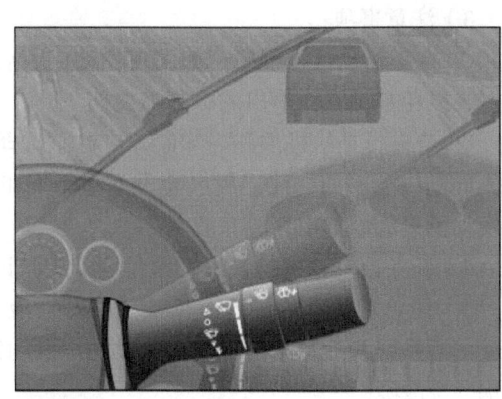
图 3-6　检查刮水器

3) 注意事项：

① 清洁车身时，要用中性洗车液、软性抹布、羊毛手套、海绵等洗车用具，按全车除尘（最好用水）→车身表面均匀喷洒洗车泡沫→擦拭（车身用软布或羊毛手套，车轮用海绵）→冲洗→擦干车身表面等流程进行清洁，以免损坏车身漆面。

②应根据驾驶人身高及座椅高低、前后等参数调整后视镜角度，避免出现过大的视野死角和盲区，以免影响行车安全。

③试运行目视检查风窗玻璃刮水器的工作情况时，必须先接通风窗玻璃洗涤器开关进行喷淋，否则极易刮花风窗玻璃表面和刮片。

4）任务记录：将检查、清洁过程及结果记录在车辆日常保养项目单上（见相关工作页）。

5）任务意义：能够保持车容整洁，保证车辆后视镜、风窗玻璃刮水器等附属设施完好，确保行车安全。

2. 目视检查机油及冷却液液面高度，必要时进行补给

1）任务描述：通过目测机油及冷却液液面高度，检查其液面高度是否在合适的范围内，以保证发动机的工作性能。

2）操作过程：

①目测检查机油油面高度，合适的高度应处于上、下刻线之间（图3-7）。

②目测检查发动机冷却液液面高度，合适的高度应处于min和max之间（图3-8）。

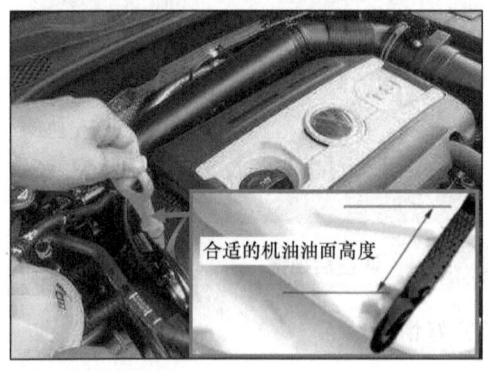

| 图 3-7 | 检查机油油面高度 | 图 3-8 | 检查冷却液液面高度 |

3）注意事项：

①在车辆运行过程中，如发现发动机因缺少冷却液而发生"开锅"时，千万不要打开膨胀罐盖，以免被沸腾而喷出的冷却液烫伤。

②若自行补给机油和冷却液，应注意选择润滑油的黏度和使用级别以及冷却液的颜色（颜色不同则成分不同，纯铝制水套千万不能添加碱性冷却液，缸体为铸铁水套而缸盖为铝制水套的发动机只能添加中性冷却液）。

4）任务记录：将检查、补给过程及结果记录在车辆日常保养项目单上（见相关工作页）。

5）任务意义：通过检查机油及冷却液液面高度，确保液面高度始终处于合适的高度，以保证润滑系统和冷却系统正常工作，防止发动机因缺少可靠的润滑和冷却而发生"黏缸、抱瓦、开锅"等故障。

3. 全面检查汽车制动系统的工作状态，必要时进店（厂）检修

1）任务描述：检查制动液液面高度是否在合适的范围内，避免因缺少制动液而影响制动系统的工作性能；认真检查行车制动器和驻车制动器的工作状态，确保制动系统的可靠性。

2）操作过程：

①制动系统的仪表自检：打开点火开关不起动车辆时，制动系统的故障指示灯（ABS灯）应点亮自检（图3-9中方框所示）；经过若干秒或起动后，该指示灯应熄灭，否则说明制动系统

存在故障，应及时检修。

② 目视检查制动液液面高度（图 3-10），视情补给。

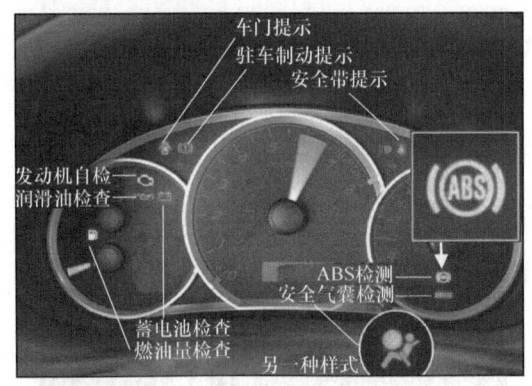

图 3-9　检查制动系统的故障指示灯

图 3-10　检查制动液液面高度

③ 路试检查行车制动器（图 3-11）；坡道检查驻车制动器（图 3-12）。

图 3-11　检查行车制动器

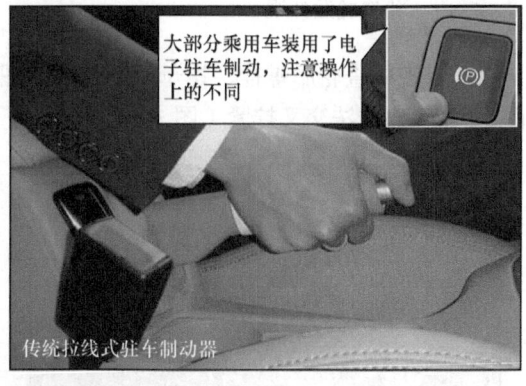

图 3-12　检查驻车制动器

3）注意事项：

① 若发现制动液液面过低，则不能随意补充制动液，应咨询专业人员或到店（厂）请专业人员补充添加，以免因制动液规格、成分不同而引起制动失效。

② 若在车辆行驶过程中发现制动液不足警告灯点亮，则应在确保行车安全的情况下，打开应急灯，迅速靠右停车，并在车后适当位置设立警告牌，查看制动液液面高度，必要时请求救援。

③ 路试检查行车制动和坡道检查驻车制动时，一定要选择空闲、视线良好、坡度适当的路段进行测试，并掌控好车速，注意来往车辆和行人。

4）任务记录：将检查、测试结果记录在车辆日常保养项目单上（见相关工作页）。

5）任务意义：防止汽车因缺少制动液而发生制动失灵等故障，同时通过路试间歇制动（俗称点刹）和坡道驻车来预防制动突然失效，以确保行车安全。

4. 目视检查汽车车轮及轮胎的工作状态

1）任务描述：目视检查轮胎外观和气压（建议随车自备轮胎气压表），使车辆平稳行驶；目视检查车轮螺栓和螺母的紧固情况，保证车辆行驶的安全性。

2）操作过程：

① 目视检查轮胎外观（图 3-13）、气压（图 3-14）。

☞ 提示：车主应配备简易、轻便的轮胎气压表，不能主观臆断轮胎气压。

图 3-13　检查轮胎外观

图 3-14　检查轮胎气压

② 目视检查轮胎螺栓、螺母紧固情况（图 3-15），若发现松动，可用随车工具中的轮胎专用扳手按对角线法交叉拧紧（图 3-16）。

图 3-15　检查轮胎螺栓

图 3-16　拧紧轮胎螺栓

3）注意事项：

① 若发现轮胎胎侧有鼓包、深度裂纹等情况，应及时更换新胎，以免爆胎。

② 轮胎气压应一致，不能过高，也不能过低，以防爆胎或瘪胎，应符合车辆使用说明书的规定。

③ 车轮螺栓和螺母应紧固到位，不能缺失，以免车轮飞出。

4）任务记录：将检查、测试结果记录在车辆日常保养项目单上（见相关工作页）。

5）任务意义：通过检查轮胎外观和气压，提高汽车行驶的平顺性和稳定性；防止因轮胎气压过高或过低以及因车轮紧固螺栓、螺母松动和缺失而引发交通事故。

5. 目视检查照明、信号指示装置及仪表的工作状态

1）任务描述：通过目视检查照明装置，使车辆在夜间行驶或遇雨、雾、雪等能见度较低的天气时，保持照明良好；通过检查信号指示装置及仪表的工作状态，能够准确地向其他车辆和行人传递行车意图，及时搜集车辆工作状态，以保证车辆行驶的安全性。

2）操作过程：

①利用夜间行车，打开前照灯开关，目视检查前照灯的照明情况（图3-17）。

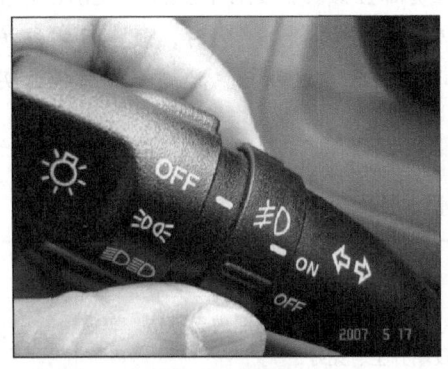

图3-17　检查前照灯的发光强度和照射角度

②打开点火开关（大部分信号指示灯在打开点火开关时，进行系统自检，数秒后会熄灭），目视检查信号指示装置（图3-18）。

③坐在驾驶位置，目视检查仪表工作状态（图3-19）。

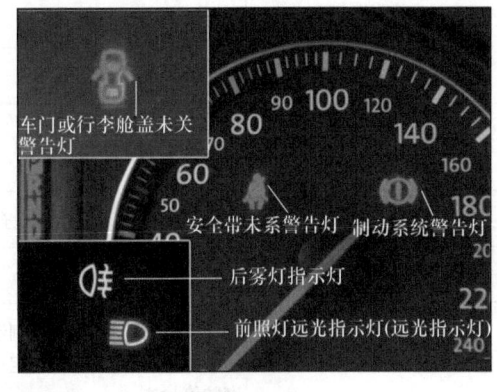

图3-18　检查信号指示装置　　　　图3-19　检查仪表工作状态

3）注意事项：

检查转向、制动、倒车等信号指示装置的工作状态时，一般需要两个人协同检查，一人在车内打开相应的开关（如开启转向开关，踩下制动踏板，挂倒车档位等），另一人在车外检查，确保万无一失。

4）任务记录：将检查、测试结果记录在车辆日常保养项目单上（见相关工作页）。

5）任务意义：保持照明、信号指示装置及仪表的工作状态良好，确保车辆行驶的安全性。

3.1.8　汽车日常维护的质量检验

汽车日常维护的质量检验，可参照GB/T 18344—2016《汽车维护、检测、诊断技术规范》中汽车日常维护作业项目及其相应技术要求进行检验，具体检验部位、项目、技术要求及检验方法参见表3-3。

> ☞ **重要提示**：汽车日常维护的质量检验，国家没有做出相应的规定。但是为了建立全员、全面、全过程的质量管理体系，牢固树立全社会安全责任意识，保护人民群众生命财产安全，建议所有车辆使用及维修人员都应该按照GB/T 18344—2016的相关技术要求进行汽车日常维护的质量检验，以确保车辆行驶的安全。同时，汽车日常维护的质量检验过程可作为实操考核的主要评分依据，以加快教学过程与生产过程的对接，实现社会所需技术技能型人才的培养目标。

表3-3 汽车日常维护的质量检验部位、项目、技术要求及检验方法

序号	检验部位	检验项目	技术要求	检验方法
1	车辆外观及附属设施	车身	车身外观及客车车厢内部整洁，车窗玻璃齐全、完好	目视检查
		后视镜	后视镜完好、无损毁，视野良好	目视检查
		灭火器、安全锤	灭火器配备数量及放置位置符合规定，并在有效期内。客车安全锤配备数量及放置位置符合规定	目视检查
		安全带	安全带固定可靠、功能有效	目视检查
		风窗玻璃刮水器	刮水器各档位工作正常	目视检查试运行
2	发动机	发动机润滑油及冷却液油（液）面高度	油（液）面高度符合规定	目视检查
3	制动	制动系统自检	自检正常，无制动警告灯闪亮	路试断续踩制动踏板检查
		制动液液面高度	液面高度符合规定	目视检查
		行车制动、驻车制动	行车制动、驻车制动功能正常	行车制动路试断续踩制动踏板检查，驻车制动规定坡度驻停检查
4	车轮及轮胎	轮胎外观、气压	轮胎表面无破裂、凸起、异物刺入及异常磨损，轮胎气压符合规定	目视检查轮胎外观，轮胎气压表检查气压
		车轮螺栓、螺母	齐全完好，无松动	
5	照明、信号指示装置及仪表	前照灯	前照灯完好、有效，表面清洁，远、近光变换正常	目视检查
		信号指示装置	转向灯、制动灯、示廓灯、危险警告灯、雾灯、喇叭、标志灯及反射器等信号指示装置完好有效，表面清洁	
		仪表	工作正常	目视检查

注："符合规定"是指符合车辆维修资料等有关技术文件的规定。

3.2 现代汽车的一级维护保养

3.2.1 汽车一级维护保养的定义

一级维护按照 GB/T 5624—2005 中定义 2.3.1.3.2.1 为：除日常维护作业外，以润滑、紧固为作业中心内容，并检查有关制动、操纵等系统中的安全部件的维护作业。一级维护曾称为一级保养，其中心作业内容为润滑和紧固。根据我国现行的维护制度，一级维护应由专业维修企业里的专业维修人员负责执行，即应进厂维护。

> ☞ **重要提示**：由于一级维护作业中零部件紧固、润滑油添加、更换，安全部件技术状况的检查属于专业性维护作业，需要利用相关的专业仪器设备和工量具，按技术标准进行。因此，汽车一级维护应由维修企业负责执行。

3.2.2 汽车一级维护保养的基本要求

汽车一级维护是一项运行性维护作业，即在汽车日常使用过程中的一次以确保车辆正常运行状况为目的的作业。其中心内容是润滑和紧固，并检查制动、操纵等安全部件。

随着现代汽车技术的发展，使得汽车维护作业的技术含量和作业难度正在逐步提高。因此，一级维护必须由汽车维修企业的专业人员来完成，这对确保维护质量具有十分重要的意义。

3.2.3 汽车一级维护保养的作业流程

汽车一级维护的作业流程，如图 3-20 所示。

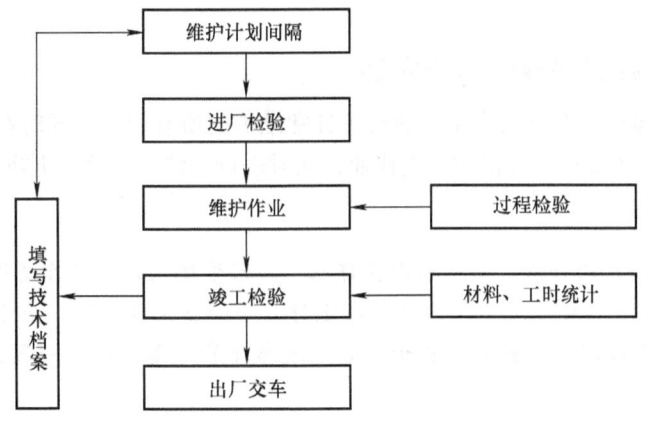

图 3-20 汽车一级维护的作业流程

> ☞ **提示**：道路运输经营者可以对自有车辆进行二级维护作业，保证投入运营的车辆符合技术管理要求，无需进行二级维护竣工质量检验。由此，可理解为汽车一级维护也无需进行竣工检验。但是为保证维护作业的质量，确保行车安全，降低能源消耗，减少环境污染，建议维修企业对所维修车辆最好进行汽车一级维护的过程检验和竣工检验，尤其是过程检验不应省掉，而且应认真履行维护过程的"自检、互检和总检"的三检制度。

3.2.4 汽车一级维护保养的作业周期

GB/T 18344—2016《汽车维护、检测、诊断技术规范》推荐的道路运输车辆一级维护周期见表3-4。

> ☞ **重要提示**：乘用车的一级维护周期，应按车辆使用说明书要求进行，其他特种车辆的一级维护周期，应按国家及行业相关规定进行。

表 3-4 道路运输车辆一级维护推荐周期

适用车型		维护周期
		一级维护行驶里程间隔上限值或行驶时间间隔上限值
客车	小型客车（含乘用车）（车长≤6m）	10 000km 或 30 日
	中型及以上客车（车长＞6m）	15 000km 或 30 日
货车	轻型货车（最大设计总质量≤3 500kg）	10 000km 或 30 日
	轻型以上货车（最大设计总质量＞3 500kg）	15 000km 或 30 日
挂车		15 000km 或 30 日

注：对于山区、沙漠、炎热、寒冷等特殊运行环境为主的道路运输车辆，可适当缩短维护周期。

3.2.5 汽车一级维护保养的作业内容

现代汽车一级维护的作业内容应涵盖汽车日常维护的所有内容，同时在着重完成润滑和紧固两大中心作业外，还要进行大量的检查作业，同时进行清洁、补给、更换和调整等作业。

> ☞ **特别提示**：
> ① 汽车一级维护的补给、更换和调整作业，工艺难度较大，操作过程复杂，技术要求较高，注意事项较多。要求汽车维修技师在进行补给和更换作业时，应十分熟悉汽车运行材料的选用；在进行调整作业时，应十分熟练汽车维修工量器具及仪器设备的使用操作，否则难以保证汽车一级维护的质量。
> ② 结合汽车制造装配技术和实际运用情况，绝大部分乘用车在进行一级维护作业时，较少进行调整作业，而考虑到商用车的运营安全，在重点完成补给和更换作业的同时，还要进行调整作业，如制动器间隙调整、离合器自由行程及间隙的调整、转向盘自由转动量调整以及前轮定位调整等，以确保行车安全。

3.2.6 汽车一级维护保养的作业项目及技术要求

根据GB/T 18344—2016《汽车维护、检测、诊断技术规范》，汽车一级维护基本作业项目、作业内容及技术要求，见表3-5。

表 3-5　汽车一级维护基本作业项目、作业内容及技术要求

序号	作业项目		作业内容	技术要求
1	发动机	空气滤清器、机油滤清器和燃油滤清器	清洁或更换	按规定的里程或时间清洁或更换滤清器。滤清器应清洁，衬垫无残缺，滤芯无破损。滤清器安装牢固，密封良好
2		机油及冷却液	检查油（液）面高度，视情更换	按规定的里程或时间更换润滑油、冷却液，油（液）面高度符合规定
3	转向系统	部件连接	检查、校紧万向节、横直拉杆、球头销和转向节等部位的连接螺栓、螺母	各部件连接可靠
4		转向器润滑油及转向助力油	检查油面高度，视情更换	按规定的里程或时间更换转向器润滑油及转向助力油，油面高度符合规定
5	制动系统	制动管路、制动阀及接头	检查制动管路、制动阀及接头，校紧接头	制动管路、制动阀固定可靠，接头紧固，无漏气（油）现象
6		缓速器	检查、校紧缓冲器连接螺栓、螺母，检查定子与转子间隙，清洁缓速器	缓速器连接紧固，定子与转子间隙符合规定，缓速器外表、定子与转子清洁，各插接件与接头连接可靠
7		储气筒	检查储气筒	无积水及油污
8		制动液	检查液面高度，视情更换	按规定的里程或时间更换制动液，液面高度符合规定
9	传动系统	各连接部位	检查、校紧变速器、传动轴、驱动桥壳，传动轴支承等部位的连接螺栓、螺母	各部位连接可靠，密封良好
10		变速器、主减速器和差速器	清洁通气孔	通气孔畅通
11	车轮	车轮及半轴的螺栓、螺母	校紧车轮及半轴的螺栓、螺母	拧紧力矩符合规定
12		轮辋及压条挡圈	检查轮辋及压条挡圈	轮辋及压条挡圈无裂损及变形
13	其他	蓄电池	检查蓄电池	液面高度符合规定，通气孔畅通，电极和夹头清洁、牢固，免维护蓄电池电量状况指示正常
14		防护装置	检查侧防护装置及后防护装置，校紧螺栓、螺母	完好有效，安装牢固
15		全车润滑	检查、润滑各润滑点	润滑嘴齐全有效，润滑良好。各润滑点防尘罩齐全完好。集中润滑装置工作正常，密封良好
16		整车密封	检查泄漏情况	全车不漏油、不漏液、不漏气

3.2.7　汽车一级维护保养的作业内容及任务实施

随着私家车主成为汽车维修市场的主要服务对象，广大汽车维修企业在认真贯彻《道路运输车辆技术管理规定》《汽车维护、检测、诊断技术规范》等国家新规、新标准的前提下，结合汽车维修市场需求变化以及汽车制造装配技术的日益成熟等实际情况，纷纷开展汽车的 A 级维

护（俗称小保养）和 B 级维护（俗称大保养）。其中，A 级维护相当于一级维护，B 级维护相当于二级维护。

> ☞ **重要提示**：为充分体现职业教育为产业经济发展和社会生产服务的宗旨，为实现教学过程与生产过程对接，达到学校培养与社会需求无缝对接的目标，后续的汽车一级维护作业内容按企业 A 级维护进行，二级维护作业内容按企业 B 级维护进行。

汽车的一级维护（即 A 级维护）适用于行驶里程为 5 000km、10 000km 和 20 000km 的车辆，每间隔 5 000km 或 10 000km 进行一次（小保养）。其维护作业任务主要包括机油、机油滤清器和放油螺塞垫片的更换，发动机舱、车身和底盘的检查，发动机系统和变速器系统的自诊断，保养灯归零（复位检查）以及特色保养（后续介绍）等内容。

如图 3-21 所示，为深刻领会做好汽车一级维护各项工作的重要意义，并对所开展的汽车一级维护作业质量进行验证评估，以确保汽车一级维护工作的有效性，应理清思路、抓住重点、有的放矢，制订科学的工艺流程并严格执行。汽车一级维护认真提炼汽车维修企业 A 级维护的作业任务和作业内容，反复练习其操作过程，重点掌握其操作要领、技术要求、注意事项，以达到学校培养与社会需求无缝对接的目标。

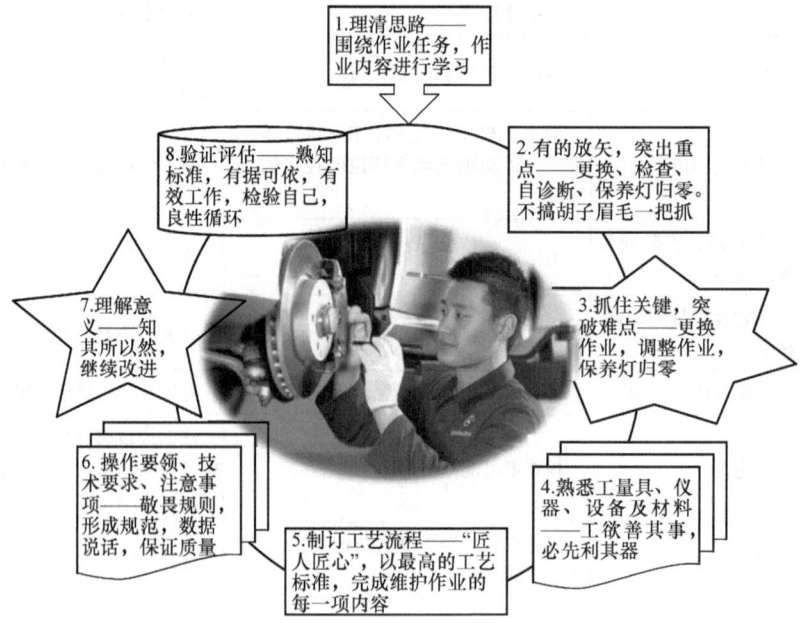

图 3-21　完成汽车一级维护与保养作业任务的要求

3.2.7.1　现代汽车一级维护保养的关键知识储备

1. 发动机的"血液"——机油

发动机号称汽车的"心脏"（图 3-22），而发动机润滑油俗称机油，号称为发动机的"血液"。研究表明，发动机的摩擦阻力是发动机能量损耗和机械磨损的主要原因（图 3-23），而润滑技术是减小摩擦阻力的最有效途径。同时机油还可以大幅降低发动机的机械磨损、热膨胀、机械噪声和排放污染物，从而延长车辆的使用寿命，提高汽车的舒适性和环保性。为此，必须事先熟悉机油的相关知识，知道机油能够润滑的原理（图 3-24），为做好汽车的一级维护作业

现代汽车维护与保养

学习工作页

姓　名＿＿＿＿＿＿＿＿＿＿
专　业＿＿＿＿＿＿＿＿
班　级＿＿＿＿＿＿＿＿
任课教师＿＿＿＿＿＿＿＿
时间＿＿＿＿年＿＿月—＿＿＿＿年＿＿月

机械工业出版社

目　录

任务 1　现代汽车维护与保养概论 ································· 1

任务 2　现代汽车维护与保养的相关法规及工作制度 ··············· 4

任务 3　现代汽车的常规维护与保养 ····························· 7

任务 4　现代汽车的季节维护与保养 ·····························24

任务 5　现代汽车的深度维护与保养 ·····························31

任务 6　新能源汽车的维护与保养 ······························39

任务 7　现代汽车 4S 店维护作业的工作流程 ·····················44

任务 8　现代汽车 4S 店维护作业的操作规程 ·····················52

任务 1
现代汽车维护与保养概论

1. 关键知识

1.1 完成以下填空（将正确的答案填写在横线上）

1）当汽车行驶到一定的里程和时间间隔后，根据_____，按规定的工艺流程、作业范围、作业项目和技术要求所进行的_____称为汽车维护。

2）汽车维护与保养的目的就是保持_____，确保_____，充分发挥汽车的使用效能和降低运行消耗，以取得良好的经济效益、环境效益和社会效益。

3）汽车维护与保养的原则是必须遵照_____和_____规定的行驶里程或时间间隔，按期强制执行，不得拖延。

4）根据《道路运输车辆技术管理规定》（中华人民共和国交通运输部 2016 年第 1 号令），汽车维护应贯彻"_____、_____、_____"的原则。

5）根据《汽车维护、检测、诊断技术规范》（GB/T 18344—2016）最新规定，汽车维护分为_____、_____和_____三类。

1.2 完成以下判断（正确的打√号，错误的打×号）

1）根据新的《道路运输车辆技术管理规定》，道路运输经营者和私家车主应当依据国家有关标准和车辆维修手册、使用说明书等，结合车辆类别、车辆运行状况、行驶里程、道路条件、使用年限等因素，自行确定车辆维护周期。（   ）

2）当前数量庞大的进口、合资及自主品牌私家车各车型的维护保养规定与我国道路运输车辆的强制维护规定的内容有所不同，为保证这些汽车的合理使用和行车安全，在汽车实际维护保养工作中应以厂家规定内容为准。（   ）

3）新规规定，道路运输经营者可以对自有车辆进行二级维护作业，保证投入运营的车辆符合技术管理要求，且需要进行二级维护竣工质量检验。（   ）

4）汽车的使用过程中，由于汽车的新旧程度、使用地区条件的不同，在各个时期对汽车维护保养的作业项目也不相同。（   ）

5）汽车维护与保养的作业规范为车辆进行维护时，不得对其主要总成大拆大卸，只有在发生故障需要解体时方可进行解体。（   ）

1.3 完成单项选择（将选择认为正确的答案字母填写在横线上）

1）为维持汽车完好技术状况或工作能力而进行的作业称为_____。

A. 汽车修理　　　　B. 汽车维护　　　　C. 汽车检测　　　　D. 汽车美容

2）目前汽车实际维护与保养的内容以清洁、检查、紧固、调整、润滑、补给、更换和检测八大作业为主，其中_____为首要且为最基础性的维护作业。

A. 清洁　　　　　　B. 检查　　　　　　C. 紧固　　　　　　D. 补给

2. 核心技能

2.1 根据现代汽车各类维护的作业范围表，补齐相关内容

维护种类	作业范围
1）日常维护	日常维护作业以清洁、补给和安全性能检视为中心内容。其主要内容是： ① 坚持"三检"，即在_____、_____、_____检视车辆的安全机构及各部位机件连接的紧固情况 ② 保持"四清"，即保持_____、_____、_____和_____的清洁 ③ 防止"四漏"，即防止_____、_____、_____和_____
2）一级维护	一级维护作业中心内容除日常维护作业外，以_____、_____为作业中心内容，并检查有关制动、操纵等系统中的安全部件
3）二级维护	二级维护作业中心内容除一级维护作业外，以检查、调整_____、_____等安全部件，并拆检轮胎，进行轮胎换位，检查调整_____和_____等
4）季节性维护	由于冬夏两季的温差大，为使车辆在冬夏两季的合理使用，在换季之前应结合定期维护，并附加一些相应的项目，使汽车适应_____，这种附加性的维护称为季节性维护
5）免拆维护	免拆维护是指在突出"不解体"的前提下，用专用设备及保护用品对汽车_____、_____、_____以及_____等进行清洁和补给的维护

2.2 根据道路运输车辆的一级维护、二级维护推荐周期表，补齐相关内容

适用车型		维护周期	
		一级维护行驶里程间隔上限值或行驶时间间隔上限值	二级维护行驶里程间隔上限值或行驶时间间隔上限值
客车	小型客车（含乘用车）（车长≤6m）		
	中型及以上客车（车长＞6m）		
货车	轻型货车（最大设计总质量≤3 500kg）		
	轻型以上货车（最大设计总质量＞3 500kg）		
挂车		15000km 或 30 日	50000km 或 120 日

注：对于山区、沙漠、炎热、寒冷等特殊运行环境为主的道路运输车辆，可适当缩短维护周期。

打好理论基础。

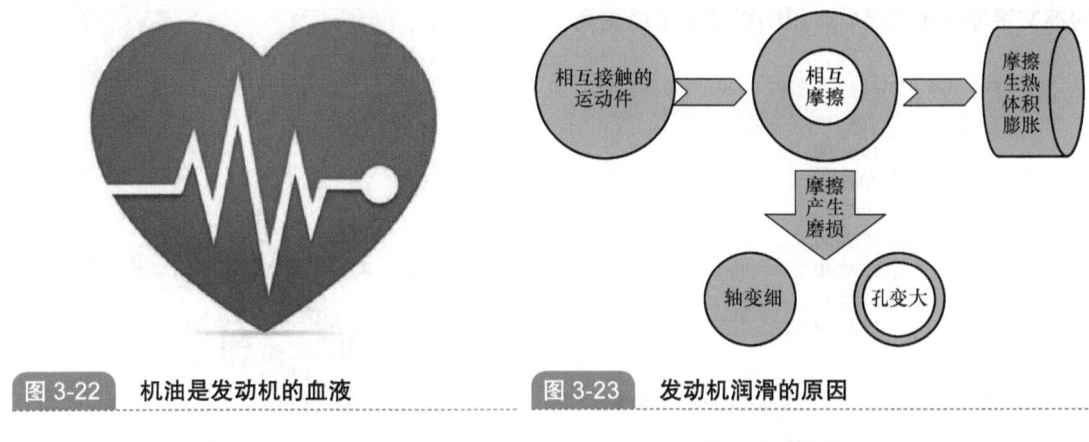

图 3-22　机油是发动机的血液　　　　图 3-23　发动机润滑的原因

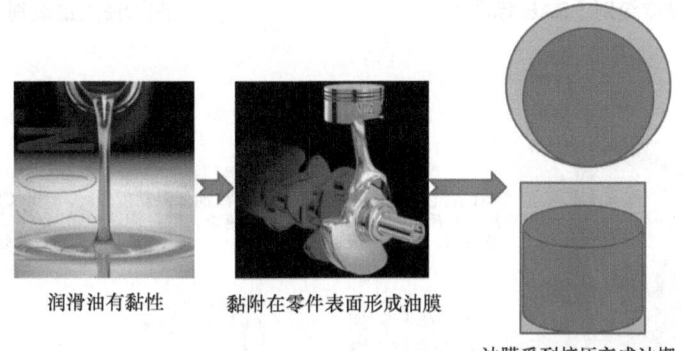

图 3-24　发动机润滑的原理

1）机油的作用。

① 润滑作用：发动机润滑油俗称机油，其主要作用是润滑。机油能使金属间的干摩擦变成润滑油层间的液体摩擦，从而在各摩擦表面形成牢固的油膜，减少机件的磨损，保证机件正常运转。

② 冷却作用：将摩擦产生的热量带走，使机件保持正常的工作温度。

③ 清洗作用：将各摩擦表面的磨屑、杂质、脏物等通过循环流动带走，并把它们送到油底壳中沉淀或由机油滤清器滤除，使发动机机件表面保持清洁。

④ 密封作用：防止气体、水、灰尘进入，同时也能防止气体泄漏。

⑤ 防锈作用：利用油膜将水和腐蚀物隔离，避免了水和腐蚀物、金属的直接接触，从而起到防止或减少它们对金属的腐蚀。

⑥ 减振作用：起到缓和冲击，消除振动的作用。

2）机油的分类和规格。

我国发动机润滑油按发动机的类型分为汽油机润滑油（汽机油）和柴油机润滑油（柴机油）两类。每一类润滑油又按黏度级别指标（主要参照美国汽车工程师协会即 SAE 标准分类，图 3-25）和质量级别指标（主要参照美国石油协会即 API 标准分类，图 3-26）分成若干等级。

发动机润滑油标志说明如图3-27所示,SAE后面的数字越大,就代表黏度越大,而API后面的英文字母排序越靠后,说明机油质量就越高。

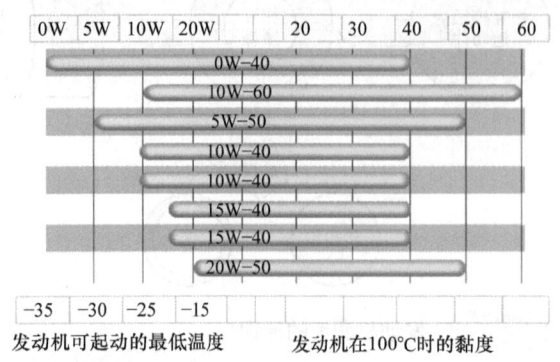

图3-25　润滑油黏度级别（SAE标准）

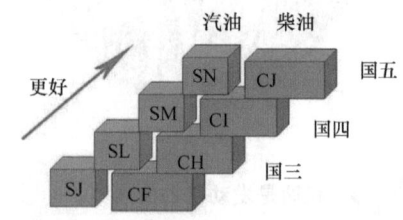

图3-26　润滑油质量级别（API标准）

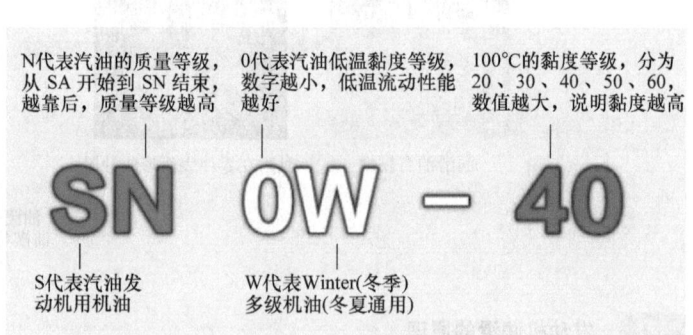

图3-27　发动机润滑油标志说明

3）机油逐渐消耗的原因。

① 为降低活塞环和气缸壁之间的摩擦力,在气缸壁会形成油膜,部分油膜会随高温燃烧的气体被烧掉。

② 机油由于高温氧化产生的蒸气,通过曲轴箱强制通风系统将其中的少量吸到燃烧室中燃烧。

③ 机油消耗受使用条件的影响较大,如使用环境、工况、驾驶习惯及燃油品质等。

4）机油油位检查条件及方法。

① 发动机冷却液温度至少应为80℃。

② 车辆处于水平位置。

③ 关闭发动机后等待3min,以便机油流回油底壳。

④ 用机油尺的刻度读取油位,拔出机油尺（图3-28）,用干净的抹布擦净后将机油尺重新插入并推到底。

⑤ 再次拔出机油尺并读出机油油位（图3-29）。

> **重要提示**：当油面高度在 A 区时不得添加机油，否则会导致机油油面过高而出现机油压力过高和烧机油现象；当油面高度在 B 区时可添加机油，添加机油后油位可位于 A 区附近但不得超过 A 区；当油面高度在 C 区时必须添加机油，否则会导致不供油或供油不足而出现干摩擦现象，但添加机油后油位在 B 区靠上即可。

图 3-28　发动机机油油面高度检查

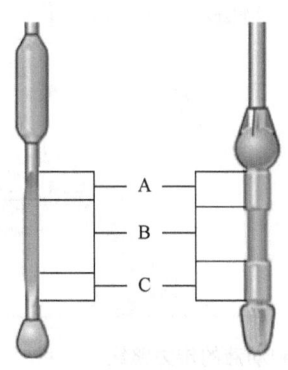

图 3-29　机油油尺读取刻度

2. 液压制动的"传力介质"——制动液

1）制动液的成分。

制动液一般由聚乙二醇醚及特殊添加剂组成，吸湿性很强，随着时间的推移含水量会逐渐增加，因此必须定期更换制动液。

2）制动液含水量的检测方法。

制动液含水量需用专用工具进行检测。图 3-30 所示为迷你型制动液测试仪的使用操作，该测试仪上有四个小灯，分别显示制动液的含水量。

第 1 个小灯表示含水量小于 1%；第 2 个小灯表示含水量为 1%；第 3 个小灯表示含水量为 2%；第 4 个小灯表示含水量大于 3%。

> **警告**：若制动液含水量大于 3%，即使不到 2 年，也需要更换制动液，否则会因制动摩擦生热，使制动液产生沸腾，从而导致制动失灵。

3）每两年更换 1 次制动液的理由。

① 制动液是汽车液压制动系统中传递制动压力的液态介质（图 3-31），对制动液的性能要求是：黏温性好，凝固点低，低温流动性好；沸点高，高温下不产生气阻；使用过程中品质变化小，并不会导致金属件和橡胶件的腐蚀和变质。

② 制动液若长时间使用，则会因氧化或吸收空气中的水分而变质，直接影响制动效果。实验证明，制动液每使用 2 年左右时间后，其含水量会接近或超过 3% 的极限值，此时若不进

图 3-30　迷你型制动液测试仪的使用操作

行更换，则会直接威胁行车安全。

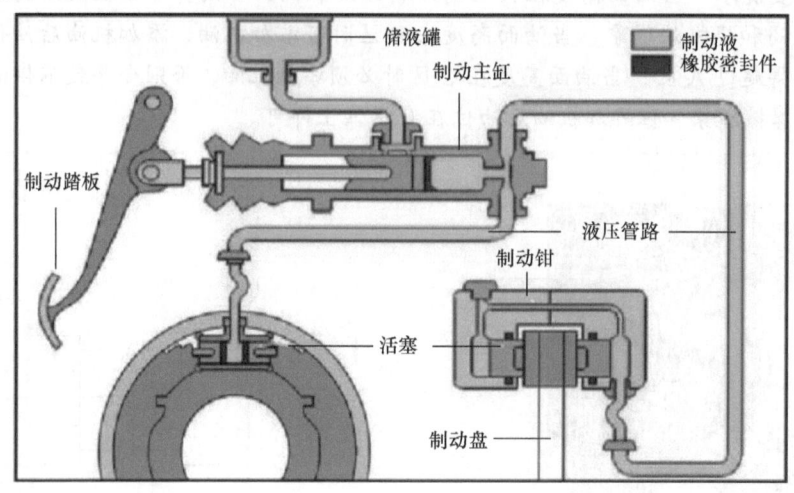

图 3-31　制动液的传力路线

3. 汽车健康的"监测器"——保养灯

1）设置保养灯的原因。

随着汽车行驶里程的增加，车辆内部的机件磨损会逐渐加大，为了保证汽车行驶的可靠性，延长汽车的使用寿命以及为了适应电子控制技术在汽车上的不断运用，目前绝大多数汽车制造商在其生产的各类汽车的相关系统上设置了汽车保养提醒指示灯。

2）保养灯归零的目的。

当汽车行驶到一定的里程或时间后，就提醒汽车驾驶人要及时对车辆进行保养（甚至更换相关的零配件），且完成保养后，还需要将保养灯进行归零。其目的是防止车辆错过最佳保养时机，避免因保养灯未归零而常亮所带来的误导和困扰。

3）保养灯的归零操作。

保养灯的归零操作以别克车系保养灯归零（机油寿命复位）为例进行介绍。目前，大部分别克车型配置有机油寿命监视系统（图 3-32），其保养灯的归零操作主要有三种复位方式，但不同车型、年款的车辆，机油寿命复位方式也有所不同，应注意区别。

图 3-32　机油寿命监视系统

方式1：手动归零

① 将点火开关置于 ON 位置。

② 按下驾驶员信息中心设置菜单"MENU"按钮（图3-33），并旋转切换显示屏，直至驾驶员信息中心屏幕上出现"剩余机油寿命"值（图3-34）。

③ 长按下设置/复位（SET/CLR）按钮以复位系统，此时剩余机油寿命读数应为100%。

④ 将点火开关置于 OFF 位置，完成复位。

图3-33　"SET/CLR"与"MENU"按钮

图3-34　驾驶员信息中心屏幕

方式2：仪器归零

① 将点火开关置于 ON 位，连接 GDS 至车辆。

② 选择模块诊断→发动机控制模块→配置/复位功能→复位功能→发动机机油寿命复位，复位机油寿命或手动输入机油寿命值（图3-35）。

方式3：仪表归零

① 在发动机关闭的情况下，将点火开关置于 ON/RUN 位。

② 在打开点火开关 5s 内，完全踩下和松开加速踏板 3 次。

③ 如果"更换发动机机油"灯没有点亮（图3-36中圆形虚线框），则系统已经重置。

④ 起动车辆时，如果"更换发动机机油"灯再次点亮，则说明发动机机油寿命系统没有复位，需重复本程序直至完成复位。

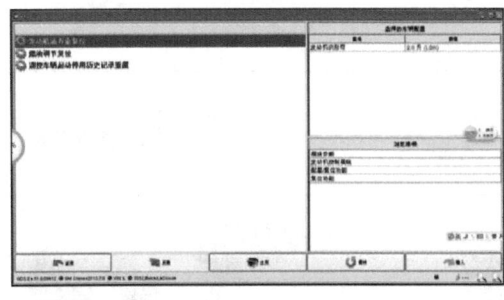

图3-35　发动机机油寿命系统复位

图3-36　发动机机油寿命仪表复位

3.2.7.2　现代汽车一级维护保养的关键工具认识

现代汽车维护与保养所需工具种类繁多，其中通用工具较为常见，人们比较熟悉，但专用扳手作为用途较为单一的特殊扳手，人们通常了解得较少。为确保汽车维护与保养作业的顺利进行，应重点认识这些特殊扳手，而且要熟练掌握它们的使用操作要领。常用的专用扳手见表 3-6。

> ☞ **提示**：在使用专用扳手时，必须选用与零件相适应的扳手，以免扳手滑脱伤手或损坏零件。

表 3-6 常用的专用扳手

扳手名称	主要用途	图例
内六角扳手	拧转内六角头螺栓，如大部分乘用车转向器轴向调整螺栓	
圆螺母扳手	拧转槽形圆螺母，如部分乘用车转向器轴向调整螺栓紧固螺母	
叉形凸缘及转向螺母套筒扳手	拧转轮毂轴承调整、缩紧螺母，如大部分载货汽车和大型客车前轮毂轴承螺母	
方扳手	拧转四棱柱头部的螺栓，如油底壳、变速器等的放油螺栓	
叉形扳手	拧紧圆柱孔定位的螺母，如减振器顶盖等	
气门芯扳手	拆装轮胎气门芯	
钩形扳手	拧转槽形圆螺母等	
专用套筒扳手	拧转特殊螺栓或螺母的扳手，如火花塞、轮毂轴承螺栓、螺母，以及轮胎螺母等	
机油滤清器扳手	拆装机油滤清器总成	

3.2.7.3 现代汽车一级维护的设备及材料准备（表 3-7）

表 3-7　汽车一级维护的相关设备及材料准备

序号	相关仪器设备及材料	备　注
1	场地：通风采光好，相互干扰少，车辆进出方便，能够分组实训	各学校可根据具体情况来定
2	车辆：上海通用别克系列车型	各学校可根据具体情况来定
3	仪器设备：举升机、三角警告牌、灭火器等	其他仪器设备的选配，各学校可根据具体情况来定
4	工量具：随车工具、安全锤、轮胎气压表等	其他工量具的选配，各学校可根据具体情况来定
5	材料：机油、制动液、齿轮油、冷却液、备用风窗清洗液、抹布等	各运行材料品种及规格的选配，各学校可根据具体情况来定

3.2.7.4 现代汽车一级维护的作业内容及实施过程

为实现"教学过程与生产过程的对接"，圆满完成汽车一级维护保养的各项作业任务，抓住主要矛盾，做到有的放矢，汽车一级维护保养的作业内容及任务实施，以上海通用别克系列部分车型的 A 级维护为例进行详细的介绍，其他车型的一级维护可参照执行。

1. 机油、机油滤清器及放油螺塞垫片的更换

1）找到加注机油口盖，并将其旋下。

2）找到油底壳上放油螺塞的位置（图 3-37 中圆圈所示）。

3）在放油螺塞的下面放置一个适当的容器（集油器），使用适当的工具卸下放油螺塞，使使用过的旧机油排入容器中（图 3-38）。

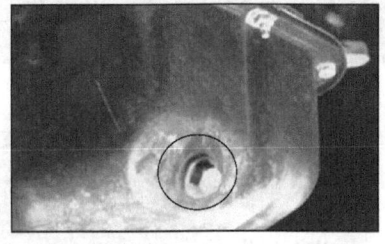

图 3-37　找到放油螺塞

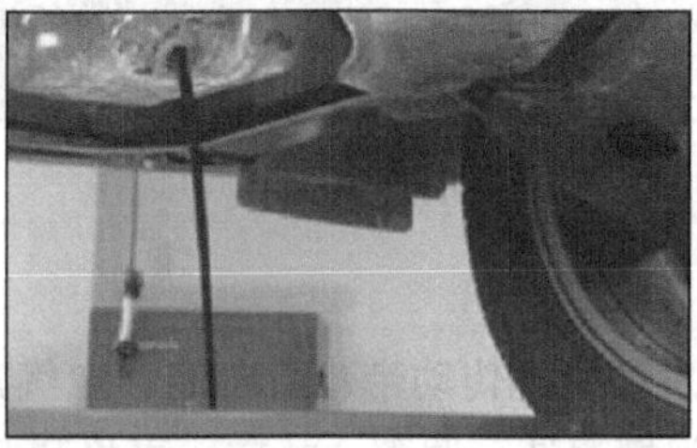

图 3-38　放掉旧机油

4）当旧机油全部放净后，将放油口和放油螺塞擦拭干净（图 3-39）。

5）更换新的放油螺塞垫片，将放油螺塞按规定力矩拧紧。

6）找到机油滤清器的安装位置，清除滤清器周围的灰尘和碎屑，在机油滤清器的下面放置一个适当的容器（集油器），使用机油滤清器专用扳手卸下旧机油滤清器（图 3-40）。

图 3-39　擦净放油螺塞

图 3-40　卸下旧机油滤清器

7）在新机油滤清器的橡胶密封圈上涂上一层薄薄的新机油（图3-41），然后用手将新的机油滤清器旋拧到位（图3-42），再拧紧到厂商规定的拧紧力矩（用机油滤清器扳手转动3/4圈即可）。

图3-41　密封圈涂抹机油

图3-42　新机油滤清器旋拧到位

8）使用漏斗加注新的机油（图3-43），所加注机油的品牌、规格、黏度及使用等级应符合车辆使用说明书的规定。

9）运行发动机数分钟，再次检查发动机润滑油的油面高度（图3-44），需要时再添加一些机油，直至达到合适的高度即可。

10）装回加注机油口盖，检查新机油滤清器和新放油螺塞等部位是否漏油，若无漏油现象，则本次更换机油、机油滤清器及放油螺塞的作业任务完成。

图3-43　加注新机油

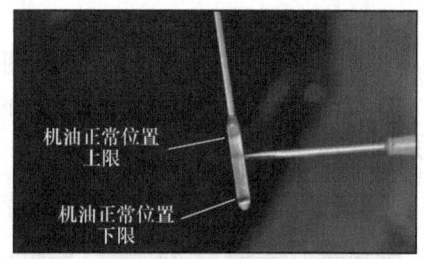

图3-44　机油油面高度检查

2. 发动机舱传动带、蓄电池、空气滤清器、冷却装置的视情清洁、调整、补充、更换和紧固等

（1）发动机附件传动带的维护（检查和调整）

① 在检查传动带之前，先要让发动机冷却下来，然后找到传动带的位置（图3-45）。

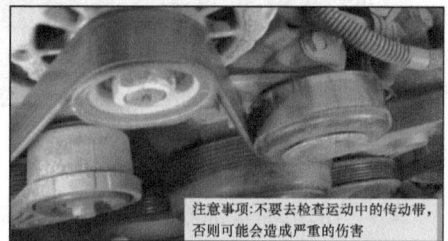

图3-45　附件传动带的安装位置

☞ **重要提示**：不同的车型，发动机附件传动带的数量和布置位置是不相同的（图3-46），更换前应进行绘图或拍照做好标记，以免遗忘而影响更换。

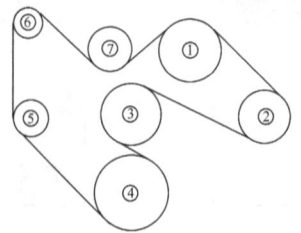

图3-46　附件传动带的布置位置

② 检查传动带是否开裂、边缘磨损或者表面磨光（图3-47），如果发现有损坏的迹象，则应更换传动带（在汽车二级维护即汽车维修企业的B级保养中细述）。

③ 如果传动带被压下超过了25mm（图3-48），则使用传动带张紧力测试器，按维修手册上给出的传动带张紧数据来校准传动带张进度。

> **注意**：有一些传动带是自动张紧的。在有些自动张紧器上有传动带张紧力刻度，如果传动带的张紧力不符合规定，则应更换自动张紧器。

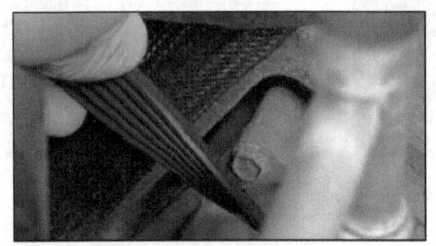

图3-47　附件传动带表面检查　　图3-48　附件传动带张进度检查

（2）蓄电池的维护（这里只介绍免维护蓄电池的维护）

① 检查接线柱是否被腐蚀，若被腐蚀，则使用硬毛刷和小苏打溶液或其他被允许的清洁剂来清理接线柱，并使用蓄电池接线柱密封保护剂来涂敷接线柱（图3-49），以防腐蚀。

② 检查接线柱上电缆的连接情况，必要时进行清理和紧固（图3-50）。

图3-49　蓄电池接线柱保护　　图3-50　蓄电池接线柱紧固

（3）空气滤清器的维护

① 找到空气滤清器的位置（图3-51）。现代使用燃油喷射系统的发动机上，空气滤清器一般位于距离缸体较远的位置。

② 拆下空气滤清器外壳上的螺母或松掉卡箍，把空气滤清器外壳打开（图3-52）。

图3-51　空气滤清器的安装位置　　图3-52　打开空气滤清器外壳

③ 把旧空气滤清器滤芯从滤清器壳体中拆下（图3-53），使用一块清洁的抹布，把空气滤清器壳体内侧的灰尘清理干净。

④ 把新空气滤清器滤芯正确地放入滤清器壳体中（图3-54），盖好滤清器的外壳，安装好螺母或卡箍。

图3-53　拆下空气滤清器滤芯

图3-54　安装空气滤清器滤芯

（4）发动机舱冷却装置的维护（这里重点介绍发动机冷却液液面高度检查维护项目）

① 找到发动机冷却液溢流罐。

② 检查冷却液液面高度，可以从冷却液溢流罐的外侧查看或者打开罐盖查看（图3-55），如果发现液面过低，则需要进行补充。

③ 检查冷却液溢流罐（图3-56），如果冷却液溢流罐是空的，那么应该由有经验的维修技师来检查冷却系统的渗漏情况。

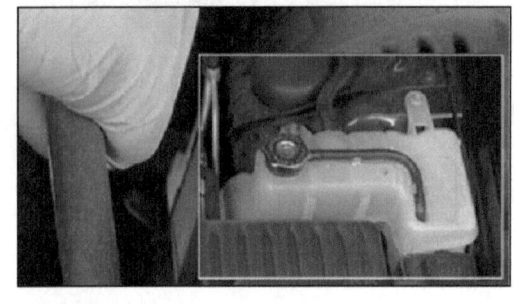

图3-55　检查冷却液液面高度

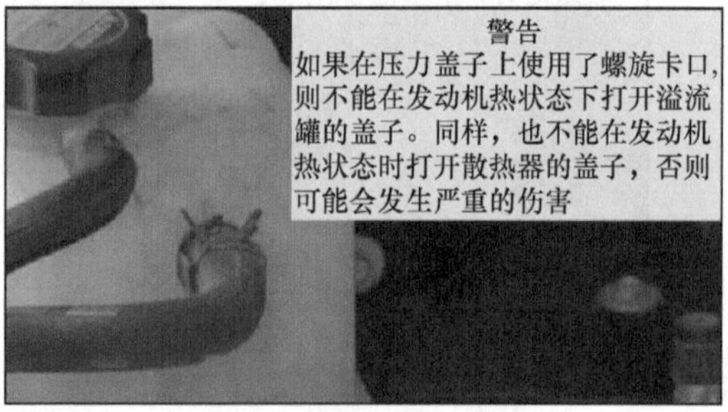

图3-56　发动机冷却液溢流罐

注意：重新加注时，应先将冷却液加注到散热器中，以免损伤发动机机体。

3. 车身灯光系统、喇叭、刮水器、喷水系统的视情清洁、调整、补充、更换和紧固等

（1）车身灯光系统和喇叭的维护

① 检查前照灯的光束照射距离（照度，图3-57中的锥面光束）和光束照射位置（角度，图3-57中的曲面光束），若不符合技术要求，则应进行调整（图3-58）或维修，必要时利用前照灯检测仪进行调整。

② 检查转向灯的工作情况（图3-59），所有转向灯的闪烁频率和亮度应一致，否则应进行检查或调整。

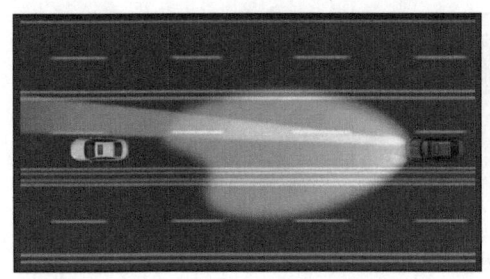

图 3-57　检查前照灯的光束

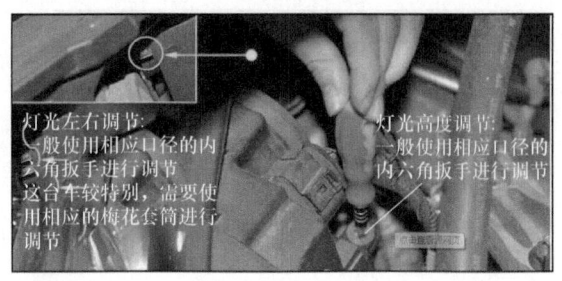

图 3-58　调整前照灯的光束

图 3-59　检查转向灯的工作情况

③ 检查制动灯的工作情况，在点火钥匙处于工作档，踩下制动踏板时，所有制动灯均应点亮，且亮度应一致（图 3-60）。

④ 检查仪表灯的工作情况，当点火钥匙处于工作档（ON 位）时，仪表灯应点亮，且亮度应均匀一致；当点火钥匙处于工作档（ON 位），但未起动发动机时，所有系统自检灯均应点亮，其中有些自检灯点亮数秒后熄灭，有些自检灯待发动机起动后才熄灭（图 3-61）。

图 3-60　检查制动灯的工作情况　　　　图 3-61　检查仪表灯的工作情况

（2）车身刮水器和喷水系统的维护

① 把刮水器从风窗玻璃上提升起来（图 3-62）。

② 如果整个刮片须更换，则拆下旧刮片（图 3-63）。

注意：不同型号刮水器上的零件是不同的，因此拆卸方法也不相同，应注意相关说明。

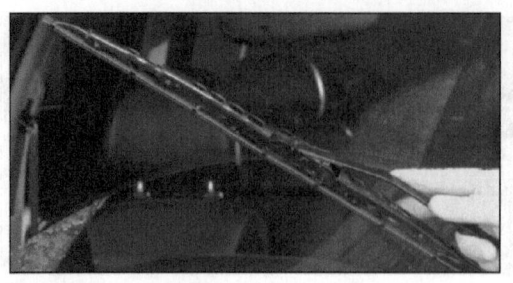

图3-62　提升刮水器

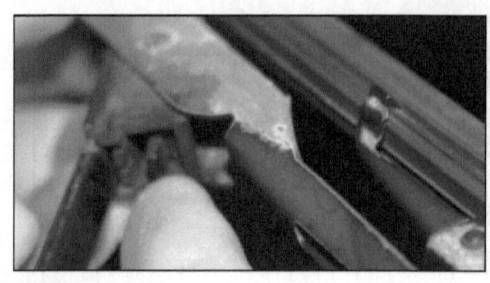

图3-63　更换刮片

③ 选择正确的刮片（俗称雨刮片），把新刮片安装在刮水器摇臂上（图3-64），再轻轻地把刮水器放回到风窗玻璃上。

④ 使用刮水器的清洗功能，检查喷水系统（图3-65，放在B级保养中细述）和所更换刮片的工作是否正常，如果刮片存在松动或刮水效果不良，则应重新进行调整。

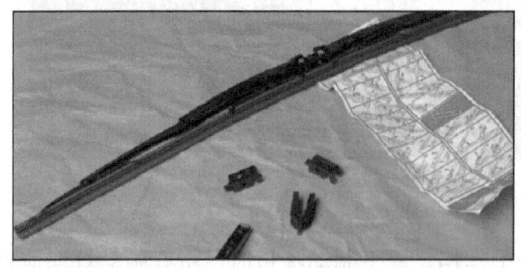

图3-64　安装刮片

图3-65　检查喷水系统

4. 底盘驻车制动器、制动片、制动盘（或鼓）、制动液、制动管路和软管、转向盘、连杆、转向机、离合器液、差速器油、变速器油、混合动力传动桥油、动力转向油、轮胎及气压、轮胎损伤情况的视情清洁、调整、补充、更换和紧固等

（1）底盘驻车制动器的维护

不同车型在不同坡度的道路上进行驻车制动性能检查，制动均应可靠，不允许出现溜动现象。

☞ **重要提示**：车型不同，所用驻车制动器的结构原理也有所不同，有的车型采用提拉式驻车制动器（图3-66），有的车型采用脚踩式驻车制动器（图3-67），有的车型采用电子式驻车制动器（图3-68），应注意区别。

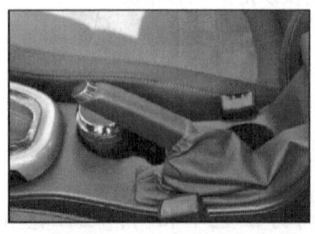

图3-66　提拉式驻车制动器

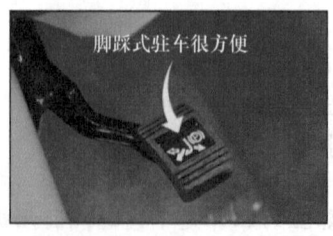

图3-67　脚踩式驻车制动器

图3-68　电子式驻车制动器

（2）底盘行车制动器的维护（这里重点检查制动液、制动管路和制动软管，其他项目在 B 级维护中进行介绍）

1）制动液液面高度检查。

① 打开发动机舱盖，找到制动主缸位置，用干净的抹布将制动液储液罐周围擦干净（图 3-69），以防打开罐盖时灰尘进入储液罐。

② 拆下罐盖（图 3-70），检查制动液液面高度（在储液罐侧面通常都标有"MAX"和"MIN"标记）。

③ 必要时，添加指定的制动液（图 3-71），但不允许加得过满，以防溢出而腐蚀机体。

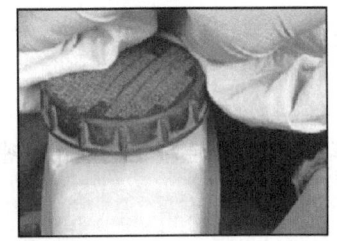
图 3-69　清洁储液罐

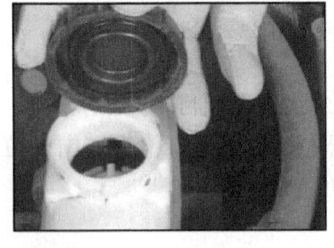
图 3-70　拆下罐盖

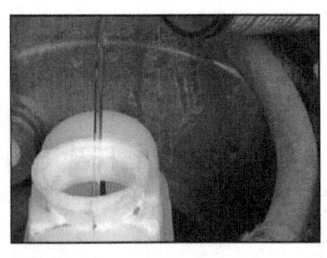
图 3-71　添加制动液

④ 正确安装储液罐盖。

2）制动管路和制动软管密封性检查（图 3-72），所有管路及连接部位均不得有渗漏现象，否则应立即检修，以免发生制动失效等严重事故。

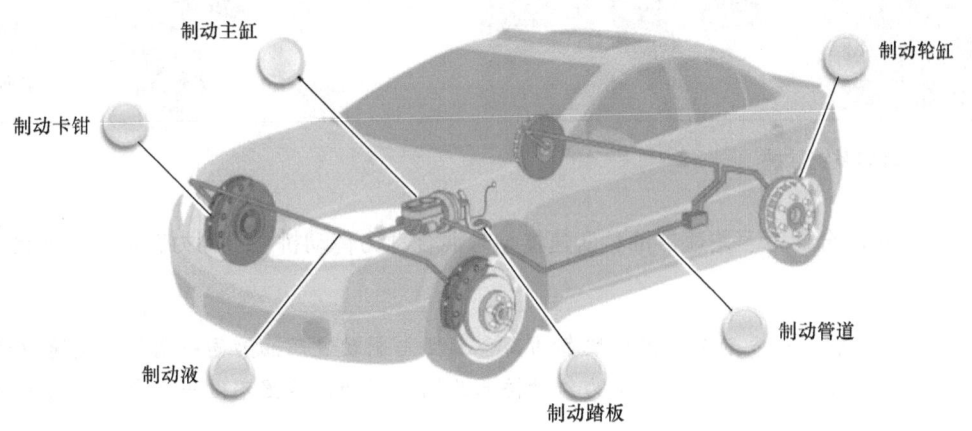
图 3-72　制动管路密封性检查

（3）底盘转向盘、连杆及其转向器的维护（这里重点介绍液压助力转向器的维护）

1）检查动力转向油的液面高度。

① 找到动力转向油储液罐（图 3-73）。

② 将储液罐盖上的油尺擦拭干净，再把罐盖盖好，重新打开罐盖，检查油尺上油位的高度（图 3-74）。

③ 如果液面过低，则应加注到规定的液面高度（图 3-75）。

☞ **重要提示**：在正常情况，动力转向油是不会用尽的，如果发现液面过低，则应检查液压助力转向系统是否存在渗漏现象。

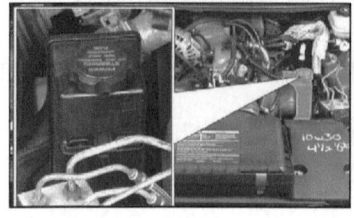

图 3-73　找到储液罐

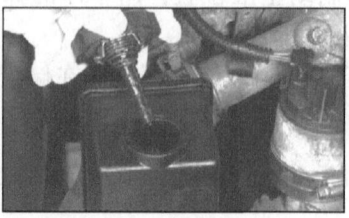

图 3-74　检查油位高度

图 3-75　添加转向助力液

2）动力转向油的保养（放在二级保养项目中介绍）。

3）转向盘、连杆及其转向器的维护（重点检查转向横拉杆球头销等各连接销的润滑、密封及紧固等情况，图 3-76 圈中部位）。

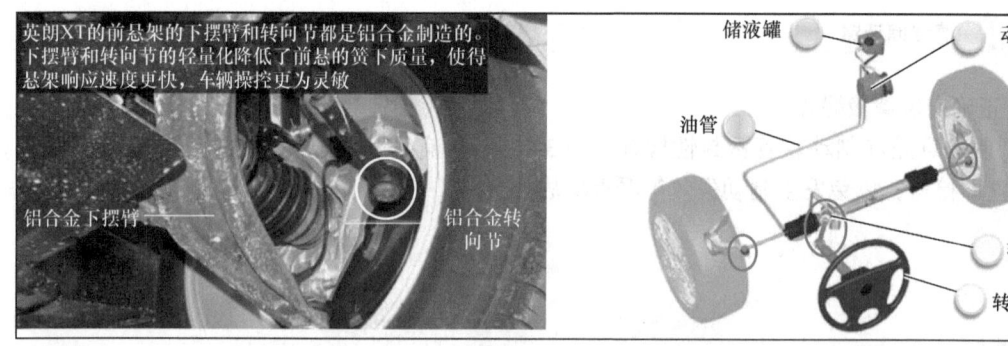

图 3-76　转向系统维护

（4）底盘离合器液、差速器油、变速器油、混合动力传动桥油、动力转向油（前已述及）的检查

☞ **重要提示**：手动变速器所配备的离合器油与制动液压油为同一用油，变速驱动桥的变速器油与差速器油以及混合动力传动桥油为同一用油，这里不做一一介绍，请参见相关内容。

1）自动变速器油液面高度的检查。

① 关闭发动机，变速器应处于 P 位或 N 位，油液的温度应在正常（分冷态和热态两种情况）的范围内，找到油尺位置（图 3-77）。

☞ **提示**：有些车型无油尺，应用专门的仪器检查，详见后续内容。

② 当执行完车辆维修手册上规定的自动变速器油液面高度检查的各项条件后，拔出油尺并擦拭干净，将已经擦拭干净的油尺重新插回到油尺管中（图 3-78）。

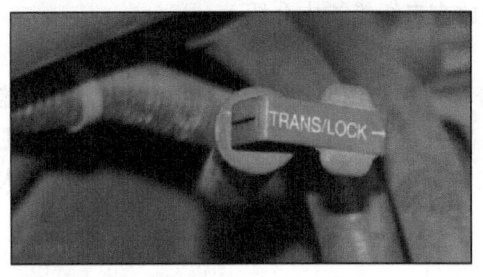

图 3-77　找到油尺位置

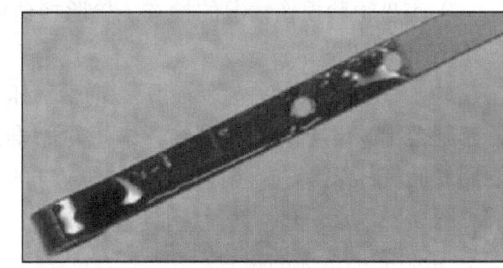

图 3-78　拔出并插回油尺

③ 把油尺拔出来，检查液面高度，查看油尺上的最大（MAX）和最小（MIN）液面高度标记（图 3-79）。

④ 如果液面过低，则使用维修手册推荐或规定的自动变速器油加注到位（图 3-80）。

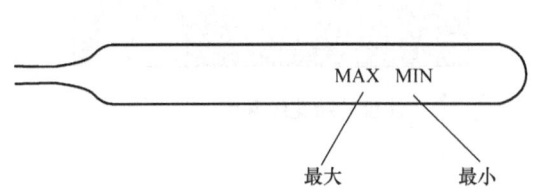

图 3-79　检查自动变速器油的液面高度

图 3-80　加注自动变速器油

> ☞ **重要提示**：如有必要，则对自动变速器进行进一步检查，再一次用油尺进行检查，确认液面高度是否正常（不要加注过量），最后将油尺正确插回油尺管中。

2）手动变速器油液面高度的检查（这里以大多数乘用车所装配手动变速驱动桥的变速器油与差速器油检查为例进行介绍）。

> ☞ **重要提示**：现代大多数手动变速驱动桥没有配备油尺，平时重点检查手动变速驱动桥有无漏油情况（图 3-81），若无渗漏现象，则油面高度均在规定的高度范围内；若检查油液的品质，则可直接放油检查（图 3-82），必要时进行更换。

图 3-81　检查手动变速器密封情况

图 3-82　放油检查手动变速器油质量

（5）底盘轮胎损伤情况的检查（轮胎换位维护放在二级维护中介绍）

① 轮胎气压的检查。

用轮胎气压表来检查轮胎气压，轮胎气压应符合车辆使用说明规定，不能过高，也不能过低，否则会出现异常磨损或裂纹，缩短轮胎寿命，危及行车安全；若需要调整轮胎气压，则一定要用轮胎气压表来进行调整，禁止用放气的方法调整气压，否则极易发生爆胎和挤压伤人等事故（图3-83）。

② 轮胎磨损情况的检查。

用轮胎花纹深度尺检查轮胎的磨损情况（图3-84）。一般小型乘用车的轮胎花纹深度不得小于1.6mm，其他车型不得小于3.2mm，否则应进行更换，以免发生爆胎而导致交通事故。

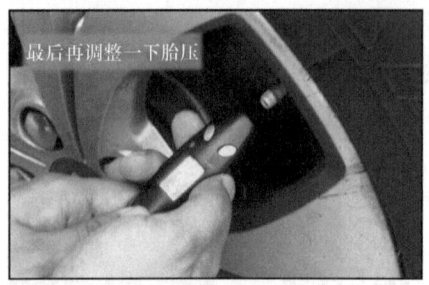

图3-83　检查并调整轮胎气压

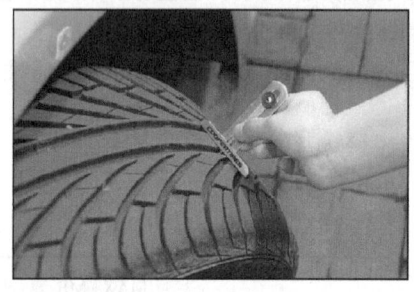

图3-84　检查轮胎花纹深度

③ 轮胎损伤情况的检查。

检查中若发现轮胎胎冠或胎侧出现较深裂纹、凹坑、扎痕或尖锐划痕时（图3-85），应及时更换轮胎，以免发生瘪胎、爆胎等故障而危及行车安全。

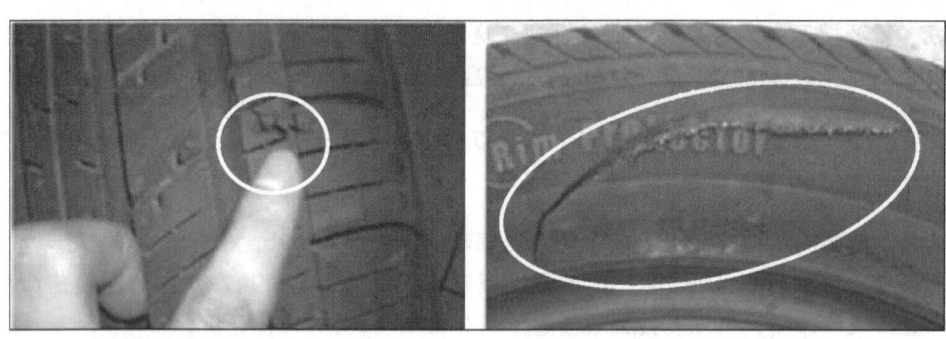

图3-85　检查轮胎损伤情况

5. 发动机系统、变速器系统以及其他系统的电脑诊断

（1）电控燃油喷射发动机系统的电脑诊断（以别克系列轿车为例）

第一步：检测前的检查。汽车电源电压正常，熔断器盒中的熔丝正常，发动机搭铁良好。

第二步：仪器连接。

> ⚠ 注意：在插入或取下诊断卡前，必须断开电源线缆和检测插头。将数据电缆接在解码器上部左边的插头并用两个螺钉紧固，数据电缆的另一插头与OBD-Ⅱ检测插头连接并用两螺钉紧固。

第三步：连接适配器（图 3-86）。将检测适配插头连接到汽车上，诊断插头位于仪表板下方，转向柱旁边，为 OBD-Ⅱ标准 16 针插头。

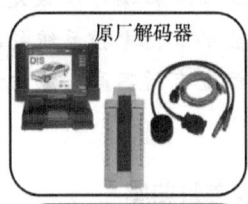
原厂解码器

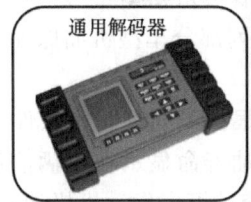
通用解码器

维修人员将解码器与车辆的OBD接口相连，借此导出相关的故障码，看是否有故障纪录

图 3-86　连接适配器

第四步：启动解码器。
第五步：按下 Y 键。
第六步：转动滚轮并按下 Y 键。
第七步：完成车辆识别。
第八步：调取故障码和数据（图 3-87）。
第九步：显示故障码。
第十步：根据故障码提示（见车型维修手册），排除故障。
第十一步：按照解码器操作提示，消除故障码（发动机起动后故障自检灯应熄灭，图 3-88），完成电控燃油喷射发动机系统故障诊断。

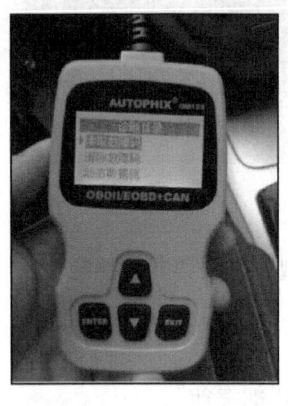

图 3-87　读取故障码

图 3-88　故障自检灯

> 👉 **重要提示**：现代汽车上微型计算机控制系统越来越多，利用故障诊断仪（俗称解码器）读取故障码和数据流进行故障诊断非常快捷，能有效地缩小故障范围，甚至能直接完成故障定位。因此对于有微型计算机控制的电气系统故障或相关故障进行检测与诊断时，要注意故障诊断仪的优先采用，避免走弯路和人为扩大故障范围。

（2）电控自动变速器以及其他电控系统故障诊断

> ☞ **重要提示**：现代汽车的各种电子控制系统故障诊断方法和操作步骤大同小异，而且诊断接口均为16针插头的OBD-Ⅱ标准接口，同一车辆上的其他电控系统的故障诊断可共用同一解码器并共享该接口，只是不同车型诊断接口的位置有所不同，应注意区别，这里不再一一介绍。

6. 机油复位、胎压复位、时钟音响复位以及空调复位等保养灯归零

（1）机油复位操作（机油保养灯归零），这里以别克系列部分车型机油保养灯手工归零操作为例进行介绍

重要提示：2016款别克君威、君越和昂科拉等车型，根据不同的行车条件，由车载电脑计算出机油寿命，并通过组合仪表中央显示屏将剩余的机油寿命显示在车辆信息菜单上。菜单和功能可以用转向信号控制杆上的按钮进行选择。当系统计算出发动机机油寿命已减小时，Change Engine Oil Soon（请速更换机油）会出现在驾驶人信息中心显示屏上，提醒驾驶人抓紧时间更换机油，每次更换发动机机油后必须将其归零复位。

1）显示发动机剩余机油寿命的车型，可按如下步骤操作：

① 按控制杆上的MENU按钮（菜单键，图3-89）。

② 选择"车辆信息菜单"（选择键，图3-89）。

③ 转动调节轮（图3-89中的设定/清除键）以选择"机油寿命"。

图3-89 机油复位操作按键

2）提示发动机机油寿命复位（保养周期复位）的车型，可按如下步骤操作：

① 按控制杆上的MENU按钮（菜单键，图3-89）。

② 选择"车辆信息菜单"（选择键，图3-89）。

③ 转动调节轮（图3-89中的设定/清除键）以选择"机油寿命"。

④ 按住SET/CLR按钮（设定/清除键）复位几秒（图3-90中先显示0，后显示100），中央显示屏显示机油寿命100%，复位成功。

（2）胎压复位操作（轮胎气压指示灯归零），这里以别克君越轮胎气压指示灯复位为例进行介绍

① 顶级配置的别克君威，按Gage键，看到仪表上显示胎压复位的提示（重新学习，图3-91），再按Set/Clr按钮（设置键/回车键）的图标，即可完成复位。

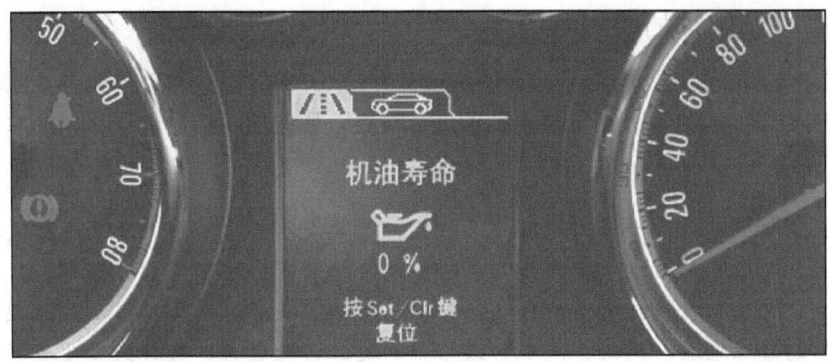

图 3-90　机油复位操作仪表

图 3-91　胎压复位操作仪表

② 普通配置的别克君威，按"RESET"按钮（图 3-92，里程表小计归零键），按住该按钮，仪表板上的"TIRE LOW"指示灯闪烁，放开该钮即可完成复位。

图 3-92　胎压复位操作按键

（3）时钟音响复位操作（放在二级维护作业中介绍）

（4）空调复位操作（放在二级维护作业中介绍）

3.2.8 汽车一级维护的竣工检验

汽车一级维护的竣工检验,可根据 GB/T 18344—2016《汽车维护、检测、诊断技术规范》中汽车一级维护作业项目及其相应技术要求进行检验,具体检验部位、项目、技术要求及检验方法参见表 3-8。

> ☞ **重要提示**:汽车一级维护的竣工检验,国家没有作出相应的规定。但是为了建立全员、全面、全过程的质量管理体系,牢固树立全社会安全责任意识,保护人民群众生命财产安全,建议汽车维修企业及相关人员应该按照 GB/T 18344—2016 相关技术要求进行汽车一级维护的竣工检验。同时,汽车一级维护的竣工检验过程,可作为学生实操过程化考核的主要评分依据,用来检验和搜集学生对汽车一级维护各项技术技能的掌握程度。

表 3-8 汽车一级维护的竣工检验部位、项目、技术要求及检验方法

序号	检验部位	检验项目	技术要求	检验方法
1	发动机	空气滤清器、机油滤清器和燃油滤清器	清洁或更换	按规定的里程或时间清洁或更换滤清器。滤清器应清洁,衬垫无残缺,滤芯无破损。滤清器安装牢固,密封良好	目视检查
2	发动机	发动机润滑油及冷却液	检查油(液)面高度,视情更换	按规定的里程或时间更换润滑油、冷却液,油(液)面高度符合规定	目视检查
3	转向系统	部件连接	检查、校紧万向节、横直拉杆、球头销和转向节等部位的连接螺栓、螺母	各部件连接可靠	目视检查
4	转向系统	转向器润滑油及转向助力油	检查油面高度,视情更换	按规定的里程或时间更换转向器润滑油及转向助力油,油面高度符合规定	目视检查
5	制动系统	制动管路、制动阀及接头	检查制动管路、制动阀接头,校紧接头	制动管路、制动阀固定可靠,接头紧固,无漏气(油)现象	目视检查及试踩制动检查
6	制动系统	缓速器	检查、校紧缓速器的连接螺栓、螺母,检查定子与转子间隙,清洁缓速器	缓速器连接紧固,定子与转子间隙符合规定,缓速器外表、定子与转子间清洁,各插接件与接头连接可靠	目视检查
7	制动系统	储气筒	检查储气筒	无积水及油污	目视检查
8	制动系统	制动液	检查液面高度,视情更换	按规定的里程或时间更换制动液,液面高度符合规定	目视检查
9	传动系统	各连接部位	检查、校紧变速器、传动轴、驱动桥壳,传动轴支承等部位的连接螺栓、螺母	各部位连接可靠,密封良好	目视检查及试运转检查
10	传动系统	变速器、主减速器和差速器	清洁通气孔	通气孔畅通	目视检查
11	车轮	车轮及半轴的螺栓、螺母	拧紧车轮及半轴的螺栓、螺母	拧紧力矩符合规定	用力矩扳手检查
12	车轮	轮辋及压条挡圈	检查轮辋及压条挡圈	轮辋及压条挡圈无裂损及变形	目视检查

(续)

序号	检验部位	检验项目	技术要求	检验方法
13	其他	检查蓄电池	液面高度符合规定，通气孔畅通，电桩和夹头清洁、牢固，免维护蓄电池电量状况指示正常	目视检查，用蓄电池容量测试仪检查
14	其他	检查侧防护装置及后防护装置，校紧螺栓、螺母	完好有效，安装牢固	目视检查
15	其他	检查、润滑各润滑点	润滑嘴齐全有效，润滑良好。各润滑点防尘罩齐全完好。集中润滑装置工作正常，密封良好	目视检查
16	其他	检查泄漏情况	全车不漏油、不漏液、不漏气	目视检查及试运行检查

（其中14行"防护装置"，15行"全车润滑"，16行"整车密封"为检验部位）

3.3 现代汽车的二级维护保养

3.3.1 汽车二级维护保养的定义

二级维护按照 GB/T 5624—2005 中定义 2.3.1.3.2.2 为：除一级维护作业外，以检查和调整制动系统、转向操纵系统、悬架等安全部件，并拆检轮胎，进行轮胎换位，以及检查、调整发动机工作状况和汽车排放相关系统等为主的维护作业。二级维护曾称为二级保养，由维修企业负责执行，其中心作业内容为检查和调整。

当汽车行驶到一定的里程后，汽车的磨损和变形会增加，为了延长汽车的使用寿命和保证行车安全，必须按期进行汽车二级维护。

> ☞ **重要提示**：汽车二级维护是我国现行汽车维护作业中的最高一级。二级维护要求在维护前进行不解体检测诊断，以确定附加作业项目；强调对安全部件的检查和调整；检查、调整发动机工况和排气污染控制装置的工作情况等。

3.3.2 汽车二级维护保养的基本要求

汽车二级维护的目的是消除安全隐患，恢复车辆使用技术性能，尤其是排放和安全性能。因此，二级维护作业应满足以下基本要求。

1）汽车二级维护的检测诊断。应全面完成汽车二级维护的各检测、诊断项目，这关系到对该车的技术状况能否真正掌握，关系到二级维护附加作业项目的确定是否合理、是否到位，关系到汽车潜在的故障隐患能否通过本次维护得到彻底的排除。

2）汽车二级维护作业的过程检验。这是控制二级维护作业质量的重要环节。汽车二级维护是否达到预期目的，取决于二级维护的基本作业和附加维护作业项目是否到位，是否按技术要求完成作业任务。只有进行二级维护作业过程的检验，才能对汽车维护质量进行有效的控制，达到维护的目的。

3）汽车二级维护的竣工检验。企业应有明确的针对具体车型的汽车维护竣工检验技术标准，根据该标准配备相应的检测设备以及掌握现代汽车检测诊断技术的质量检验员，这是保证汽车维护质量的关键。

3.3.3 汽车二级维护保养的作业流程

汽车二级维护是现行维护制度中的最高级别维护,其目的是维持汽车各总成、系统和机构具有良好的工作性能,及时排除故障和隐患,保证汽车动力性、经济性、环保性、操纵性及安全性能满足要求,确保汽车在二级维护间隔期内能够正常运行。其中,进厂检测、过程检验和竣工检验是关键环节,应严格执行。图 3-93 所示为汽车二级维护的作业流程。

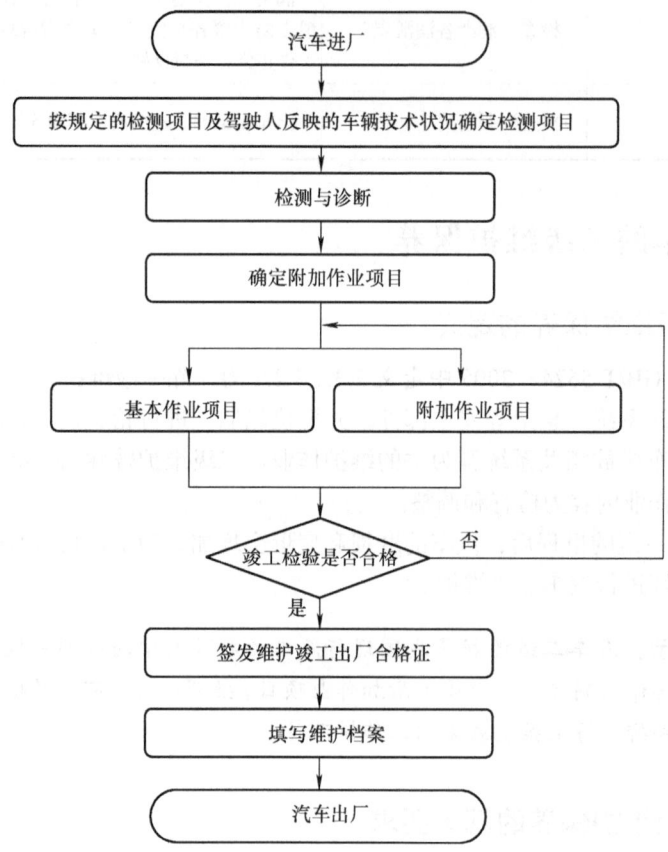

图 3-93 汽车二级维护的作业流程

1. 进厂检测

汽车二级维护首先要进行检测,汽车进厂后,根据汽车技术档案的记录资料(包括车辆运行记录、维修记录、检测记录、总成修理记录等)和驾驶员反映的车辆使用技术状况(包括汽车动力性、异响、转向、制动及燃料消耗等)确定所需的检测项目,依据检测结果及车辆实际技术状况进行故障诊断,从而确定附加作业。附加作业项目确定后与基本作业项目一并进行二级维护。

2. 过程检验

汽车二级维护过程中需要进行过程检验,过程检验项目的技术要求应满足有关技术标准或规范。

3. 竣工检验

汽车二级维护作业完成后，需要经过维修企业进行竣工检验，竣工检验合格的车辆，由维修企业填写汽车维修竣工出厂合格证后方可出厂。

> ☞ **重要提示**：《道路运输车辆技术管理规定》之新规规定，道路运输经营者可以对自有车辆进行二级维护作业，保证投入运营的车辆符合技术管理要求，无需进行二级维护竣工质量检验。

3.3.4 汽车二级维护保养的作业周期

GB/T 18344—2016《汽车维护、检测、诊断技术规范》推荐的道路运输车辆一级维护、二级维护周期见表3-9。

> ☞ **重要提示**：乘用车辆的二级维护周期，应按车辆使用说明书要求进行，其他特种车辆的二级维护周期，应按国家及行业相关规定进行。

表 3-9 道路运输车辆一级维护、二级维护周期

适用车型		维护周期
		二级维护行驶里程间隔上限值或行驶时间间隔上限值
客车	小型客车（含乘用车）（车长≤6m）	40 000km 或 120 日
	中型及以上客车（车长＞6m）	50 000km 或 120 日
货车	轻型货车（最大设计总质量≤3 500kg）	40 000km 或 120 日
	轻型以上货车（最大设计总质量＞3 500kg）	50 000km 或 120 日
挂车		50 000km 或 120 日

注：对于山区、沙漠、炎热、寒冷等特殊运行环境为主的道路运输车辆，可适当缩短维护周期。

3.3.5 汽车二级维护进厂检测及附加作业项目的确定

汽车二级维护进厂检测包括规定的检测项目以及根据驾驶人反映的车辆技术状况确定的检测项目。汽车二级维护规定的进厂检测项目见表3-10。

检测项目的技术要求应符合国家有关的技术标准和车辆维修资料等相关规定。进厂检测时应记录检测数据或结果，并据此进行车辆故障诊断。

表 3-10 汽车二级维护规定的进厂检测项目

序号	检测项目	检测内容	技术要求
1	故障诊断	车载诊断系统（OBD）的故障信息	装有车载诊断系统（OBD）的车辆，不应有故障信息
2	行车制动性能	检查行车制动性能	采用台架检验或路试检验，应符合 GB 7258 相关规定
3	排放	排气污染物	汽油车采用双急速法，应符合 GB 18285 相关规定。柴油车采用自由加速法，应符合 GB 3847 相关规定

3.3.5.1 汽车二级维护前的进厂检测项目及目的

随着现代汽车技术的发展,其结构越来越复杂,新装置越来越多,技术含量越来越高,在维护前和维护过程中需要通过不解体检测来进行分析诊断的情况也越来越多。因此,汽车二级维护检测项目并不受上述标准给出的内容所限,在维护执行过程中应以"及时排除故障和隐患,保证汽车完好技术状态"为目标,结合实际需要进行合理的安排。汽车二级维护检测诊断在总体上有以下两个方面的要求:

1)对汽车二级维护检测诊断项目进行检测时,应使用该检测项目的专用检测仪器,仪器精度须满足有关规定,这主要是针对那些汽车性能技术参数的检测,如发动机功率、气缸压力、车轮定位角、车轮动平衡等。

> **特别注意**:这里一是强调一定要用仪器或设备进行检测,二是强调要合理选择符合技术要求的专用检测仪器,以保证检测数据的准确性。

2)汽车二级维护检测项目的技术要求,应参照国家有关技术标准或原厂检测技术要求执行,即所检测项目应达到技术标准。

> **特别注意**:这里要求明确两个概念:一是这里所讲的"国家有关技术标准",主要是指那些国家对车辆有统一要求的技术标准。如:安全方面,对汽车制动性能(包括制动力等);环境保护方面,对在用车排放污染物排量限制(俗称"排放标准")。二是这里所讲的"原厂要求",主要是指检测项目中除了国家标准统一要求以外,应以"原厂要求"为标准。

技术标准进一步明确了汽车维护的技术质量要求,体现了恢复原车技术状态这一汽车二级维护的基本宗旨;也进一步强调维修企业应重视汽车维修技术资料的收集和信息管理工作,否则维修就无技术标准可依,维修质量当然无法保证。

3.3.5.2 汽车二级维护前的技术评定和附加作业项目的确定

汽车是一个复杂的运动机械,其技术性能与使用环境有着千丝万缕的联系。特别是配置电控系统的汽车,一个故障现象可能会牵涉到很多方面的因素,而一个因素可能会引起多方面的故障。因此,通过维护前不解体检测,准确评定汽车技术状况,确定合适的附加作业项目,是一项技术难度较大的工作。

> **特别注意**:应根据检测结果,结合汽车运行等各方面的信息,如驾驶员反映、性能检查结果和车辆技术档案等情况,对汽车技术状况进行综合评价,以确定合理的附加作业项目。

1. 确定汽车二级维护附加作业项目的原则要求

① 根据检测结果确定汽车二级维护附加作业项目。通过仪器设备检测诊断或观察、路试所得到的结果,是汽车各部运行技术状况的真实表现,是科学的、可靠的,应作为确定附加作业项目的最主要的依据。

> **重要提示**:驾驶人反映的某些情况受本人技术素质和判断能力的限制,有时还会是错觉,只能作为确定附加作业项目的参考依据。

② 把恢复汽车的正常技术状况作为附加作业深度的原则标准，来确定以消除汽车故障为目的的二级维护附加作业项目和作业内容。

> 🔔 **特别注意**：如果维护作业（包括附加作业）超范围，不仅违背二级维护的宗旨，而且违背了"技术与经济相结合"的汽车维修技术管理的基本原则。

③ 附加作业项目确定后与基本作业项目一并进行二级维护作业。这里提出了维护作业执行的原则要求，同时也进一步表明，汽车二级维护附加作业是维护作业不可分割的一部分。应在实施过程中，通过维修合同、维修作业单、过程检验及竣工检验等充分地体现，以确保汽车二级维护基本作业项目和附加作业项目全面落实，保证维护质量。

2. 汽车二级维护附加作业项目的作业特点

① 对发动机部分，二级维护附加作业大多是围绕恢复汽车的动力性和排放性进行的。如研磨气门、更换活塞环，以解决因气缸与活塞环磨损而导致气缸压力达不到要求，影响动力性和燃烧质量的问题；又如拆检机油泵，以解决因发动机润滑系统油压达不到要求而导致气门液压挺杆异响的问题。

② 对底盘部分，二级维护附加作业大多是围绕拆检、更换汽车转向、制动等安全机构部件进行的。根据需要对部分总成附件进行解体维护，如拆检、更换制动主缸和轮缸（制动器部分在基本作业中要求解体维护），更换前驱动轿车的驱动轴、万向节球笼等。

③ 对车身、电器部分，二级维护附加作业一般围绕发电机、起动机等电器附件的检修进行的。另外，还进行蓄电池补充充电，门窗摇机拆检，车身车架整形、检修等。

3.3.5.3 汽车二级维护实施的要点

在汽车二级维护具体实施过程中，如何将上述附加作业与汽车二级维护基本作业项目结合一并进行，需要解决好以下几个方面的问题。

1）附加作业的技术规范问题。由于附加作业是检修或总成修理、部件更换，所以附加作业应严格按有关车型维修手册的要求进行。

> ☞ **特别提示**：汽车维修手册中的相关内容，现已成为行业技术管理与质量监督的重要依据。

2）附加作业如何安排的问题。要将基本作业和附加作业"一并进行"，有些项目是可行的，如更换零部件和局部检修，可以通过适当延长维护作业时间的办法，将附加作业穿插在基本作业过程中进行。如桑塔纳轿车，经检查发现驱动轴、防尘罩损坏，内、外球笼式万向节松旷需要更换球笼和防尘罩，由于该项附加作业不是很费时，则可以在二级维护过程中结合底盘部分的维护作业项目"一并进行"。

> 🔔 **特别注意**：像拆检变速器总成、换活塞环和研磨气门等主要总成拆检的附加作业，要安排在基本作业项目进行过程中"一并进行"是不太现实的，况且这些总成件拆下以后，会使其他部分的维护作业无法进行。如在拆下发动机气缸盖研磨气门时，则检查、调整点火提前角、急速、气门间隙等项目就无法同步进行了。因此在安排维护作业时，应将总成拆修和基本维护作业的内容合理安排好，尤其是相互关联的作业项目一定要安排好科学合理的作业顺序，否则直接影响维护进程。

总之，只有将附加作业合理安排好，并穿插结合在二级维护基本作业过程中进行，而且真正按技术要求作业了，才能达到汽车二级维护所应达到的目的。

3.3.6 汽车二级维护基本作业项目及技术要求

汽车二级维护作业项目包括基本作业项目和附加作业项目，其中附加作业项目应根据汽车二级维护进厂检测的结果、作业过程中发现的维修项目和相关原则来确定，在二级维护作业时一并进行。

> 🔔 **特别强调**：汽车二级维护基本作业项目是汽车行驶到一定的里程或使用一定的时间后，不管汽车的技术状况如何都必须完成的内容。它真正体现了"强制维护"的原则，适用于所有汽车二级维护的技术规范。其规定的基本作业项目和要求是有原则性的，具有实际指导意义。

现代汽车二级维护除了完成检查和调整两大中心作业外，还要同时进行大量的清洁、紧固、润滑、补给作业以及少量的更换和检测作业，且作业内容要涵盖汽车一级维护的所有内容。根据GB/T 18344—2016《汽车维护、检测、诊断技术规范》最新规定，汽车二级维护基本作业项目、作业内容及技术要求见表3-11。

表3-11 汽车二级维护基本作业项目、作业内容及技术要求

序号	作业项目		作业内容	技术要求
1	发动机	发动机工作状况	检查发动机起动性能和柴油发动机停机装置	起动性能良好，停机装置功能有效
			检查发动机运转状况	低、中、高速运转稳定，无异响
2		发动机排放机外净化装置	检查发动机排放机外净化装置	外观无损坏、安装牢固
3		燃油蒸发控制装置	检查外观，检查装置是否畅通，视情更换	炭罐及管路外观无损坏、密封良好、连接可靠、装置畅通无堵塞
4		曲轴箱通风装置	检查外观，检查装置是否畅通，视情更换	管路及阀体外观无损坏、密封良好、连接可靠、装置畅通无堵塞
5		增压器、中冷器	检查、清洁中冷器和增压器	中冷器散热片清洁，管路无老化，连接可靠，密封良好。增压器运转正常，无异响，无渗漏
6		发电机、起动机	检查、清洁发电机和起动机	发电机和起动机外表清洁，导线接头无松动，运转无异响，工作正常
7		发动机传动带（链）	检查空压机、水泵、发电机、空调机组和正时带（链）磨损及老化程度，视情调整传动带（链）松紧度	按规定里程或时间更换传动带（链）。传动带（链）无裂痕和过量磨损，表面无油污，松紧度符合规定
8		冷却装置	检查散热器、膨胀罐及管路密封	散热器、膨胀罐及管路固定可靠，无变形、堵塞、破损及渗漏。箱盖接合表面良好，胶垫不老化
			检查水泵和节温器工作状况	水泵不漏水、无异响，节温器工作正常

（续）

序号	作业项目		作业内容	技术要求
9	发动机	火花塞、高压线	检查火花塞间隙、积炭和烧蚀情况，按规定里程或时间更换火花塞	无积炭，无严重烧蚀现象，电极间隙符合规定
			检查高压线外观及连接情况，按规定里程或时间更换高压线	高压线外观无破损、连接可靠
10		进、排气歧管，消声器、排气管	检查进、排气歧管，消声器、排气管	外观无破损，无裂痕，消声器功能良好
11		发动机总成	清洁发动机外部，检查隔热层	无油污、无灰尘，隔热层密封良好
			检查和校紧连接螺栓、螺母	油底壳、发动机支架、水泵、空压机、涡轮增压器、进/排气歧管、消声器、排气管、输油泵和喷油泵等部位连接可靠
12	制动系统	储气筒、干燥器	检查、紧固储气筒，检查干燥器功能，按规定里程或时间更换干燥剂	储气筒安装牢固，密封良好。干燥器功能正常，排水阀畅通
13		制动踏板	检查、调整制动踏板自由行程	制动踏板自由行程符合规定
14		驻车制动	检查驻车制动性能，调整操纵机构	各连接线及插接件无松动，轮速传感器清洁
15		防抱死制动装置	检查连接线路，清洁轮速传感器	各连接线及插接件无松动，轮速传感器清洁
16		鼓式制动器	检查制动间隙调整装置	功能正常
			拆卸制动鼓、轮毂、制动蹄，清洁轴承孔、轴承、支承销和制动底板等零件	清洁，无油污，轮毂通气孔畅通
			检查制动底板、制动凸轮轴	制动底板安装牢固、无变形、无裂损。凸轮轴转动灵活，无卡滞和松旷现象
			检查轮毂内、外轴承	滚柱保持架无断裂，滚柱无缺损、脱落，轴承内、外圈无裂损和烧蚀
			检查制动摩擦片、制动蹄及支承销	摩擦片表面无油污、裂损，厚度符合规定。制动蹄无裂纹及明显变形，铆接可靠，铆钉沉入深度符合规定。支承销无过量磨损，与制动蹄轴承孔衬套配合无明显松旷
			检查制动蹄复位弹簧	复位弹簧不得有扭曲、钩环损坏、弹性损失和自由长度改变等现象
			检查轮毂、制动鼓	轮毂无裂损，制动鼓无裂痕、沟槽、油污及明显变形
			装复制动鼓、轮毂、制动蹄，调整轴承松紧度、调整制动间隙	润滑轴承，轴承孔涂抹润滑脂后再装轴承。装复制动蹄时，轴承孔均应涂抹润滑脂，开口销或卡簧固定可靠。制动摩擦片与制动鼓摩擦面应清洁，无油污。制动摩擦片与制动鼓配合间隙符合规定。轮毂转动灵活且无轴向间隙。锁紧螺母、半轴螺母及车轮螺母齐全，拧紧力矩符合规定

（续）

序号	作业项目	作业内容	技术要求
17	制动系统 盘式制动器	检查制动摩擦片和制动盘磨损量	制动摩擦片和制动盘磨损量应在标记规定或制造商要求的范围内，其摩擦工作面不得有油污、裂纹、失圆和沟槽等损伤
		检查制动摩擦片与制动盘间的间隙	制动摩擦片与制动盘之间的转动间隙符合规定
		检查密封件	密封件无裂纹或损坏
		检查制动钳	制动钳安装牢固、无油液泄漏。制动钳导向销无裂纹或损坏
18	转向系统 转向器和转向传动机构	检查转向器和转向传动机构	转向轻便、灵活，转向无卡滞现象，锁止、限位功能正常
		检查部件技术状况	转向节臂、转向器摇臂及横直拉杆无变形、裂纹和拼焊现象，球头销无裂纹、不松旷，转向器无裂损、无漏油现象
19		转向盘最大自由转动量	检查、调整转向盘最大自由转动量	最高设计车速不小于100 km/h的车辆，其转向盘的最大自由转动量不大于15°，其他车辆不大于25°
20	行驶系统 车轮及轮胎	检查轮胎规格型号	轮胎规格型号符合规定，同轴轮胎的规格和花纹应相同，公路客车（客运班车）、旅游客车、校车和危险货物运输车的所有车轮及其他车辆的转向轮不得装用翻新的轮胎
		检查轮胎外观	轮胎的胎冠、胎壁不得有长度超过25mm或深度足以暴露出帘布层的破裂和割伤以及凸起、异物刺入等影响使用的缺陷。具有磨损标志的轮胎，胎冠的磨损不得触及磨损标志；无磨损标志或标志不清的轮胎，乘用车和挂车胎冠花纹深度应不小于1.6mm；其他车辆的转向轮的胎冠花纹深度应不小于3.2mm，其余轮胎胎冠花纹深度应不小于1.6mm
		轮胎换位	根据轮胎磨损情况或相关规定，视情进行轮胎换位
		检查、调整车轮前束	车轮前束值符合规定
21	悬架	检查悬架弹性元件，校紧连接螺栓、螺母	空气弹簧无泄漏、外观无损伤。钢板弹簧无断片、缺片、移位和变形，各部件连接可靠，U形螺栓、螺母拧紧力矩符合规定
		减振器	减振器稳固有效，无漏油现象，橡胶垫无松动、变形及分层
22		车桥	检查车桥、车桥与悬架之间的拉杆和导杆	车桥无变形、表面无裂痕，油脂无泄漏，车桥与悬架之间的拉杆和导杆无松旷、移位和变形

（续）

序号	作业项目		作业内容	技术要求
23	传动系统	离合器	检查离合器的工作状况	离合器接合平稳，分离彻底，操作轻便，无异响、打滑、抖动及沉重等现象
			检查、调整离合器踏板自由行程	离合器踏板自由行程符合规定
24		变速器、主减速器、差速器	检查、调整变速器	变速器操纵轻便，档位准确，无异响、打滑及乱档等异常现象，主减速器、差速器工作无异响
			检查变速器、主减速器、差速器润滑油液面高度，视情更换	按规定的里程或时间更换润滑油，液面高度符合规定
25		传动轴	检查防尘罩	防尘罩无裂痕、损坏，卡箍连接可靠，支架无松动
			检查传动轴及万向节	传动轴无弯曲，运转无异响。传动轴及万向节无裂损、不松旷
			检查传动轴承及支架	轴承无松旷，支架无缺损和变形
26	灯光导线	前照灯	检查远光灯发光强度，检查、调整前照灯光束照射位置	符合 GB 7258—2017 规定
27		线束及导线	检查发动机舱及其他可视的线束及导线	插接件无松动、接触良好。导线布置整齐、固定牢靠，绝缘层无老化、破损，导线无外露。导线与蓄电池极柱连接牢固，并有绝缘套
28	车架车身	车架和车身	检查车架和车身	车架和车身无变形、断裂及开焊现象，连接可靠，车身周正。发动机舱罩锁扣锁紧有效。车厢铰链完好，锁扣锁紧可靠，固定集装箱箱体、货物的锁止机构工作正常
			检查车门、车窗启闭和锁止	车门和车窗应启闭正常，锁止可靠。客车动力启闭车门的车内应急开关及安全顶窗机件齐全、完好有效
29		支撑装置	检查、润滑支撑装置，校紧连接螺栓、螺母	完好有效，润滑良好，安装牢固
30		牵引车与挂车连接	检查牵引销及其连接装置	牵引销安装牢固，无损伤、裂纹等缺陷，牵引销颈部磨损量符合规定
			检查、润滑牵引座及牵引销锁止、释放机构，校紧连接螺栓、螺母	牵引座表面油脂均匀，安装牢固，牵引销锁止、释放机构工作可靠
			检查转盘与转盘架	转盘与转盘架贴合面无松旷、偏歪。转盘与牵引连接部件连接牢靠，转盘连接螺栓应紧固，定位销无松旷、无磨损，转盘润滑良好
			检查牵引钩	牵引钩无裂纹及损伤，锁止、释放机构工作可靠

☞ **重要提示**：汽车二级维护的基本作业项目，体现的是现代汽车维护作业的深度。汽车二级维护作业的中心内容是检查和调整，同时还要进行清洁、紧固、润滑、补给、更换和检测等作业，并重点检查有关制动、操作等安全部件，即二级维护应以不解体维护作业为中心，强调对部分安全部件进行拆检的要求。

汽车二级维护基本作业项目的技术要求，即维护作业项目所应达到的技术标准，是维护作业的质量要求。从以上作业内容可知，GB/T 18344—2016《汽车维护、检测、诊断技术规范》的作业项目中凡涉及有关检查、调整数据以及一些部件工作状态检查的内容，都以"符合出厂规定"或"符合规定"作为标准。

☞ **重要提示**：新的标准充分体现了"通过维护，保持原车应有的技术状态"这一基本出发点。同时也明确了，汽车二级维护基本作业项目在具体执行过程当中，只有紧密结合具体车型数据，才能有效保证维护质量的事实。

3.3.7　汽车二级维护保养的作业内容及任务实施

汽车的二级维护（即 B 级维护）适用于行驶里程为 15 000km、30 000km 和 45 000km 的车辆，每间隔 15 000km 进行一次（大保养）。其维护作业任务主要包括机油、机油滤清器、放油螺塞垫片、空气滤清器、燃油滤清器、空调滤清器的更换，发动机基本部件、车身和底盘各总成及主要部件、燃油和进/排气控制系统以及点火系统主要总成及部件的检查，发动机系统、变速器系统、ABS、安全气囊系统以及其他系统的自诊断，保养灯归零（复位检查）以及特色保养等内容。

☞ **特别提示**：为深刻领会做好汽车二级维护各项工作的重要意义，并对所开展的汽车二级维护作业质量进行验证评估，以确保汽车二级维护工作的有效性，应理清思路、抓住重点、有的放矢，制定科学的工艺流程并严格执行。汽车二级维护认真提炼汽车维修企业 B 级维护的作业任务和作业内容，反复练习其操作过程，重点掌握其操作要领、技术要求、注意事项，达到学校培养与社会需求有效衔接的职业教育目标。

3.3.7.1　现代汽车二级维护保养的关键知识储备

1. 汽车安全行驶的"基石"——轮胎

（1）常见轮胎品牌

固特异轮胎，美国制造，英文标注为 GOODYEAR；米其林轮胎，法国制造，英文标注为 MICHELIN；马牌（大陆）轮胎，德国制造，英文标注为 Continental；邓禄普轮胎，英国制造，英文标注为 DUNLOP；倍耐力轮胎，意大利制造，英文标注为 PIRELLI；普利司通轮胎，日本制造，英文标注为 BRIDGESTONE；优科豪马（横滨）轮胎，日本制造，英文标注为 YOKOHAMA；住友轮胎，日本制造，英文标注为 SUMITOMO；韩泰轮胎，韩国制造，英文标注为 HanKOOK；锦湖轮胎，韩国制造，英文标注为 KUMHO；玛吉斯轮胎，中国制造，英文标注为 MAXXIS。

（2）轮胎参数含义

目前，小型客车基本上都装用无内胎的子午线轮胎。图 3-94 所示为大众桑塔纳轿车所装配的车轮及子午线轮胎结构组成，各参数含义介绍详见图 3-94 中标注内容。

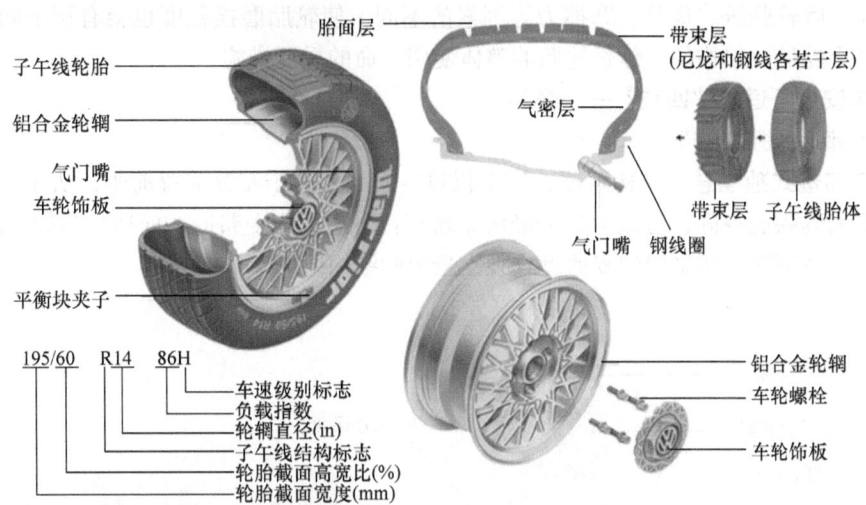

图 3-94　大众桑塔纳轿车所装配的车轮及子午线轮胎结构组成

（3）轮胎磨损的原因

不正确的车轮定位参数和不正确的驾驶方式等都会造成轮胎不正常磨损，见表 3-12。

表 3-12　轮胎不正常磨损情况

现象	正常	中央磨损	两边磨损
外观			
原因		因轮胎气压过高，使胎面中心部分接地压力过高而造成	因轮胎气压过低，使两胎肩接地压力过高而造成
现象	羽状磨损	单边磨损	局部磨损
外观			
原因	四轮定位不准确，前束值有误差	四轮定位不准确，车轮倾角及前束值有误差	制动抱死及制动力不均匀，轮辋变形及组装件等造成偏心

（4）轮胎鼓包的原因

① 一般情况下，轮胎鼓包会出现在轮胎的胎侧。

② 车速较高时，因轮胎受到路面坑洼的边沿或者道沿的挤压而容易出现鼓包现象。

> 📢 **警告**：轮胎鼓包可能是使用不当造成的，严重的轮胎冲击有可能造成轮胎爆裂。对此，应根据实际路况调整车速，路况不好时要低速通过。

(5)轮胎定期进行换位的理由

由于前/后轮胎压、负荷、摩擦力等因素的不同,使轮胎磨损程度也会有所不同,轮胎换位是保证各个轮胎磨损均匀,延长轮胎的整体使用寿命的重要措施。

2. 汽车安全舒适的"四肢"——悬架

(1)麦弗逊式独立悬架

由于麦弗逊式独立悬架结构紧凑,发动机舱空间大,利于布置前置前驱,从而可以降低车身高度,增大驾乘舱空间,所以大部分经济型轿车都普遍采用麦弗逊式前独立悬架。图3-95所示为部分大众系列轿车所采用的麦弗逊式独立悬架的结构组成。

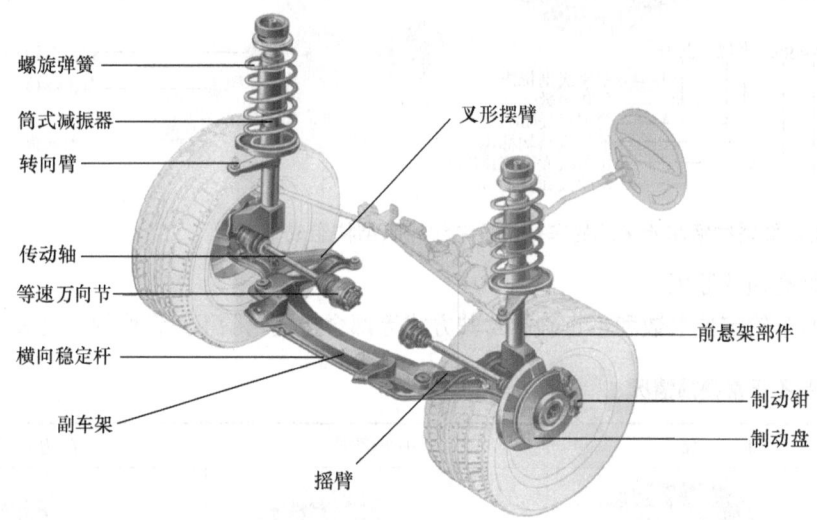

图 3-95 部分大众系列轿车所采用的麦弗逊式独立悬架的结构组成

(2)其他常见悬架及相关部件介绍

图3-96所示为双叉臂式前独立悬架的结构示意图,为部分大型SUV、越野车及面包车等车辆前悬架所采用;图3-97所示为空气弹簧双叉臂式前独立悬架结构示意图,为部分高挡轿车所采用;图3-98所示为扭力梁式后非独立悬架结构示意图,为大部分前置前驱车辆所采用;图3-99所示为钢板弹簧式后非独立悬架结构示意图,为大部分四驱SUV及越野车辆所采用。

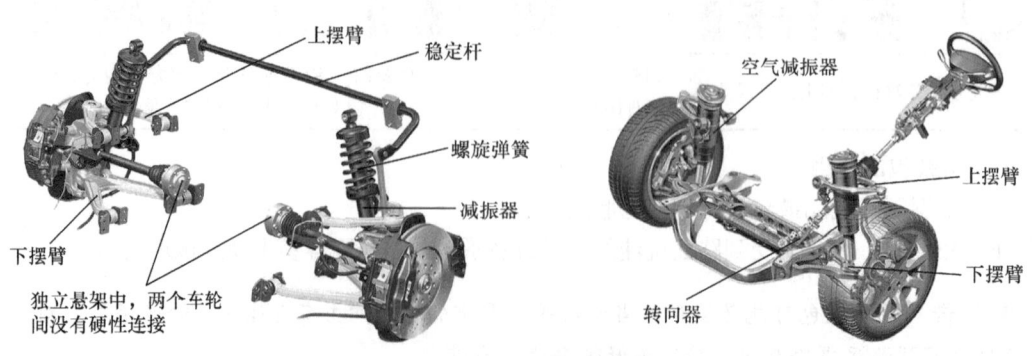

图 3-96 双叉臂式前独立悬架结构示意图

图 3-97 空气弹簧双叉臂式前独立悬架结构示意图

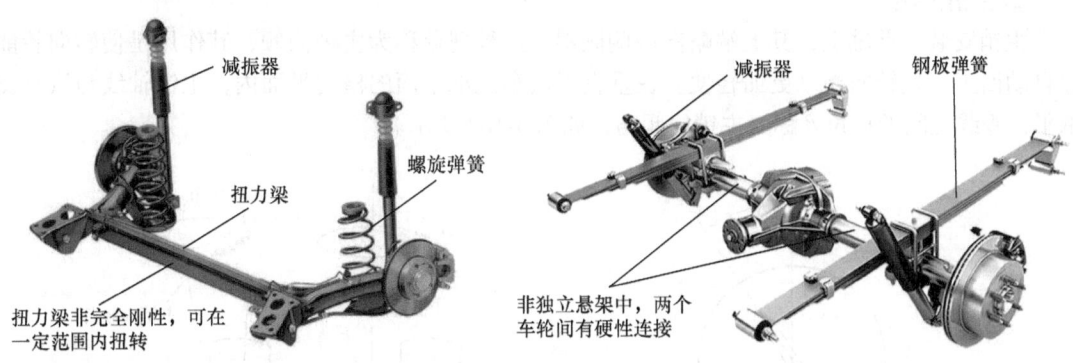

图 3-98　扭力梁式后非独立悬架结构示意图　　图 3-99　钢板弹簧式后非独立悬架结构示意图

3. 汽车转向精准轻便的"几何基础"——车轮定位

（1）前轮定位的定义

为了保证汽车直线行驶的稳定性和操纵的轻便性，减少轮胎和其他机件的磨损，转向车轮、转向节和前轴三者与车架的安装应保持一定的相对位置关系，这种安装位置关系称为转向车轮定位，也称为前轮定位。图 3-100 所示为前轮定位关系示意图。

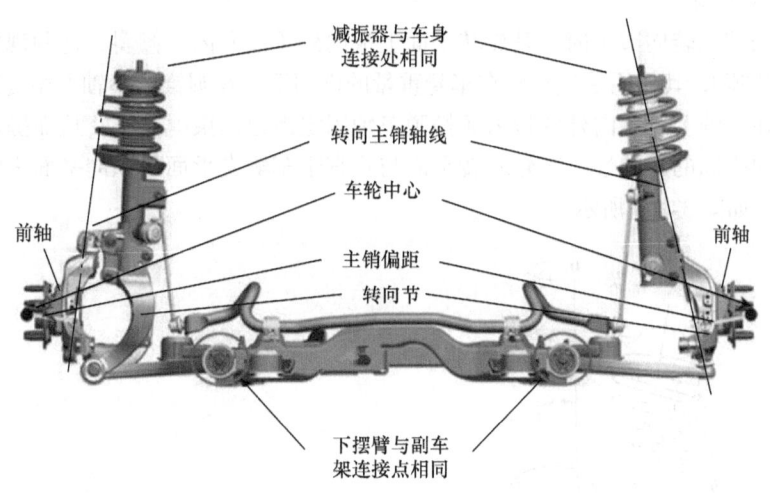

图 3-100　前轮定位关系示意图

（2）前轮定位的参数

前轮定位即转向车轮定位，包括前轮外倾（可分为正、负外倾角）、主销后倾、主销内倾及前轮前束（可分为正、负前束值）四个基本参数。

① 主销后倾。

主销安装在前轴上，其上端略向后倾斜，这种现象称为主销后倾，其作用是形成回正力矩，使汽车转向后能够自动回正，保证汽车直线行驶的稳定性，使车辆操纵更加轻便。在垂直于汽车支承平面的纵向平面内，主销轴线与汽车支承平面垂线之间的夹角 γ 称为主销后倾角，如图 3-101 所示。

② 主销内倾。

主销安装在前轴上，其上端略向内侧倾斜，这种现象称为主销内倾，其作用是使转向轮能够自动回正，且转向操纵更加轻便。在垂直于汽车支承平面的横向平面内，主销轴线与汽车支承平面垂线之间的夹角 β 称为主销内倾角，如图 3-102 所示。

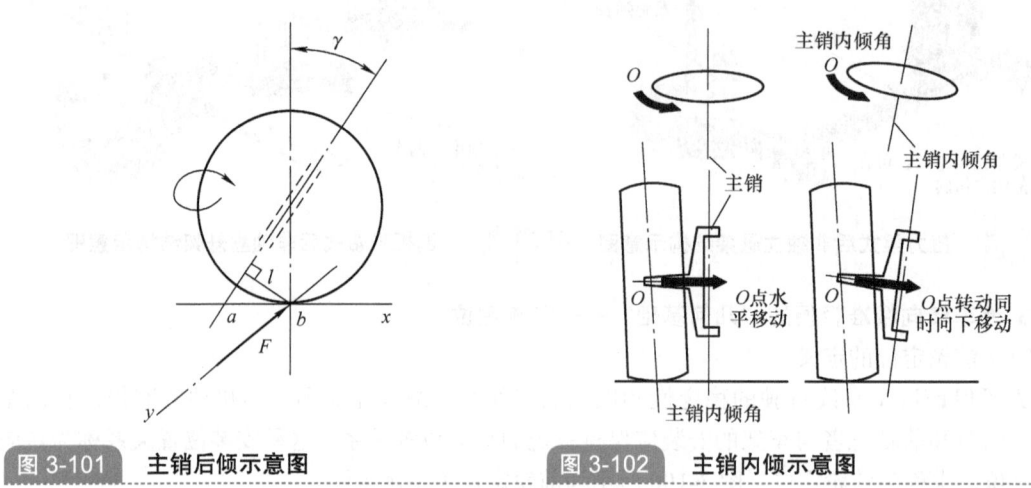

图 3-101　主销后倾示意图　　　图 3-102　主销内倾示意图

③ 转向车轮外倾。

转向车轮安装在转向节上时，其旋转平面上端向外（或向内）倾斜，这种现象称为转向车轮外倾（或负外倾），其作用是让车轮在车身重量的作用下，在圆锥形车轴上始终产生向内的推力，以防车轮在车轴上产生向外的拉力而挣脱车轴固定螺栓的束缚飞出，从而提高车轮工作的安全性以及转向操纵的轻便性。车轮旋转平面与垂直于车辆支承面的纵向平面之间的夹角 α 称为前轮外倾角，如图 3-103 所示。

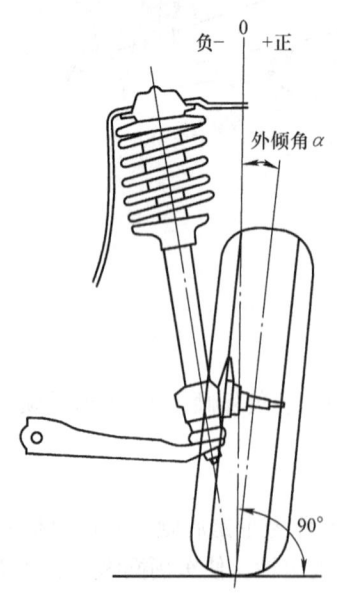 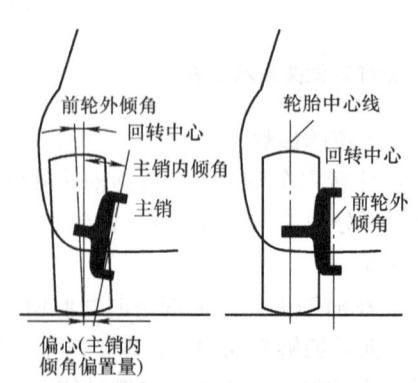

图 3-103　前轮外倾角及与主销内倾角关系示意图

④ 前轮前束。

车轮安装在车桥上，两前轮的中心平面不平行，其前端略向内（或向外）侧倾斜，这种现象称为前轮前束（或车轮前束）。

前轮前束是衍生出来的参数，其作用是抵消因车轮外倾（或负外倾）所产生的向外或向内滚动的力（图 3-104 中右半部分所示），从而消除因车轮外倾（或负外倾）所造成的不良后果，使车轮不向外滚动（或不向内滚动），保证直线行驶，防止车轮侧滑和减轻轮胎的磨损。两前轮后端距离 A 大于（或小于）前端距离 B，其差值 $A-B$ 称为前轮前束值，如图 3-104 所示。

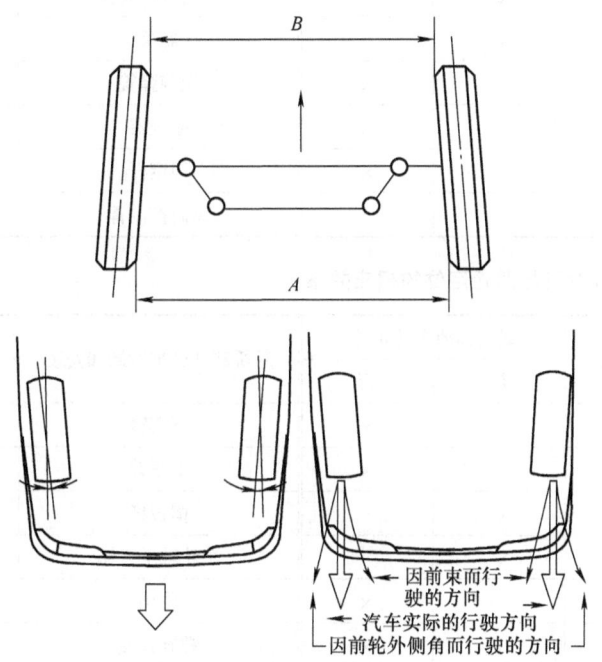

图 3-104　前轮前束示意图

> 提示：一般日本生产的乘用车前轮定位大多采用前轮正外倾和前轮正前束，而一些欧美国家生产的乘用车前轮定位大多采用前轮负外倾和前轮负前束，具体详见各车辆维修手册。
>
> 采用前独立悬架、后非独立悬架的四驱 SUV 和越野车一般只进行前轮定位作业即可。

（3）四轮定位的定义

在前轮外倾（可分为正、负外倾角）、主销后倾、主销内倾及前轮前束（可分为正、负前束值）四个前轮定位基本参数的基础上，再对后轮进行后轮外倾（可分为正、负外倾角）、后轮前束（可分为正、负前束值）定位的调整作业称为四轮定位。

（4）四轮定位的条件

当车辆前、后桥部件进行更换或进行拆装后，则必须对前、后轮进行定位检测，同时进行定位调整，以确保车辆行驶的稳定性、安全性和操控性。

前、后桥部件更换与四轮定位的相应关系见表 3-13，前、后桥部件拆装与四轮定位的相应关系见表 3-14。

表 3-13 前、后桥部件更换与四轮定位的相应关系

更换过的前桥部件	是否需要车轮定位		更换过的后桥部件	是否需要车轮定位	
	是	否		是	否
下摆臂		×	下摆臂	√	
摆臂的橡胶金属轴承		×	上摆臂	√	
车轮轴承壳体	√		横拉杆	√	
横拉杆/横拉杆球头	√		车轮轴承壳体	√	
转向器	√		副梁	√	
副梁		×	螺旋弹簧		×
悬架支柱		×	减振器		×
稳定杆		×	稳定杆		×
			纵向控制臂	√	

表 3-14 前、后桥部件拆装与四轮定位的相应关系

前桥部件已被拆卸和安装	是否需要车轮定位		后桥部件已被拆卸和安装	是否需要车轮定位	
	是	否		是	否
下摆臂		×	下摆臂	√	
车轮轴承壳体		×	上摆臂	√	
横拉杆及球头	√		横拉杆	√	
转向器	√		车轮轴承壳体	√	
副梁		×	副梁	√	
悬架支柱		×	螺旋弹簧		×
稳定杆		×	减振器		×
			稳定杆		×
			纵向控制臂	√	

（5）四轮定位的参数

以上海大众途观 SUV 为例，其四轮定位参数见表 3-15。

表 3-15 上海大众途观 SUV 四轮定位参数

前轮	前束（双轮、可调）	16′ ± 10′
	车轮外倾角（可调）	−27′ ± 30′
	左/右轮外倾角最大允许差	30′
	主销后倾角	7°34′ ± 30′
	主销内倾角	14°11′ ± 1°20′
后轮	前束（双轮、可调）	10′ ± 10′
	车轮外倾角（可调）	−1°20′ ± 30′
	左/右轮外倾角最大允许差	30′

> 提示：对车辆是否按期进行前轮定位或四轮定位作业，国家没有作出相应的规定。对此，车主或维修企业可按车辆实际技术状况自主选择。

3.3.7.2 现代汽车二级维护保养的关键仪器认识

汽车二级维护是目前汽车维护中的最高级别维护，为准确地确定二级维护的附加作业项目，合理地安排二级维护的作业进程，对二级维护的车辆要进行进厂检测、过程检验和竣工检验。为保证检查、测量和检验的准确性以及维护质量的可靠性，我们必须学会合理选用符合技术要求的常用量具和专用检测仪器，并熟练掌握它们的使用操作方法。为汽车二级维护作业常用的量具及专用检测仪器见表3-16。

表 3-16　汽车二级维护作业常用的量具及专用检测仪器

仪器名称	主要用途	图例	操作方法
气缸压力表	专门用于检查气缸内的气体压力大小		详见仪器使用说明书
进气歧管真空表	用于测量发动机进气歧管内的负压力（真空度）		
轮胎气压表	专门用于测定轮胎气压，主要有标杆式和指针式两种		
燃油压力表	用于检测燃油供给和喷射系统的油压，通过测试油压来对燃油系统进行检查和故障诊断		

任务 3　现代汽车的常规维护与保养

（续）

仪器名称	主要用途	图　例	操作方法
喷油器检测清洗仪	主要用于检测喷油器喷嘴的密封性，燃油雾化情况，并可任意设定不同工况下对喷嘴进行测试，还可对喷嘴进行反向清洗和超声波清洗	 	详见仪器使用说明书
万用表	检测电子电路时最常用的仪表之一，在汽车维修作业中常用来测量电阻、电压、电流、电容等参数，以判断电路的通断及电器设备的技术情况		
汽车专用示波器	用来显示汽车电气控制系统中输入、输出信号的电压波形，以供维修人员根据波形分析判断汽车电器的故障，目前主要用于检测点火系统的各种波形，为是否更换点火线圈等元器件提供技术依据		
汽车电脑故障诊断仪（俗称解码器）	一种通信式电脑测试设备，通过汽车上的专用诊断接口在一定协议支持下与汽车电脑相互进行信息交流，从而获取车载电脑工作的重要参数，为故障诊断提供依据，目前主要有专用式和通用式两种		

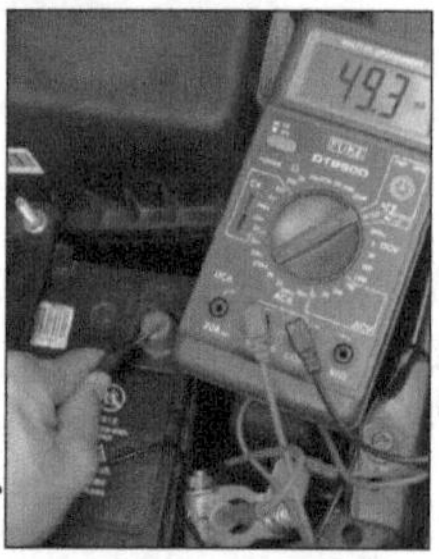

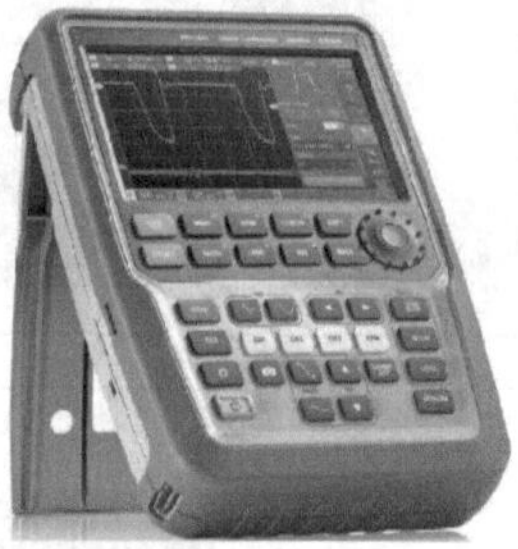

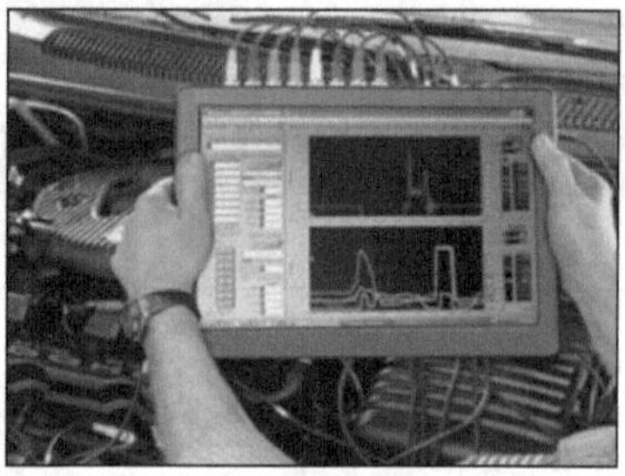

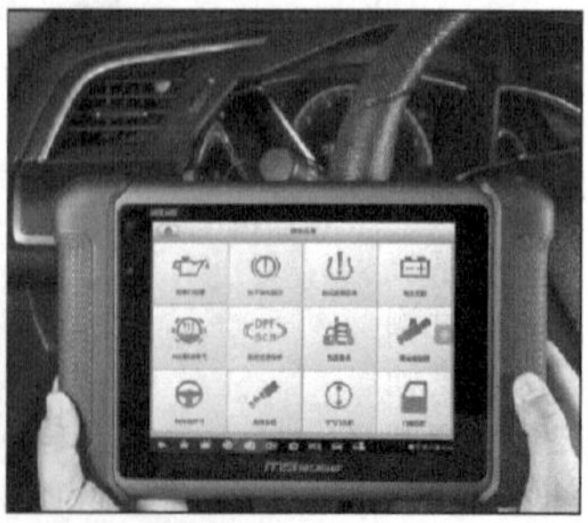

71

(续)

仪器名称	主要用途	图例	操作方法
点火正时灯	专门用于测试汽油机运转中点火时间是否正确的测试仪器，它用正时灯泡与高压电同时发光作为正时记号来测试点火时间，用于判断点火提前角是否处于最佳状态		详见仪器使用说明书
蓄电池检测仪	用于检测蓄电池的电流、容量、内阻、温度以及电池循环寿命等参数，并以此来判断蓄电池容量和技术状况的优劣，作为汽车更换电池的主要依据		
润滑油油质分析仪	用于对润滑油品质进行检测，可分析并监控发动机技术状况的变化，目前汽车维修企业主要用简易式机油品质检测仪		
冷却液冰点测试仪	通过测得的百分比掌握以丙二醇和乙二醇为基的防冻系统的冰点和汽车前风窗玻璃清洁液的冰点，也可用来检查蓄电池内电解液的密度及使用状态		

任务 3　现代汽车的常规维护与保养

（续）

仪器名称	主要用途	图　例	操作方法
制动液含水率测试仪	用于快速检查制动液含水率，准确测试制动液油质，为制动系统维护保养和是否更换制动液提供依据，目前市场上主要有标准式和简易式两种	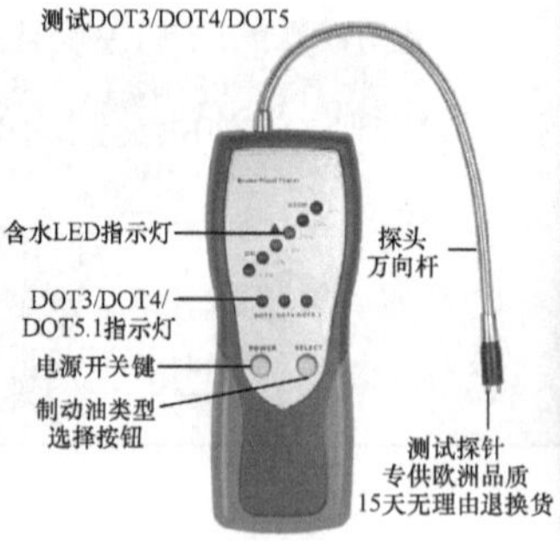 	详见仪器使用说明书
车轮动平衡机	用于测试车轮在运转情况下的平衡性，在不平衡点使用平衡块配重，确保车轮不抖动，即不左右晃动，不上下跳动，以确保汽车平顺行驶，并为是否更换轮胎和进行车轮定位作业提供依据		
四轮定位仪	用于检测汽车车轮定位参数，并与原厂设计参数进行对比，对车轮定位参数进行相应的调整，使其符合原设计要求，以实现理想的汽车行驶性能，即操纵轻便、行驶稳定可靠、减少轮胎偏磨		

（续）

仪器名称	主要用途	图　　例	操作方法
尾气分析仪	用于检测汽油车的污染物排放水平，判断排放污染物是否合格或超标，并可监测装有三元催化转换器的汽油电子控制喷射发动机的电控系统、燃烧系统、催化转化系统是否正常，为确定二级维护作业的附加项目提供技术依据		详见仪器使用说明书
烟度计	用于测定柴油汽车排出废气中的烟度，为确定二级维护作业的附加项目提供技术依据		
声级计	用于测量汽车各部位发出的噪声，尤其是喇叭的噪声，以此判断汽车的技术状况是否符合国家相关的法律法令		
前照灯检测仪	用于检测机动车前照灯的发光强度及光束照射位置（即光轴偏移量），为确定二级维护作业的附加项目提供技术依据		

任务3 现代汽车的常规维护与保养

(续)

仪器名称	主要用途	图例	操作方法
内窥镜	内窥镜也称为内镜，是借助某种媒介窥视零件腔内技术状况的一种仪器。在不解体的情况下检查总成或系统内部的技术状况，可提高工作效率，降低维修费用，避免对机件多次拆装而造成的损害		详见仪器使用说明书

3.3.7.3 现代汽车二级维护的设备及材料准备（表3-17）

表3-17 汽车二级维护的相关设备及材料准备

序号	相关设备及材料	备注
1	场地：通风采光好，相互干扰少，车辆进出方便，能够分组实训	各学校可根据具体情况来定
2	车辆：上海通用别克系列车型	各学校可根据具体情况来定
3	仪器设备：汽车电脑故障诊断仪、尾气分析仪、制动液含水率测试仪、点火正时灯等检测仪器，举升机、四轮定位仪等设备	其他仪器设备的选配，各学校可根据具体情况来定
4	工量具：随车工具、三角警告牌、灭火器、安全锤、轮胎气压表、燃油压力表等	其他工量具的选配，各学校可根据具体情况来定
5	材料：机油、机油滤清器、制动液、齿轮油、相应过滤网、冷却液、转向助力液、风窗清洗液、抹布等	各运行材料品种及规格的选配，各学校可根据具体情况来定

3.3.7.4 现代汽车二级维护的作业内容及实施过程

为圆满完成汽车二级维护保养的各项作业任务，抓住主要矛盾，做到有的放矢，实现"教学过程与生产过程的对接"，使学校培养与社会需求无缝衔接，汽车二级维护保养的作业内容及任务实施，以上海通用别克系列部分车型的B级维护为例进行详细介绍，其他车型的二级维护可参照执行。

1. 机油、机油滤清器、放油螺塞垫片、空气滤清器、燃油滤清器、空调滤清器的更换

（1）机油、机油滤清器以及放油螺塞垫片的更换

☞提示：与A级维护相同，前已述及，这里不再赘述。

（2）空气滤清器的更换

☞提示：与A级维护相同，前已述及，这里不再赘述。

（3）燃油滤清器的更换

1）燃油滤清器的拆卸。

① 通过燃油分配管上的油压测试口泄放燃油系统残余压力（图3-105中的圆圈所示）。

> ☞ 特别提示：在释放之前，先将一块干净的抹布放在测试口上面，以遮堵和吸收从中喷溅出来的燃油，以免发生火灾。

② 用干净的抹布清洁燃油入口管接头和出口管接头（图3-106）。

③ 在燃油滤清器下面放置一个接油盘（图3-107），来收集拆卸燃油滤清器时所流出的燃油。

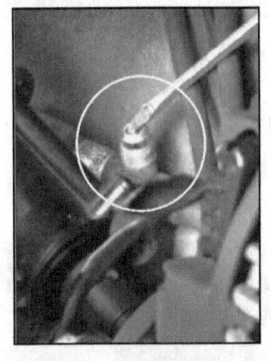

图3-105　释放残余油压　　图3-106　擦拭管路接头

④ 使用合适的工具拆下快速管接头处的固定夹（图3-108），使用合适的喇叭口螺母扳手或则呆扳手来拆卸带螺纹的管接头。

> ☞ 特别提示：在拆开管接头之前，先将一块干净的抹布放在管接头上面，以遮堵和吸收从中喷溅出来的燃油，以免发生火灾。

⑤ 缓慢地从燃油管道上拆下燃油滤清器（图3-109），用接油盘来收集拆卸燃油滤清器时所流出的燃油，取走固定支座。

> ☞ 提示：必要时，应堵住燃油管道，以便于安装新燃油滤清器。

图3-107　放置接油盘　　图3-108　拆下固定夹　　图3-109　拆下燃油滤清器

2）燃油滤清器的安装。
① 确定燃油滤清器正确的安装方向（图 3-110 中的圆圈所示）。
② 在两个管接头处涂上少许润滑油或凡士林等密封剂（图 3-111）。

图 3-110　确定安装方向

图 3-111　涂抹密封剂

③ 加上固定夹，如果使用了卡箍，则应按规定力矩拧紧（图 3-112）。
④ 把入口软管和出口软管正确地插入到燃油滤清器上（图 3-113）。

图 3-112　拧紧卡箍

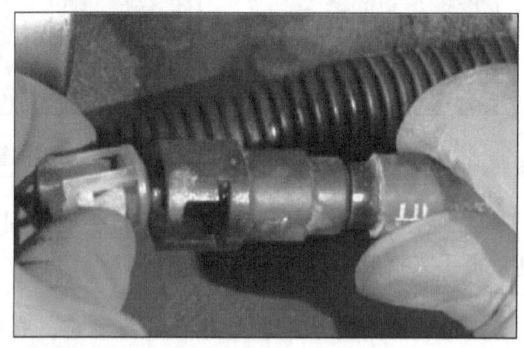

图 3-113　确定安装软管

⑤ 用专用工具安装固定支座（图 3-114）。
⑥ 起动发动机，检查渗漏情况（图 3-115），清理工作区域，根据对有害物质处理的相关规定处理好各种废弃物。

图 3-114　安装支座

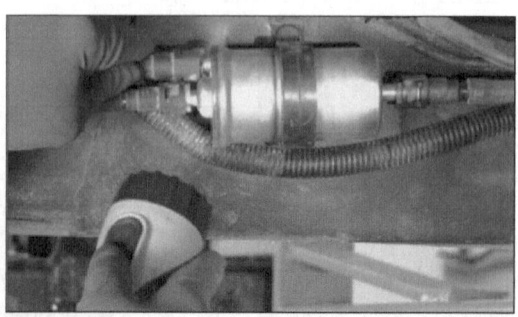

图 3-115　检查有无渗漏

（4）空调滤清器的更换

空调滤清器的更换作业与空气滤清器的更换作业内容及操作要领相近，只是不同车型的空调滤清器的安装位置有所不同，更换时根据不同车型的维修手册查找即可，这里不再赘述。

2.传动带、冷却及加热系统、排气管及装配件等发动机基本部件的视情清洁、调整、补充、更换和紧固等

（1）传动带的维护

> ☞ 提示：传动带的检查和调整作业与 A 级维护作业基本相同，不再赘述，这里重点介绍传动带的更换作业。

① 找到传动带张紧器（图 3-116）。

> ☞ 提示：传动带张紧器通常有一个弹簧加载的转臂，传动带轮固定在可移动的偏心的托架上。

② 查找传动带走向图，使用合适的工具松掉传动带张紧器，再把传动带滑移下来（图 3-117）。

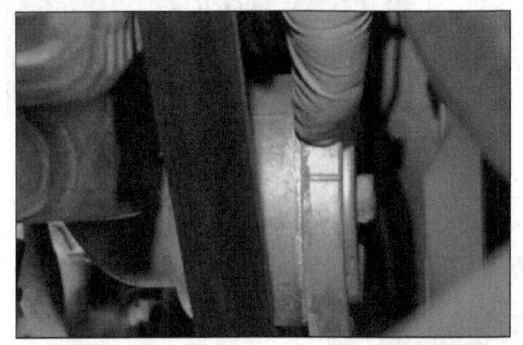

图 3-116　找到张紧器　　　　图 3-117　拆下传动带

> ☞ 提示：如果没有传动带走向图，在拆卸传动带之前先要把传动带的走向用拍照等方式记录下来，以免影响更换新的传动带。

③ 使用正确的传动带进行更换。

> ☞ 重要提示：应参看车辆零部件目录或对着新、旧传动带的开槽数目、宽度和长度进行更换。

④ 参看维修手册和发动机舱内铭牌上的传动带走向图（图 3-118），按照传动带的走向图安装好新传动带。

⑤ 调整传动带的张紧力（图 3-119）。

> 🔔 特别注意：对于偏心的传动带张紧器，当两个传动带轮之间的传动带能压下约 6mm 时，拧紧定位紧固件；当出现松动时，弹簧加载的转臂会自动张紧传动带。

⑥ 最后安装好传动带轮罩。

任务3　现代汽车的常规维护与保养

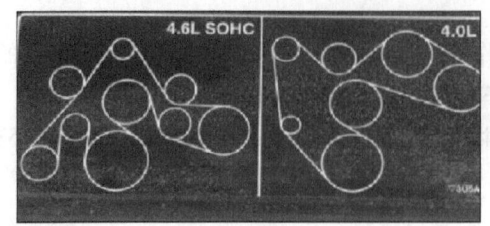

图 3-118　确定传动带走向

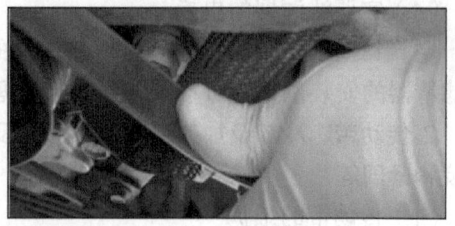

图 3-119　调整传动带的张紧力

（2）发动机冷却及加热系统的维护

👉 提示：发动机冷却系统冷却液液面高度的检查、补充、调整和更换等维护作业与A级维护大同小异，这里重点介绍发动机冷却系统的清洁和冷却液冰点的检查作业。

1）发动机冷却系统的清洁。

①关闭发动机，等待发动机完全冷却，当冷却系统内的压力下降后，安全地打开散热器盖（图3-120）。

②排出溢流罐（膨胀罐）中的冷却液，将散热器中冷却液的液面高度降低到上水管的下边缘。

图 3-120　打开散热器盖

👉 提示：大多数的设备上用一根虹吸管（图 3-121）或者喷管来进行这一步操作。

图 3-121　用虹吸管抽出部分冷却液

③打开冲洗设备两根软管上的球阀（图 3-122 的圈中部分）。

④将设备调定为冲洗冷却系统模式（详见设备使用说明书）。

⑤将设备开关转到"注入"档或者"冲洗"档（取决于设备上的设置），启动冲洗模式，完成冲洗后，转到"关闭"档（图 3-123）。

图 3-122　打开球阀

图 3-123　用设备进行清洗

⑥ 拆卸设备的冲洗管道（图 3-124），再连接上水管到散热器上（图 3-125）。

⑦ 打开散热器盖，加注冷却液到散热器和溢流罐中（图 3-126），完成冷却系统的清洁和更换作业。

图 3-124　拆卸冲洗管道

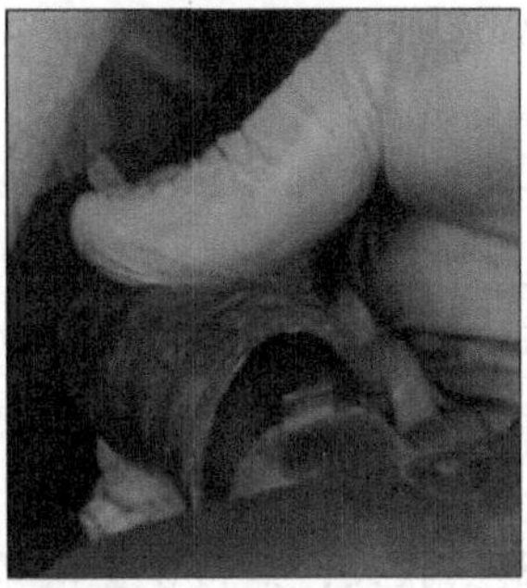

图 3-125　连接上水管

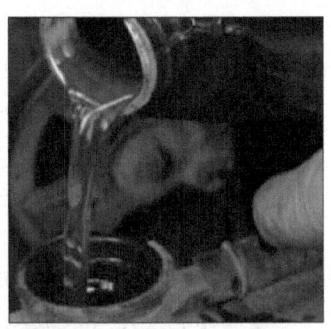
图 3-126　加注冷却液

2）冷却液的冰点检查。

① 找到冷却液溢流罐（图 3-127）。

② 用滴管抽取少量冷却液试样（2~3 滴），滴定在冰点测试仪的感应镜片上（图 3-128）。

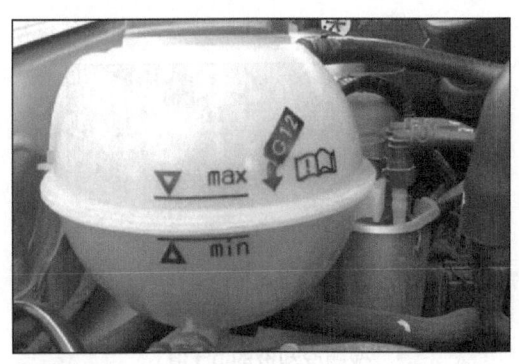
图 3-127　冷却液溢流罐

图 3-128　滴定冷却液试样

③ 盖上盖板，查看目镜的读数（图 3-129），测量冷却液的冰点值（图 3-130）。

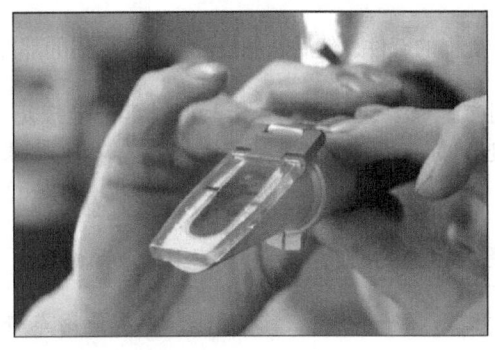
图 3-129　查看目镜的读数

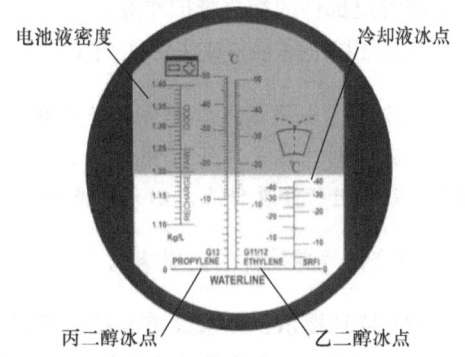
图 3-130　测量冷却液的冰点值

> 🖙 **重要提示：**
> ① 目前，汽车上使用的冷却液中均添加了防沸剂、防冻剂、防锈剂和防垢剂等添加剂，其使用性能更加完善，对机体的防护作用越加突出。由于过去在冷却液中添加的主要是防冻剂，以免北方地区冬季冷却液结冰而冻裂机体，所以目前很多场合仍然将具有综合保护作用的冷却液称作防冻液，这是错误的叫法，应予以更正。
> ② 发动机的冷却水套分为气缸盖水套和气缸体水套两部分（图3-131），两者接合部用气缸连接螺栓和气缸垫进行密封。为减轻质量，提高散热能力，大部分小型乘用车发动机的气缸盖和气缸体均用铝合金制造；为减轻磨损，减少热膨胀量，大部分大型载货汽车发动机的气缸盖和气缸体均用铸铁制造；为考虑综合因素，有些汽车发动机的气缸盖用铝合金制造而气缸体却用铸铁制造。
>
> 金属结构受冷却液酸碱度的影响较大，如铝合金怕碱性物质而铸铁怕酸性物质，因此不同机体应加注不同成分的冷却液。为了向人们提醒冷却液成分的不同，往往将冷却液染成红色、黄色、绿色等不同颜色，在更换或补加冷却液时应仔细查看车辆保养手册，以防加错冷却液而伤害机体。同时，为了防止冷却液腐蚀发动机机体，除了检测冷却液的冰点值外，最好再使用pH值（酸碱度）测试纸来判定一下冷却液的pH值，如图3-132所示。
>
>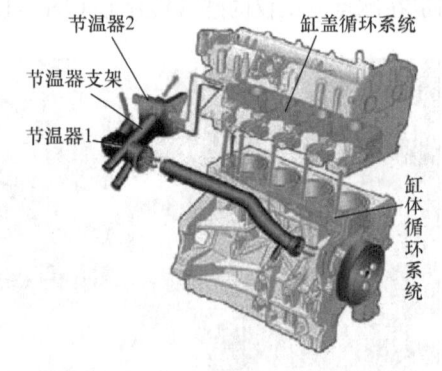
>
> 图 3-131　发动机的冷却水套　　　图 3-132　检测冷却液的pH值

（3）排气管的维护

排气管的清洁、检查、紧固及更换等维护作业中，更换作业较为重要，这里重点介绍更换排气系统管道部件的相关维护作业。

① 拆卸相关的紧固件或法兰盘（图3-133），脱开受损的部件，然后从悬挂件上拆下受损的部件。

> 🔔 **注意：** 如果排气零部件已经严重腐蚀，则可能需要使用加热或者切割工具进行修复。此时，应特别注意身体任何部位都不要触碰到处于高温状态下的零部件，最好等待这些零部件降温后进行修复作业，以免被烫伤。

② 检查排气悬挂件的受损情况（图3-134），更换已经受损而不能正常使用的零部件。

> 🖙 **特别提示：** 如果没有合适的原厂零部件，则在一些特殊情况下，如急需使用车辆的情况下，可以使用通用的悬挂件，但应该安装在原先相同的位置。

③ 当安装好支架和悬挂件之后，再安装新的管道部件（图3-135）。

 图 3-133　拆卸紧固件　　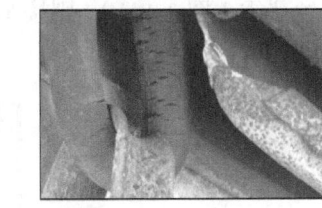 图 3-134　检查排气悬挂件　　 图 3-135　安装新的管道部件

④ 当整个排气系统都被安放到位之后，则开始紧固新部件（图 3-136 中的方框所示，注意使用新密封垫圈）。

⑤ 当整个排气系统都被安装好后，检查是否存在干涉现象（图 3-137，注意整个排气系统的所有零部件均不得与车身直接接触）。

⑥ 举升车辆，运转发动机，检查所有的连接处是否存在泄漏现象。

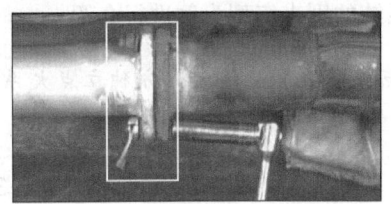 图 3-136　紧固新的部件　　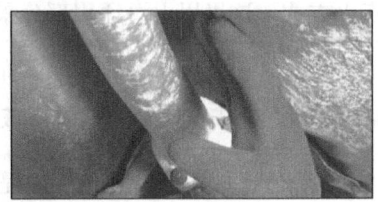 图 3-137　检查有无干涉现象

3. 蓄电池、起动电压、火花塞、点火线圈和高压导线等点火系统主要总成及部件的视情清洁、调整、补充、更换和紧固等

（1）蓄电池的维护

目前绝大多数乘用车均装用免维护蓄电池，其检查、维护作业比较简单，通过观察窥视孔能够判断蓄电池的电量情况以及会使用蓄电池容量测试仪检测容量即可；起动电压的大小取决于蓄电池所提供的电压，其检查方法也较为简单，这里均不作介绍。

（2）火花塞的维护

① 火花塞的清洁维护。用火花塞专用套筒扳手拆卸火花塞，若发现火花塞电极间有积炭，则用相应的工具及清洗剂清理火花塞上的积炭，直至清洁（图 3-138）。

② 火花塞电极间隙的检查与调整。用游标卡尺或塞尺测量火花塞间隙（图 3-139），若发现火花塞间隙不当时，应用特制的测量调整工具弯曲侧电极进行调整（图 3-140）。

 图 3-138　检查是否积炭　　 图 3-139　测量火花塞间隙　　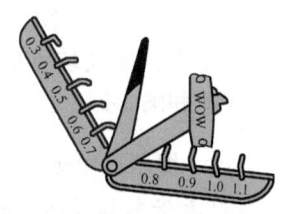 图 3-140　调整火花塞间隙

③ 如果检查发现火花塞电极烧蚀严重（图3-141），则按车辆使用说明要求更换新火花塞，用火花塞专用扳手按规定力矩拧紧（图3-142）。

图3-141　火花塞烧蚀严重

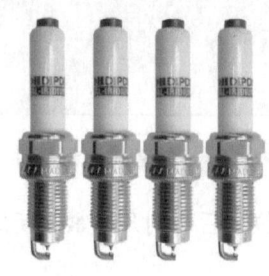
图3-142　更换新火花塞

（3）点火线圈和高压导线维护

根据汽油发动机点火系统的结构原理不同，点火系统可分为集中点火、分组点火和独立点火三种点火方式。这里以上海通用部分采用独立点火系统的别克车型为例进行介绍。

> 提示：目前大多数点火系统开始采用独立点火系统，且绝大部分独立点火系统已取消高压分线，取而代之的是具有屏蔽电磁干扰作用的高压火帽。

① 检查点火线圈和高压火帽的完好程度（图3-143）及其绝缘和插接器的连接情况（图3-144）。
② 分别测量点火线圈的初级和次级绕组的电阻（图3-145）。初级绕组的电阻一般为几到十几欧姆，次级绕组的电阻一般为几千到十几千欧姆，否则应进行更换。

图3-143　检查火帽　　图3-144　检查插接器　　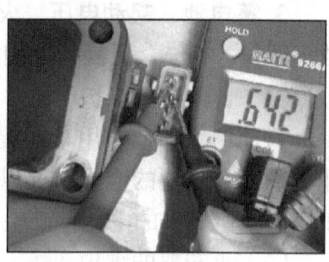
图3-145　测量点火线圈电阻

4. 燃油和进/排气控制系统中空气滤清器、进/排气歧管、燃油泵、燃油滤清器、喷油器等主要部件的视情清洁、调整、补充、更换和紧固等

燃油供给系统和进/排气控制系统中的燃油滤清器和空气滤清器的维护作业，前已述及，不再赘述，这里重点介绍进/排气歧管、燃油泵和喷油器等主要部件的维护作业。

（1）进/排气歧管的维护

检查进、排气歧管的连接及紧固情况，仔细检查有无漏气现象，必要时应进行更换（图3-146和图3-147）。

> 提示：即使同一品牌的相同车型，如果生产年份不同，则进/排气歧管的材料、排列规则或安装位置均可能不同。因此，此项维护应按车辆实际情况进行，不可生搬硬套，以免影响车辆的维护进程。

图 3-146　检查进气歧管

图 3-147　检查排气歧管

（2）燃油泵的维护

1）就车检查电动汽油泵是否工作。

① 打开油箱盖，然后打开点火开关（但不要起动发动机），在油箱口处仔细听有无电动汽油泵运转的声音（图 3-148）。如在打开点火开关后，能听到电动汽油泵运转 3～5s 后又停止，说明电动汽油泵工作正常。

② 若在油箱口处听不清电动汽油泵运转的声音，可在打开点火开关或起动发动机后，在发动机上方仔细听有无"嘶嘶"的燃油流动声，也可用手检查进油软管有无压力（图 3-149 中的箭头所示）。如有"嘶嘶"的燃油流动声，或进油软管有压力，则说明电动汽油泵工作正常。

图 3-148　在油箱口检查汽油泵的工作情况

图 3-149　在软管处检查汽油泵的工作情况

③ 拆下发动机进油管，打开点火开关或起动发动机，此时若油管内有大量汽油流出，说明电动汽油泵工作正常。

> 特别注意：此时应特别注意防火，应事先垫好抹布等吸油物品，防止燃油四处喷溅，以免发生火灾等事故。

2）就车测量电动燃油泵的泵油压力。

电动燃油泵能运转，但并不说明其工作完全正常，还应通过测量电动燃油泵的最大供油压力和保持压力来判断其有无泵油压力过低、出油单向阀泄漏等故障。就车测量电动燃油泵最大压力和保持压力的方法为：

① 起动发动机，然后拔下燃油泵继电器或油泵熔丝（图 3-150），使发动机缓慢熄火，释放燃油系统的油压。

图 3-150　拔下燃油泵继电器

② 拆下进油软管。

> 🔔 **特别注意**：此时，要用干抹布围住进油软管与燃油分配管接头处（图3-151中的圆圈所示），吸附残余燃油，以免残余燃油流淌而引发火灾。

图3-151　用抹布围住燃油分配管接头处

③ 用合适的管路及接头（一般用三通接头）将油压表接在燃油管路上，并将出油口用螺母塞住（图3-152中的圆圈所示）。

④ 打开点火开关或起动发动机，使燃油泵运转泵油，利用油压表测量电动燃油泵的最大供油压力和保持压力（图3-153），若不符合规定，则应更换燃油泵。

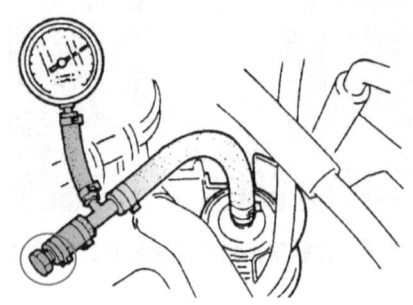

图3-152　连接燃油压力表

图3-153　测量燃油泵供油压力

（3）喷油器的维护

1）就车检查。

① 测听。

步骤1：发动机热车后使其怠速运转。

步骤2：用螺钉旋具或听诊器测听各缸喷油器工作的声音（图3-154）。

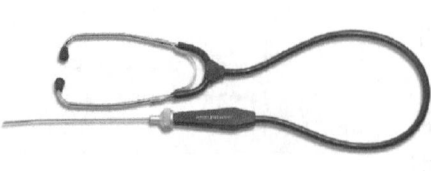

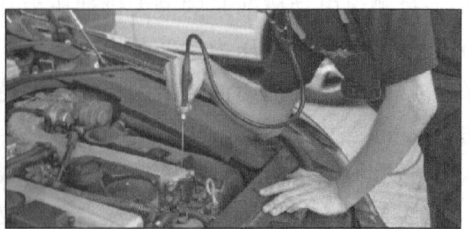

图3-154　用听诊器检查喷油器的工作情况

步骤3：若某缸喷油器的工作声音很小，则说明该喷油器工作不良，可能是针阀卡滞，应作进一步检查。

步骤4：若听不见某缸喷油器的工作声音，则说明该喷油器不工作。

> 🔔 注意：此时，应检查喷油器控制线路和测量喷油器电磁线圈电阻。若控制线路及电磁线圈正常，则说明喷油器针阀完全卡死，应更换喷油器。

② 断缸检查。

步骤1：发动机热车后使其怠速运转。

步骤2：在发动机怠速运转状态下，依次拔下各缸喷油器的线束插头（图3-155），使喷油器停止喷油，进行断缸检查。

若拔下某缸喷油器线束插头后，发动机转速有明显下降，则说明该喷油器工作正常；若拔下某缸喷油器线束插头后，发动机转速无明显下降，则说明该缸不工作或工作不良，可能是喷油器不工作，应作进一步的检查。

图3-155　喷油器插头位置

> 👉 特别提示：在点火开关处于ON位置或发动机运转状态下，拔插各缸喷油器的线束插头会产生较高的感应电动势，容易烧坏发动机ECU的大功率晶体管和喷油器线圈。因此，最好利用发动机故障诊断仪的执行器动作测试功能进行单缸断油检查。点火开关各档位如图3-156所示。

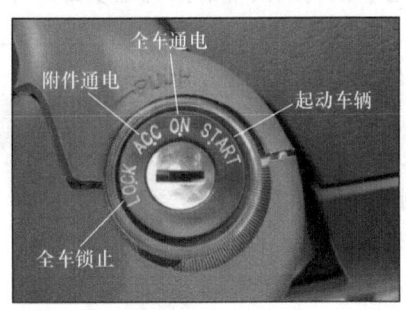

图3-156　点火开关各档位

③ 检测阻值。

步骤1：检查喷油器两脚之间的电阻，高阻型喷油器电磁线圈的电阻应在10~13Ω（图3-157），低阻型喷油器电磁线圈的电阻应在3~6Ω。

步骤2：检查喷油器1号插口与搭铁之间电压，点火开关打开时应为蓄电池电压（图3-158）。

步骤3：1号插口电压与主继电器之间的线路正常时，将一个二极管接在两插口上（图3-159）。

步骤4：起动发动机，二极管应点亮，否则更换发动机ECU。

2）拆下清洗。

① 超声波清洗。

在检测喷油器工作性能前，先进行喷油器超声波清洗。将喷油器放入超声波清洗池，在控制面板设定"超声波清洗"功能进行超声波清洗，清洗时间为10min（图3-160、图3-161）。

 图 3-157　检测喷油器电阻
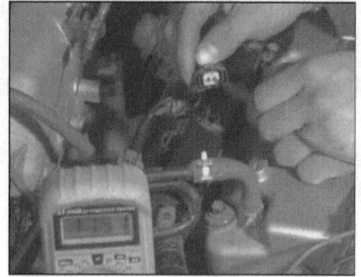 图 3-158　喷油器工作电压
 图 3-159　检测发动机 ECU

 图 3-160　喷油器的超声波清洗
 图 3-161　清洗后的喷油器

👉 **特别提示**：目前，电子控制汽油喷射系统逐步由缸外低压喷射向缸内高压喷射方向发展。缸内喷射更加精准，而且喷油器基本上使用免维护的，无须清洗，损坏更换即可；即使是缸外喷射，也很少进行拆洗，如果确实需要拆卸下来用设备进行清洗，则必须事先备好相应的 O 形密封圈（图 3-162），否则由于喷油器拆卸后密封圈会胀大，将无法正常安装清洗后的喷油器，会直接影响附加作业小修项目的进程。

 图 3-162　喷油器密封套件

② 喷油器工作性能的检测。

步骤 1：超声波清洗完后，关闭超声波电机电源，将喷油器接在分油器支架偶件上，并设定检测时的压力、转速、脉冲、时间等工作范围，进行喷油均匀性测试（图 3-163）。

👉 **提示**：该检测是测试喷油器相同工况下，喷油器油量是否一致或误差是否在规定范围内，否则应更换喷油器。

步骤 2：雾化测试，同上，在控制面板上（图 3-164）设置压力、转速、脉冲、时间等工作范围，按"运行"键，观看每个喷油器喷油雾化是否良好，是否有直线射流现象，否则需要更换。

步骤 3：密封性测试，在控制面板上（图 3-164）设定相关参数后，检测喷油器在 1min 之内至少漏油 1 滴，否则应更换。

步骤4：喷油量测试，在控制面板上（图3-164）设定相关的参数，检测喷油器在设定时间喷油量是否一致，如相差太多，则应更换喷油器。

图3-163　进行喷油器的喷油均匀性测试

图3-164　超声波清洗仪及控制面板

5. 车身灯光系统、喇叭、刮水器、喷水系统以及空调系统的视情清洁、调整、补充、更换和紧固等

（1）车身灯光系统、喇叭和刮水器的维护

车身灯光系统、喇叭和刮水器的维护与A级维护大同小异，这里不再赘述。

（2）喷水系统的维护

① 检查储液罐中清洗液（俗称玻璃水）的液面高度和质量（图3-165），如果液面太低，则应添加相同规格的清洗液至合适高度。

> 提示：如果发现清洗液被污染了，则应更换新的清洗液；如有必要，则应清洗储液罐。

② 进一步检查清洗液储液罐是否有渗漏或其他损坏现象（图3-166）。

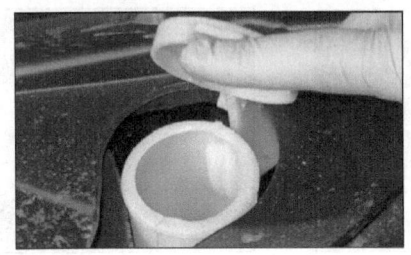

图3-165　检查清洗液

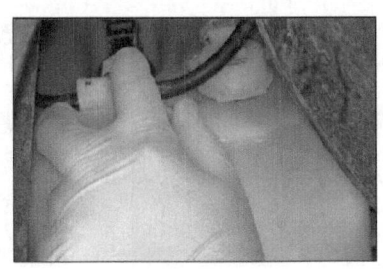

图3-166　检查储液罐

③ 在启动清洗功能后，检查清洗液泵是否运转；如果没有运转，检查清洗液泵的连接器是否松动（图3-167中的圈中部分）。

④ 使清洗液泵运转，检查喷嘴是否堵塞（图3-168）；如果被堵塞，使用细软针或其他工具进行清理。

> 特别提示：注意不要使用压缩空气清洗喷嘴，更不要用硬金属丝等物品清洁喷嘴，要用喷壶缓慢喷洒玻璃清洗液进行清洗，否则会容易损坏喷淋系统。

⑤ 检查清洗液管道是否泄漏（图 3-169）。

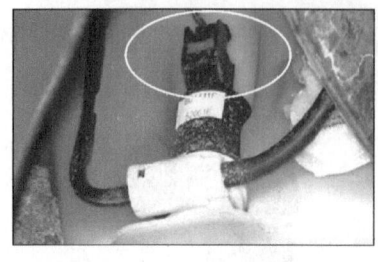
图 3-167　检查清洗液泵插接器

图 3-168　检查清洗喷嘴

图 3-169　检查清洗液管道

6. 底盘驻车制动器、制动片和制动盘（或鼓）、制动液、制动管路和软管、方向盘、连杆、转向器、离合器液、差速器油（FR4 或 WD）、变速器油、混合动力传动桥油、动力转向油、前后悬架、四轮换位、平衡、定位、传动轴套、球头和防尘套、轮胎及气压、轮胎损伤情况的视情清洁、调整、补充、更换和紧固等

（1）底盘驻车制动器的维护

底盘驻车制动器的维护与 A 级相同，这里不再赘述。

（2）底盘行车制动器的维护

☞ **特别提示**：底盘行车制动器的其他维护项目与 A 级维护基本相同，这里重点介绍鼓式和盘式制动器的清洁、检查及更换等维护作业。

1）更换鼓式制动器的制动蹄，并检查相关零部件。

① 首先拆下复位弹簧，再拆下压紧弹簧（图 3-170）。

② 拧松并拆下驻车制动器的驱动臂及组件（图 3-171）。

③ 检查车轮制动轮缸和制动器底板上的磨损、损坏和渗漏等情况（图 3-172）。

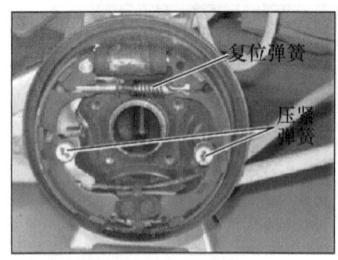
图 3-170　拆下弹簧

图 3-171　拆下驻车制动器相关组件

图 3-172　检查制动轮缸

④ 安装新的制动蹄（图 3-173）。

⑤ 在制动蹄等组件安装定位之后（图 3-174），固定表面已修正的制动鼓，并完成初始化调整工作（图 3-175）。

2）检查和清洁鼓式制动器的制动鼓，并检查相关零部件。

① 拆下制动鼓（图 3-176）。

② 检查制动鼓的内表面是否有擦痕或磨光区域（图 3-177）。

③ 使用制动器清洗喷洒剂清洁制动鼓的内表面（图 3-178）。

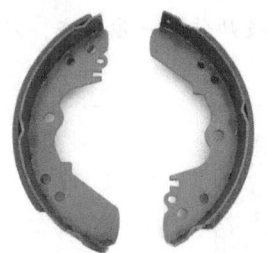
图 3-173　新的制动蹄

图 3-174　制动蹄组件定位

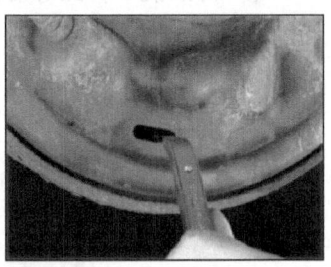
图 3-175　初始化调整

图 3-176　拆下制动鼓

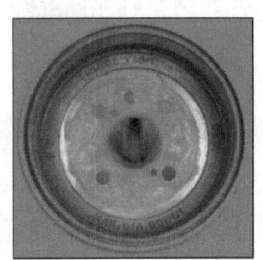
图 3-177　检查制动鼓内表面

图 3-178　清洁制动鼓内表面

④ 清洁制动器上的各个零部件，包括制动蹄及摩擦衬片及其周围的区域（图 3-179）。

> 注意：不要使用压缩空气来清理制动器周围的零部件，应使用制动器清洗喷洒剂进行清洁，否则容易将灰尘等杂质吹入死角处，或改变零部件的安装位置。

⑤ 用游标卡尺测量制动鼓的内径，确定是否有足够的厚度来进行表面再修整。若有足够的厚度可以修整，则在制动器专用车床上对制动鼓内表面进行修整（结合二级维护进行小修），若无修整余量，则更换新件（图 3-180）。

图 3-179　清洁制动器上的零部件

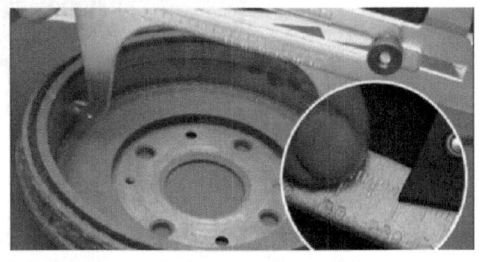
图 3-180　测量制动鼓内径

3）检查和清洁盘式制动器的制动盘，并检查相关零部件。

① 检查制动盘是否需要修整表面或者予以更换（若制动盘出现裂纹，则予以更换，如图 3-181 所示）。

② 拆下制动卡钳（图 3-182），检查制动片（图 3-183），若发现制动片异常磨损、有较深沟槽或摩擦衬片厚度不足，则应进行更换。

> **特别提示**：此时应仔细检查制动管路中的金属液压管和柔性软液压管以及两者之间的连接处，如果发现液压部件有制动液渗漏，则应请有经验的技师作进一步检查，以免存在安全隐患。

图 3-181　检查制动盘

图 3-182　拆下制动卡钳　　　图 3-183　检查制动片

③测量制动盘的厚度，确定是否有足够的厚度满足再修整的要求（图 3-184）。

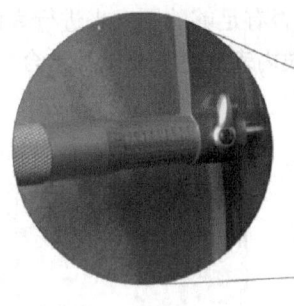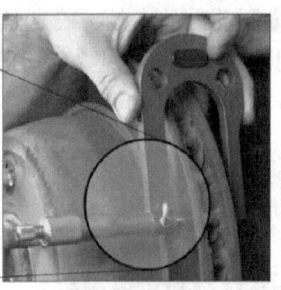

图 3-184　测量制动盘厚度

④使用百分表测量制动盘的表面跳动量，检查表面跳动量是否在允许范围内（图 3-185）。必要时结合二级维护进行小修，即在制动器专用机床上修磨制动盘表面。

⑤在制动片背面涂敷消声剂，安装制动片（必要时更换新品），在卡钳、导轨和销钉上涂敷合适的润滑剂（图 3-186）。

⑥戴上合适的防护眼镜和手套，使用制动器

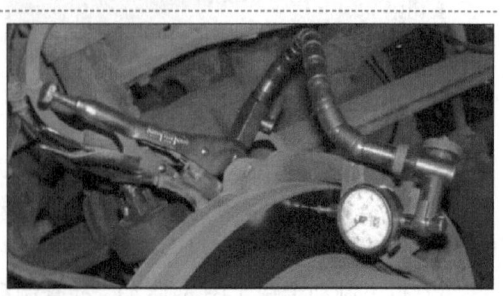

图 3-185　测量制动盘表面跳动量

喷洒剂去除制动盘上的灰尘和碎屑等磨粒物（图3-187）。

图3-186　将消声剂涂敷在制动片背面

图3-187　清洁制动盘表面

（3）转向盘、连杆和转向器等总成及零部件的维护

> 提示：转向盘、连杆和转向器等总成及零部件的维护内容与A级维护基本相同，这里重点介绍动力转向油的保养及转向系统各连接件的检查及润滑作业。

1）动力转向油的保养作业（系统管道清洗及油液更换）。

① 熟悉动力转向系统的油路及油液（图3-188和图3-189）。

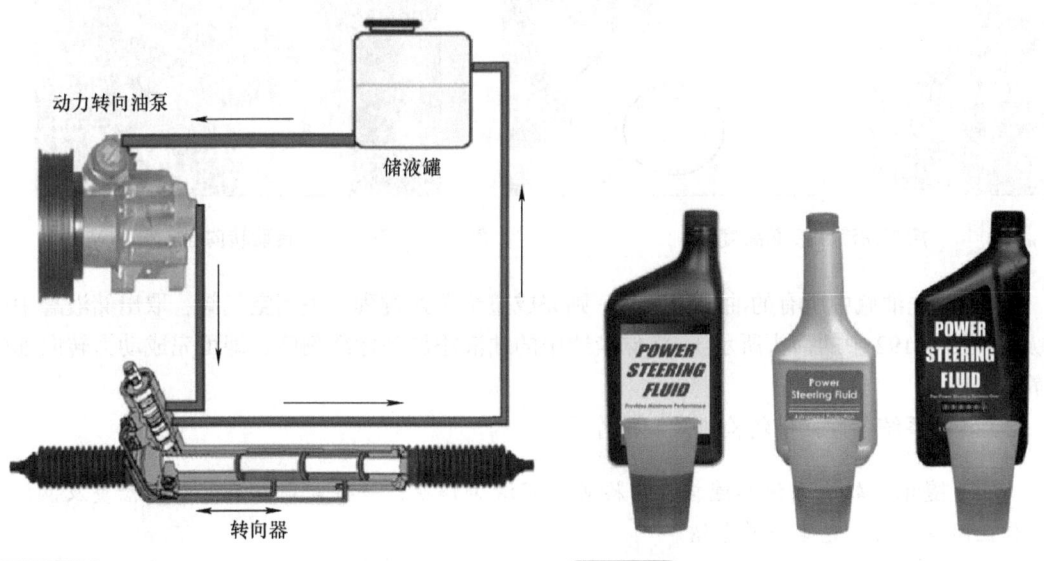

图3-188　转向系统油路　　　　　　　图3-189　转向系统油液

② 关闭发动机，打开发动机舱盖。

③ 在车辆上放置一个虹吸管，入口管道应达到储液罐的底部，返回管道应正好位于储液罐液面上方，关闭控制盒上的空气阀门（图3-190），把空气管道连接到冲洗设备上的供气管接头处。

> 注意：热的动力转向油容易导致人员的严重烫伤，因此在清洗和更换动力转向油时，应做好安全防护工作，如隔热手套和防护眼镜等，以免发生危险。

④ 把一瓶新的动力转向冲洗油安放在冲洗设备上（图3-191）。

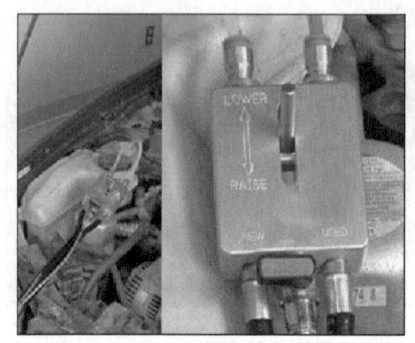

图 3-190　关闭空气阀门

图 3-191　放好新的转向冲洗油

⑤ 起动车辆，使发动机达到正常运转温度，使用空气阀来控制油液置换的速度，使用控制盒上"提升"和"降低"推拉杆（图 3-192 中的圆圈所示）来控制储液罐中液面的高度。

⑥ 将转向盘在左、右极限位置之间来回转动若干次（图 3-193），确保所有油液已被置换。

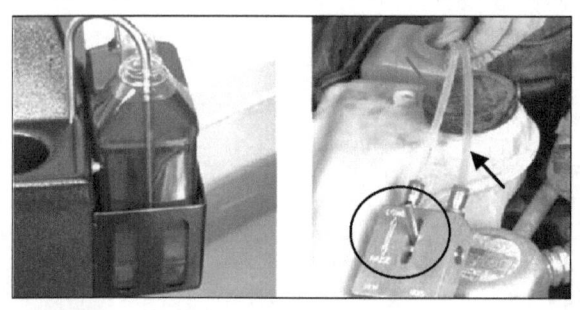

图 3-192　控制储液罐液面高度

图 3-193　左右转动转向盘

⑦ 当冲洗油瓶中所有的油被用完时，则完成整个置换过程。关闭空气阀，取出储液罐中的虹吸管（图 3-192 中的箭头所示），将储液罐中的油液添加到标准刻度，即可完成动力转向油的保养作业。

2）转向系统各连接件的检查及润滑作业。

☞ 提示：转向系统各连接件的检查及润滑等作业，一般与前、后悬架的检查及润滑等作业同步进行，这里一并介绍。

① 用举升机将车辆举升至合适高度，并进行可靠锁止，以防车辆下坠（图 3-194）。

② 检查并润滑（有润滑脂加注孔的）下控制臂、前/后轴衬套、下球头、内/外横拉杆及球头（图 3-195）。

☞ 提示：某些车型必须先将前轮拆下之后，才能接触到上球头和下球头润滑脂的加注孔，应注意区别对待。

图 3-194　举升车辆

③ 检查并润滑（有润滑脂加注孔的）中间连杆、随动转向臂、转向摇臂和万向节（图 3-195）。

④ 检查并润滑（有润滑脂加注孔的）上控制臂、前后轴衬套和上球头（图 3-195）。

图 3-195　检查并润滑各连接点

⑤ 向转向横拉杆球头销加注润滑脂。将油脂枪加注口对准润滑脂加注孔，反复按压油脂枪手柄，直到横拉杆球头销（或稳定杆球头销）防尘罩鼓起为止，如图 3-196 所示。

> 注意：在使用油脂枪之前，先使用干净的抹布将油脂枪加注口清理干净，以免将磨粒带入润滑表面而加剧部件磨损。

⑥ 用抹布将多余的润滑油脂擦拭干净（图 3-197），把车辆降下，完成维护作业。

图 3-196　加注润滑脂

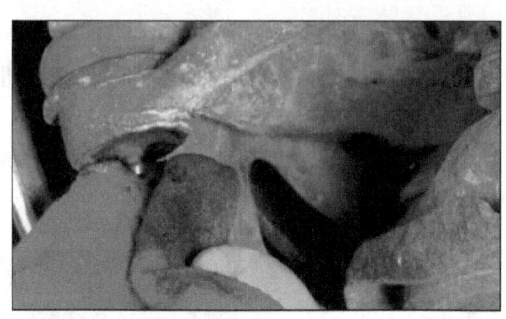

图 3-197　擦掉多余的润滑脂

（4）底盘离合器液、差速器油（FR4 或 WD）、变速器油、混合动力传动桥油、动力转向油的检查、补给及更换作业

> 说明：汽车底盘离合器液、差速器油（FR4 或 WD）、变速器油、混合动力传动桥油、动力转向油的检查、补给及更换作业与 A 级维护大同小异，这里重点介绍自动变速器的清洗作业。

自动变速器清洗作业步骤如下。

> ☞ **重要提示**：
>
> 自动变速器使用寿命的长短主要取决于自动变速器油的更换和自动变速器的使用操作。目前，自动变速器大多采用机器换油（人工换油，只能换掉一半油液，其他油液会滞留在阀体内而无法排出），可实现排旧油、洗油道、换新油，且一气呵成，不仅效率高，而且换油彻底，能够更好地保护自动变速器系统，从而延长自动变速器的使用寿命。
>
> 另外，虽然自动变速器采用机器进行清洗、换油，比较方便、省力、彻底，但是清洗及换油过程较为复杂，耗时也较长。为了确保自动变速器清洗及换油作业的顺利进行，应事先熟悉自动变速器油路的布置及走向（因车而异，图3-198），并熟悉各接口位置。
>
>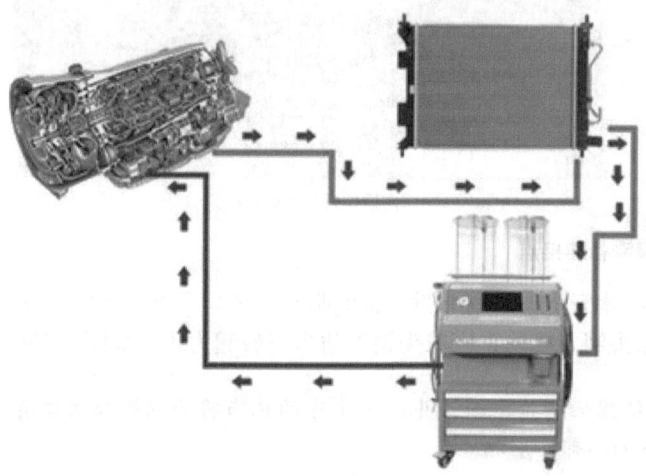
>
> **图 3-198** 自动变速器油路走向

① 把新的自动变速器油加注到设备中，准备进行冲洗；使车辆运行到正常工作温度；关闭发动机，打开机舱盖（图3-199）。

② 找到变速器油管道上的连接部位，并拆下相关螺栓或连接件（图3-200），安装适配接头（图3-201）。

图 3-199 打开机舱盖

图 3-200 找到连接部位

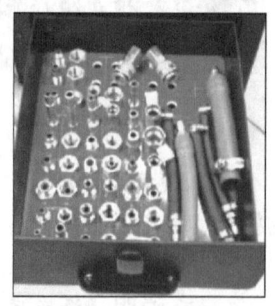

图 3-201 安装适配接头

③ 把设备上的一根油管连接到通向变速器的管道接头上（图3-202中的圆圈所示）。

④ 把另一根油管连接到通向冷却器或散热器的管道接头上（图 3-203 中的箭头所示）；调校油液的流动方向（不同设备的调校方法不尽相同）。

⑤ 把设备上的控制杆转到"旁通/再加注"位置（图 3-204），起动车辆，检查渗漏情况。

⑥ 使车辆保持运行状态，把设备上的控制杆转到"处理/清洗"位置（图 3-205）；变速器内部的油泵就会把就油液泵入设备的储存容器中；在容器的膜片上产生压力，压力将新的变速器油推送到变速器中的各油道和阀体中，完成自动变速器的清洗和自动变速器油的更换作业。

⑦ 卸去设备，检查油液的油量，检查系统的渗漏情况。

图 3-202　连接去油管

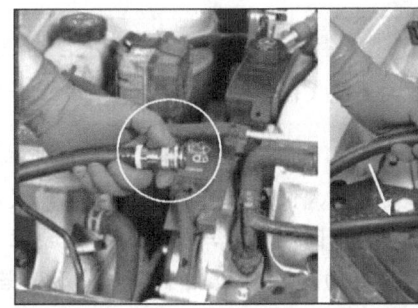

图 3-203　连接回油管

图 3-204　"旁通/再加注"位置

图 3-205　"处理/清洗"位置

（5）四轮换位、轮胎螺栓紧固、车轮动平衡、四轮定位等作业

1）四轮换位作业（单向的轮胎换位）。

轮胎换位能使所有轮胎保持均匀磨损，通过轮胎换位也可以补救磨损不均匀的轮胎。四轮换位作业以大多数乘用车所装用子午线轮胎的单向换位作业为例进行介绍，并讲解轮胎螺母的紧固作业，其他作业与 A 级基本相同，不再赘述。

☞ **特别提示**：因汽车驱动的方式或轮胎的结构特点不同，其换位方式也有所不同（图 3-206），应按车辆维修手册换位图示进行换位。应特别注意的是采用子午线轮胎并有旋转方向要求的轮胎，只能同侧（单向）前后更换。

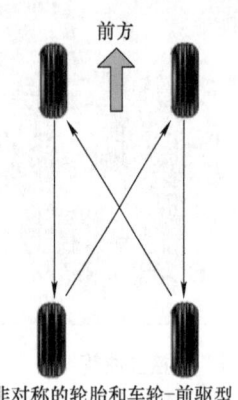 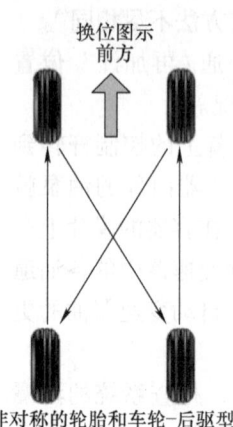 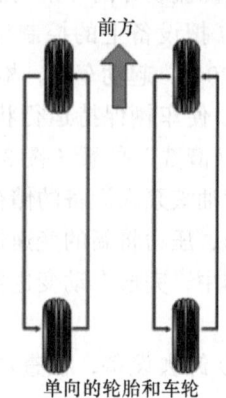

图 3-206　轮胎换位示意图

① 举升车辆，并可靠锁止，以防车辆下坠（图 3-207）。

> **特别注意**：目前，轮胎换位作业大多使用两柱四腿举升机举升车辆，两柱四腿举升机不仅使用便捷，而且车轮周围作业空间大，便于操作。但由于车辆发动机的布置及驱动方式的不同，使车辆前后重量有很大差别。因此举升车辆时，一定要注意重力平衡，要求"长腿举轻，短腿举重"，而且四个举升腿的支点必须处于同一平面，若不同，则应调整，否则极易引起车辆倾覆或下坠而导致车辆损毁及人员伤亡。

② 卸下车辆右侧的前、后轮胎（车轮），在前、后轮胎（车轮）上做好标记（图 3-208）。

图 3-207　举升车辆　　　　　　图 3-208　标记右侧轮胎

> **注意**：某些车型上安装有防盗的车轮盖子或者轮胎螺母，需要使用专用的工具进行拆卸，应注意查看相应的维修信息资料进行拆卸，切勿盲目撬动或击打，以免损坏这些部件。

③ 将后轮胎换在前面，再将前轮胎换在后面（图 3-209）。
④ 卸下车辆左侧的前、后轮胎，在前、后轮胎上做好标记（图 3-210）。

图 3-209　右侧轮胎前后换位

图 3-210　标记左侧轮胎

⑤ 将后轮胎换在前面，再将前轮胎换在后面（图 3-211）。

⑥ 将轮胎螺母拧上，但不要拧紧，然后将车辆从举升机上降下来，再按规定力矩将轮胎螺母左右交叉依次拧紧（图 3-212）。

图 3-211　左侧轮胎前后换位

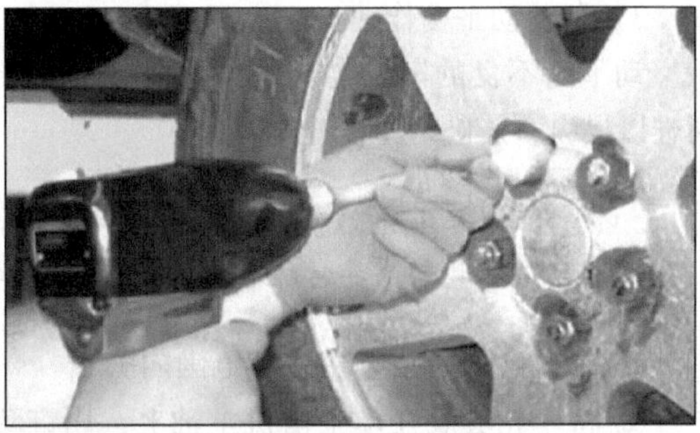

图 3-212　拧紧轮胎螺母

2）轮胎螺栓的紧固作业。

① 在安装车轮前先检查相关部件，包括轮毂、轮毂螺母、轮胎螺柱以及制动卡钳等（图 3-213）。

② 使用金属刷子去除灰尘和锈迹（图 3-214）。

图 3-213　检查相关部件

图 3-214　轮胎螺柱等的除尘去锈

③ 正确选用轮胎螺母（图 3-215）。

🔔 **特别注意**：千万不要润滑轮胎螺母或螺柱，否则极易因螺母松动而引发交通事故。

④ 按照图 3-216 所示的顺序依次预拧紧轮胎螺母，再继续按维修手册上规定的力矩依次交叉紧固各个轮胎螺母。

图 3-215　正确选用轮胎螺母

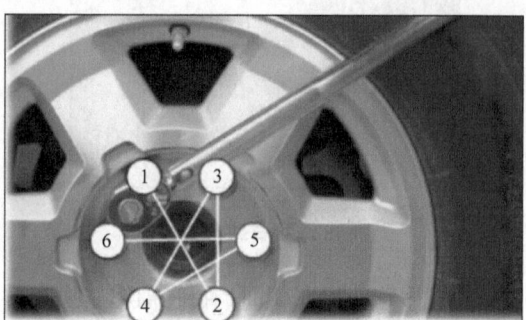
图 3-216　依次拧紧轮胎螺母

3）车轮动平衡作业。

动平衡不良的车轮会发生车轮在行驶中产生振动，轮胎异常磨损，胎面产生凸凹不平，车辆难以操纵，影响行车安全等问题。

☞ **特别提示**：只要轮胎安装到轮辋上就要做动平衡，按照厂商规定的保养标准定期做动平衡，发现车轮异常振动、异常磨损时要做动平衡。

① 检查轮胎气压应在规定范围内。

② 将车轮套装在动平衡机主轴上，用锥套和专用车轮锁紧扳手将车轮固定在主轴上并锁紧（图 3-217）。

图 3-217　安装车轮

③ 用测量标尺测出动平衡机离车轮轮辋的距离 a，并输入数值（图 3-218）。

④ 用测量卡钳测量轮辋宽度 b，并输入数值（图 3-219）。

⑤ 用卡尺测量轮辋直径 d，并输入数值（图 3-220）。

⑥ 盖好防护罩，按下起动按钮，车轮开始转动后，观察显示仪上的显示数值（图 3-221）。

⑦ 用手转动车轮，当显示仪上的左侧红灯全部亮时停止转动，在轮辋内左侧装上相应数值的平衡块（图 3-222）。

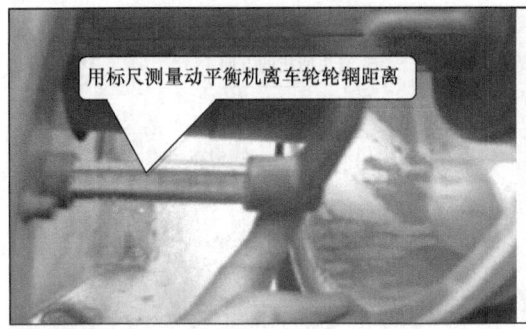

图 3-218　测量并输入 a 值

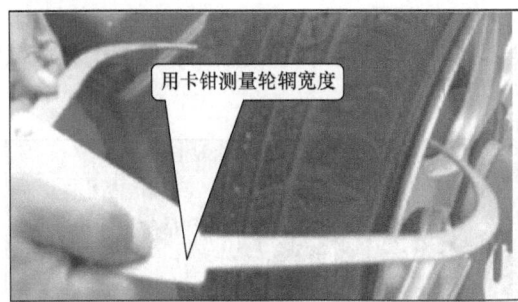
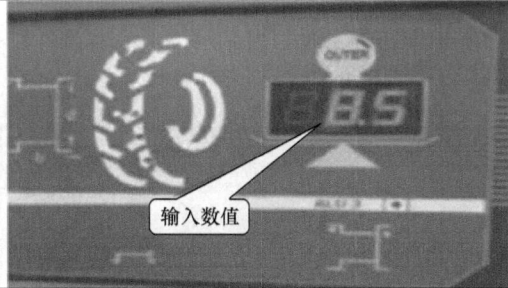

图 3-219　测量并输入 b 值

图 3-220　测量并输入 d 值

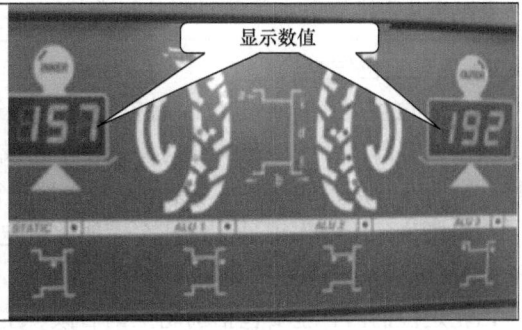

图 3-221　读取不平衡值

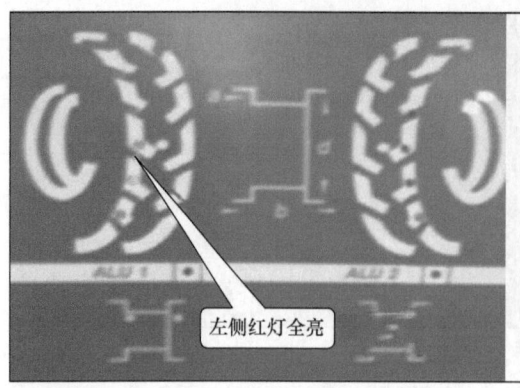 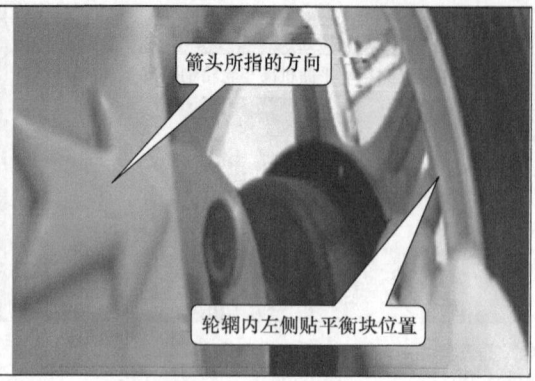

图 3-222　确定左侧不平衡位置并安装平衡块

⑧ 用手转动车轮,当显示仪上的右侧红灯全部亮时停止转动,在轮辋内右侧装上相应数值的平衡块(图 3-223)。

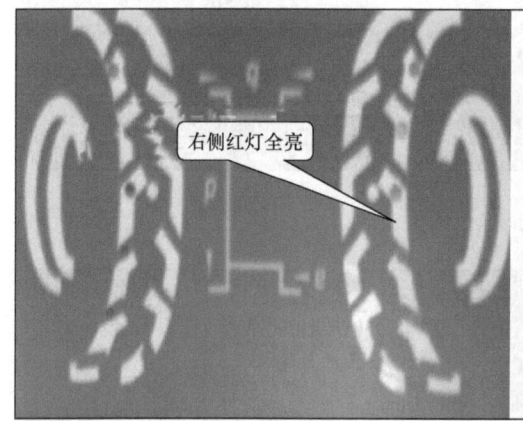 

图 3-223　确定右侧不平衡位置并安装平衡块

⑨ 装好平衡块后再次测量,显示仪两边显示的数据误差应在规定范围(误差值为 5g)车轮即达到动平衡要求。

⑩ 操作完毕后,松开车轮锁紧扳手,拆除锥套,取下车轮,切断电源,清洁平衡机设备。

☞ **特别提示**:动平衡误差值一般要控制在 5g 以内,测量时应避免主轴或平衡机强烈振动,不可用重物敲击平衡机的任何部件。

4)四轮定位作业。

四轮定位主要由前轮定位和后轮定位两部分组成。其中前轮定位是指前轮、转向节、主销、横拉杆等部件,按一定的几何位置在车架或车身上所进行的装配。而后轮定位主要是指后轮按一定的外倾角、前束值在车架或车身上所进行的装配。

四轮定位的主要作用是,保证车辆能够稳定地直线行驶,转向后能够自动回正,转向轻便灵活,减小轮胎的磨损、跳动和振摆。

四轮定位的内容主要包括前轮主销后倾、主销内倾、前轮外倾、前轮前束和后轮外倾、后轮前束。

☞ **特别提示**：车轮外倾角和车轮前束值可为正值，也可为负值，因车辆设计不同而不同。

汽车进行四轮定位的前提条件是：每行驶 10 000km 或 6 个月后；直线行驶时车辆往左或往右；直行时需要紧握转向盘；直行时转向盘不正；感觉车身会漂浮或摇摆不定；前轮或后轮单轮磨损；安装新的轮胎后；碰撞事故维修后；换装新的悬架或转向有关配件后。

☞ **提示**：四轮定位作业的操作步骤较为繁琐，因本书篇幅有限，这里不作详述，请参考有关资料和不同类型四轮定位仪的操作手册进行定位即可。

7. 发动机、变速器、ABS、安全气囊系统以及其他系统的 ECU 诊断

上海别克系列轿车 B 级维护作业中，发动机、变速器系统、ABS、安全气囊系统以及其他系统的 ECU 诊断方法和步骤与 A 级维护作业的相同，这里不再赘述。

☞ **特别提示**：现代汽车的各种电子控制系统的 ECU 诊断方法和操作步骤大同小异，而且诊断接口均为 16 针接头的 OBD-Ⅱ 标准接口，同一车辆上的其他电控系统的故障诊断可共用同一解码器并共享该接口，只是不同车型诊断接口的位置有所不同（图 3-224），应注意区别。

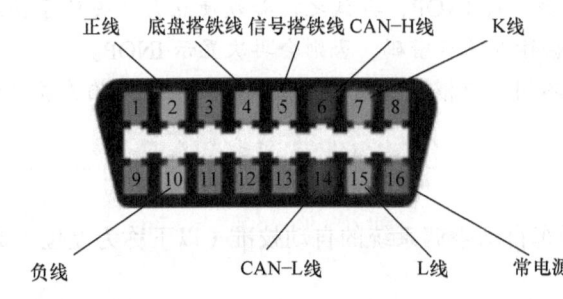
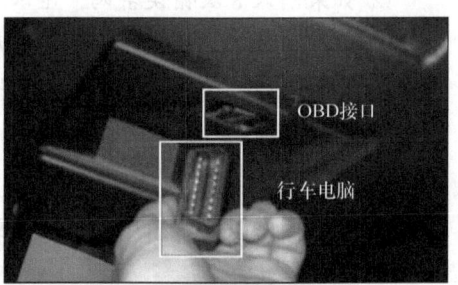

图 3-224 OBD-Ⅱ 标准接口及其安装位置

8. 机油复位、胎压复位、时钟音响复位及空调复位等保养灯归零

（1）机油复位（机油保养灯归零）

☞ **提示**：与 A 级维护相同，前已述及，这里不再赘述。

（2）胎压复位

☞ **提示**：与 A 级维护相同，前已述及，这里不再赘述。

（3）时钟音响复位

汽车拆装蓄电池后，时钟音响复位操作，以上海别克音响断电后的解锁功能恢复（即音响复位）操作为例进行介绍。操作步骤如下：

① 将点火开关置于 ON 位，显示屏显示 "LOCK"（锁定）。

② 按"MIN"键，显示屏显示"000"（图3-225）。

图 3-225　上海别克时钟音响复位

③ 再按"MIN"键，使后两位数字和密码相符。
④ 按"HR"键，使前一位或两位数字和密码相符。
⑤ 确认这个数字和密码相符之后，按"AM-FM"键，显示屏出现"SEC"安全，表明音响系统可以工作（即完成复位）并已加密保护。

> 🔔 **特别注意：**
> ① 按上述步骤输入密码，在任何两个步骤之间停顿不得超过15s。
> ② 如果输入8次错误密码，显示屏会出现INOP，再试之前必须使点火开关处于接通状态，等待1h再试。警告：只有3次机会输入正确密码，否则会再次显示INOP。
> ③ 车型不同，复位操作方法也有所不同，应根据相关车型及年款要求查阅相关资料进行复位。

（4）空调复位

空调复位操作以上汽通用别克君越轿车自动空调系统的自动校准（以下称为复位）为例进行介绍。

1）更换暖风、通风与空调控制模块后的复位。

汽车在更换暖风、通风与空调系统控制模块时，暖风、通风与空调系统控制模块必须执行校准程序。在暖风、通风与空调系统控制模块复位期间，禁止调整暖风、通风与空调系统控制模块上的任何控制开关（图3-226）。复位中断会导致暖风、通风与空调系统性能不良。更换暖风、通风与空调控制模块后的复位方法如下：

① 将点火开关置于"OFF"位置。
② 断开故障诊断仪。
③ 安装暖风、通风与空调系统控制模块。
④ 连接先前断开的所有部件。
⑤ 起动车辆。
⑥ 等候40s，让暖风、通风与空调系统控制模块自动进行复位。
⑦ 确认没有故障码被设定为当前故障码，则更换暖风、通风与空调控制模块后的复位结束。

2）更换暖风、通风与空调系统执行器后的复位。

在更换暖风、通风与空调系统执行器后，必须执行校准设定程序。在执行复位期间，禁止调整暖风、通风与空调系统控制模块上的任何控制开关（图3-226）。复位中断会导致暖风、通风与空调系统性能不良。更换暖风、通风与空调系统执行器后的复位方法如下：

① 清除所有故障码。
② 将点火开关置于"OFF"位置。
③ 安装暖风、通风与空调系统执行器。
④ 连接先前断开的所有部件。
⑤ 拆下空调系统的HVAC/ECAS熔丝至少10s。
⑥ 安装HVAC/ECAS熔丝。
⑦ 起动车辆。
⑧ 等候40s，让暖风、通风与空调系统控制模块复位。
⑨ 确认没有故障码被设定为当前故障码，则更换暖风、通风与空调执行器后的复位结束。

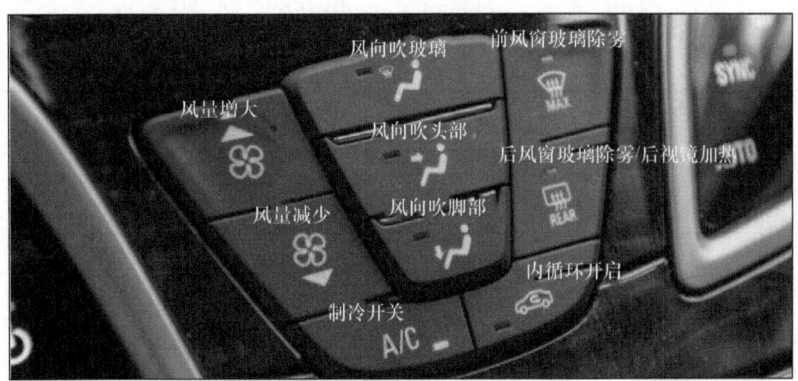

图3-226　上海通用君越轿车的空调控制开关

3.3.8　汽车二级维护的过程检验

对汽车二级维护进行过程检验的目的就是实现维护过程的质量控制。根据《汽车维护、检测、诊断技术规范》，汽车二级维护过程中应始终贯穿过程检验，并记录二级维护作业过程或检验结果，维护项目的技术要求应符合技术标准和车辆维修资料等相关技术文件规定。

汽车维护过程检验是一项维护作业过程中的质量管理工作，是确保汽车维护质量的重要环节，汽车二级维护过程检验应满足如下要求：

1）严格实施跟踪检验，即在汽车二级维护作业项目（含基本作业项目和附加作业项目）执行过程中全面地、自始至终地实施质量检验。

2）及时做好检验记录，特别是对有配合间隙、调整数据或拧紧力矩等技术参数有要求的作业项目，要有检验数据的记载，以此作为作业过程质量监督的依据，也可为汽车竣工出厂检验提供依据和参考。

3）应满足相应的有关技术标准或出厂说明书的有关规定。

3.3.9　汽车二级维护竣工检验

汽车二级维护竣工检验，是汽车维修企业对承修汽车在二级维护各项维护作业结束后，对维护质量的一次全面检验，是控制汽车维修质量、杜绝不合格汽车出厂的一个重要环节。

> **重要提示**：汽车二级维护竣工检验须由专职检验员及专业检测线和专业仪器设备来完成，检验人员须熟悉汽车二级维护的作业内容、作业过程及技术要求，掌握国家、行业及地方的有关技术标准和检测方法，并能对汽车二级维护竣工检验（包括人工检查、道路试验和检测线检测等）的结果进行分析，指导维修人员进行调整、修理等作业，能够正确填写有关的技术资料。

根据 GB/T 18344—2016《汽车维护、检测、诊断技术规范》，汽车二级维护竣工检验项目及技术要求见表 3-18，汽车二级维护竣工检验应填写二级维护竣工检验记录单，见表 3-19。

表 3-18　汽车二级维护竣工检验项目及技术要求

序号	检验部位	检验项目	技术要求	检验方法
1	整车	清洁	全车外部、车厢内部及各总成外部清洁	检视
2		紧固	各总成外部螺栓、螺母紧固，锁销齐全有效	检查
3		润滑	全车各个润滑部位的润滑装置齐全，润滑良好	检视
4		密封	全车密封良好，无漏油、漏液和漏气现象	检视
		故障诊断	装有车载诊断系统（OBD）的车辆，无故障信息	检测
5		附属设施	后视镜、灭火器、客车安全锤、安全带、刮水器等齐全完好、功能正常	检视
6	发动机及其附件	发动机工作状况	在正常工作温度状态下，发动机起动3次，成功起动次数不少于2次，柴油机3次停机均应有效，发动机低、中、高速运转稳定、无异响	路试或检视
7		发动机装备	齐全有效	检视
8	制动系统	行车制动性能	符合 GB 7258—2017 规定，道路运输车辆符合 GB 18565—2016 规定	路试或检测
9		驻车制动性能	符合 GB 7258—2017 规定	路试或检测
10	转向系统	转向机构	转向机构各部件连接可靠，锁止、限位功能正常，转向时无运动干涉，转向轻便、灵活，转向无卡滞现象	检视
			转向节臂、转向器摇臂及横直拉杆无变形、裂纹和拼焊现象，球头销无裂纹、不松旷，转向器无裂损、无漏油现象	
11		转向盘最大自由转动量	最高设计车速不小于 100km/h 的车辆，其转向盘的最大自由转动量不大于 15°，其他车辆不大于 25°	检测

（续）

序号	检验部位	检验项目	技术要求	检验方法
12	行驶系统	轮胎	同轴轮胎应为相同的规格和花纹，公路客车（客运班车）、旅游客车、校车和危险品运输车的所有车轮及其他机动车的转向轮不得装用翻新的轮胎，轮胎花纹深度及气压符合规定，轮胎的胎冠、胎壁不得超过25mm或深度足以暴露出帘布的破裂和割伤以及凸起、异物刺入等影响使用的缺陷	检测
13		转向轮横向侧滑量	符合GB 7258—2017规定，道路运输车辆符合GB 18565—2016规定	检测
14		悬架	空气弹簧无泄漏、外观无损伤。钢板弹簧无断片、缺片、移位和变形，各部件连接可靠，U形螺栓、螺母拧紧力矩符合规定	检查
15		减振器	减振器稳固有效，无漏油现象，橡胶垫无松动、变形及分层	检查
16		车桥	无变形、表面无裂痕，密封良好	检视
17	传动系统	离合器	离合器接合平稳，分离彻底，操作轻便，无异响、打滑、抖动和沉重等现象	路试
18		变速器、传动轴、主减速器	变速器操纵轻便，挡位准确，无异响、打滑及乱挡等异常现象，传动轴、主减速器工作无异响	路试
19	牵引连接装置	牵引连接装置和锁止机构	汽车与挂车牵引连接装置连接可靠，锁止、释放机构工作可靠	检查
20	照明、信号指示装置和仪表	前照灯	完好有效，工作正常，性能符合GB 7258—2017规定	检视、检测
21		信号指示装置	转向灯、制动灯、示廓灯、危险警告灯、雾灯、喇叭、标志灯及反射器等信号指示装置完好有效	检视
22		仪表	各类仪表工作正常	检视
23	排放	排气污染物	汽油车采用双急速法，应符合GB 18285—2018规定。柴油车采用自由加速法，应符合GB 3847—2018规定	检测

表 3-19　汽车二级维护竣工检验记录单　　合同编号

托修方				车牌号			车型		
外观状况	项目		评价	项目		评价	项目		评价
	清洁			发动机装备			离合器		
	紧固			转向机构			变速器、传动轴、主减速器		
	润滑			轮胎			牵引连接装置和锁止机构		
	密封			悬架			前照灯		
	附属设施			减振器			信号指示装置		
	发动机工作状况			车桥			仪表		
故障诊断	车载诊断系统(OBD)故障信息			□无　　□有　　故障信息描述：_____					评价：
性能检测	转向盘最大自由转动量/(°)				评价：	转向轮横向侧滑量/(m/km)	第一转向轴：		评价：
							第二转向轴：		评价：
	制动性能	台架	车轴		一轴	二轴	三轴	四轴	五轴	六轴
			轴制动率/%	结果						
				评价						
			制动不平衡率/%	结果						
				评价						
		整车参数	项目		整车制动率/%			驻车制动率/%		
			结果							
			评价							
		路试	初速度/(km/h) ____	参数	制动距离/m		MFDD/(m/s²)		制动稳定性	
				结果						
				评价						
	前照灯性能	参数	灯高/mm	远光光强/cd		远光偏移/(mm/10m)		近光偏移/(mm/10m)		
				结果/cd	评价	垂直	评价	水平	评价	垂直	评价	水平	评价
		左外											
		左内											
		右外											
		右内											
	排气污染物	汽油车	急速	CO/%：		HC/×10⁻⁶：		评价：	
			高急速	CO/%：		HC/×10⁻⁶：		评价：	
		柴油车	自由加速	光吸收系数/m⁻¹：① ② ③			平均/m⁻¹：		评价：
				烟度值/BSU：① ② ③			平均/BSU：		评价：
检验结论：									
						检验员签字：　　　　年　月　日			

注：1. 检验数据在"结果"栏填写。合格在"评价"栏划"○"，不合格在"评价"栏划"×"，无此项目填"——"。
　　2. 制动性能检验选择"台架"或"路试"。路试制动性能采用"制动距离"或"充分发出的平均减速度MFDD"评价。

> **特别提示：**
> ① 根据《道路运输车辆技术管理规定》，道路运输经营者可以对自有车辆进行二级维护作业，保证投入运营的车辆符合技术管理要求，无须进行二级维护竣工质量检验。
> 道路运输经营者不具备二级维护作业能力的，可以委托二类以上机动车维修经营者进行二级维护作业。机动车维修经营者完成二级维护作业后，应当向委托方出具二级维护出厂合格证。
> ② 根据 GB/T 18344—2016《汽车维护、检测、诊断技术规范》，车辆维修资料中与本标准规定的二级维护基本作业项目相同的部分，依据本标准中相对应的条款执行；车辆维修资料中与本标准规定的二级维护基本作业项目不同的部分，依据车辆维修资料的有关条款执行。

解读和学习工匠精神之三

工匠精神是一种职业精神，它是职业道德、职业能力、职业品质的体现，是从业者的一种职业价值取向和行为表现。"工匠精神"的基本内涵包括敬业、精益、专注、创新等方面的内容。

专注就是内心笃定而着眼于细节的耐心、执着、坚持的精神。专注是一切"大国工匠"所必须具备的精神特质。

从中外实践经验来看，工匠精神都意味着一种执着，即一种几十年如一日的坚持与韧性。"术业有专攻"，一旦选定行业，就一门心思扎根下去，心无旁骛，在一个细分产品上不断积累优势，在各自领域成为"领头羊"。

任务总结

1）汽车日常维护的定义为（按照 GB/T 5624—2005 进行的定义）以清洁、补给和安全性能检视为中心内容的维护作业。

2）汽车日常维护的基本要求是每一位驾驶人在汽车日常维护保养中，必须强制执行"三检、四清、四防"的维护制度，以达到车容整洁、车况良好、行车安全的目的。

3）汽车日常维护的基本作业内容为清洁、紧固和润滑三大作业，其具体作业内容可参照国家及相关行业企业标准及规定，结合车辆技术参数、汽车维修企业反馈以及广大车主的使用情况而定。

4）汽车的日常维护是汽车最基础、最基本、最平常的维护工作，而且维护工作的好与坏以及正确与否，直接关系到车辆的使用寿命、能耗高低、排放大小和行车安全。

5）汽车日常维护的质量检验，可参照 GB/T 18344—2016《汽车维护、检测、诊断技术规范》中汽车日常维护作业项目及其相应的技术要求进行检验。

6）汽车一级维护的定义为（按照 GB/T 5624—2005 进行的定义）除日常维护作业外，以润滑、紧固为作业中心内容，并检查有关制动、操纵等系统中的安全部件的维护作业。

7）汽车一级维护的基本要求是必须由汽车维修企业的专业人员来完成维护作业的各项任

务，以确保维护质量和进度。

8）汽车一级维护的作业内容应涵盖汽车日常维护的所有内容，同时在着重完成润滑和紧固两大中心作业外，还要进行大量的检查作业，同时进行清洁、补给、更换和调整等作业。

9）汽车一级维护的竣工检验，可根据GB/T 18344—2016《汽车维护、检测、诊断技术规范》中汽车一级维护作业项目及其相应的技术要求进行检验。

10）汽车二级维护的定义为（按照GB/T 5624—2005进行的定义）除一级维护作业外，以检查、调整制动系统、转向操纵系统、悬架等安全部件，并拆检轮胎，进行轮胎换位，检查和调整发动机工作状况和汽车排放相关系统等为主的维护作业。

11）汽车二级维护的基本要求是在开展维护作业前，首先进行检测诊断来确定附加作业小修项目，以合理地安排工期，避免过度维护；并在维护过程中和维护结束后，分别进行过程检验和竣工检验，以确保维护质量。

12）在汽车二级维护具体实施过程中，应处理好附加作业的技术规范问题和附加作业如何安排的问题。

13）汽车二级维护作业项目包括基本作业项目和附加作业项目，其中附加作业项目应根据汽车二级维护进厂检测的结果、作业过程中发现的维修项目和相关原则来确定，在二级维护作业时一并进行。

14）汽车二级维护除了完成检查和调整两大中心作业外，还要同时进行大量的清洁、紧固、润滑、补给作业以及少量的更换和检测作业，且作业内容要涵盖汽车一级维护的所有内容。

15）汽车二级维护进行过程检验的目的就是实现维护过程的质量控制。根据《汽车维护、检测、诊断技术规范》，汽车二级维护过程中应始终贯穿过程检验，并记录二级维护作业过程或检验结果，维护项目的技术要求应符合技术标准和车辆维修资料等相关技术文件规定。

16）汽车二级维护竣工检验，是汽车维修企业对承修汽车在二级维护各项维护作业结束后，对维护质量的一次全面检验，是控制汽车维修质量，杜绝不合格汽车出厂的一个重要环节。

任务验收

掌握"学习工作页"任务3中的关键理论知识；熟练完成各项维护作业任务；认识大国工匠，学习和弘扬工匠精神。

任务 4

现代汽车的季节维护与保养

季节、气候的变化,必然导致与汽车运行条件密切相关的气温、气压等参数的变化。为了使汽车在不同的地区、不同的季节里都能可靠地工作,在季节转换之前,结合常规维护,附加一些相应的作业项目,使汽车能够顺利适应变化了的运行条件,这种附加性维护称为季节维护或换季保养,有换入夏季和换入冬季时两种典型季节性维护。

4.1 夏季汽车的维护与保养

4.1.1 夏季汽车的使用特点

炎炎夏日,气温高,发动机易过热,容易导致:气缸充气性变差,动力下降;润滑油变稀、变质,润滑性能下降,运动零部件磨损加剧;驾驶人易疲劳、打盹,行车安全下降;雨水增多使车辆打滑而造成车辆受损,甚至发生交通事故。

做好夏季车辆的维护保养及高温下的安全驾驶是一项十分重要的工作,作为驾驶人,尤其是广大私家车主,必须掌握夏季车况特点并及时采取正确的维护保养和防暑降温措施,以确保人身及财产的安全。夏季汽车的车况特点、原因分析及相关图解,见表 4-1。

表 4-1 夏季汽车的车况特点、原因分析及相关图解

序号	车况特点	原因分析	相关图解
1	润滑油容易变稀、变质、挥发和烧损,导致润滑性能下降、机油消耗过快	① 发动机在高温下运转时,润滑油的抗氧化安定性、黏温性及清净分散性等性能变坏,加剧其热分解、氧化和挥发 ② 变稀了的润滑油通过气缸壁、活塞、活塞环窜入燃烧室烧损,并通过油底壳等过热区域时蒸发掉 ③ 润滑油在高温下与积炭聚合成漆膜而黏附在缸壁上,增大发动机的运行阻力,加大发动机的磨损	(正时链条、凸轮轴、机油冷却器、机油泄压阀、机油滤清器、放油螺塞、油压传感器、油底壳、机油、曲轴)

（续）

序号	车况特点	原因分析	相关图解
1	润滑油容易变稀、变质、挥发和烧损，导致润滑性能下降、机油消耗过快	④ 干燥空气中的灰尘和潮湿空气中的水分通过进气系统和曲轴箱通风口进入发动机油底壳而污染润滑油，引起润滑油变质	通过曲轴箱通风装置排出的废气；沿着活塞组件与气缸壁之间的间隙窜入曲轴箱中的废气
2	加剧零部件的磨损	① 发动机在高温下运转，零部件的热膨胀较大，使其正常配合间隙变小，摩擦阻力增大，磨损加剧 ② 高温运转的发动机在活塞顶、燃烧室壁、气门头等零件上粘附许多积炭和胶质物，使金属零件的导热性变差，加速机件损坏 ③ 因发动机过热，机油变稀，油膜变薄，加速机件磨损	
3	发动机充气性能变差，动力下降	① 高温条件下，因气体的热膨胀，使进入气缸里的可燃混合气或空气的数量减少，使充气性下降，从而导致发动机功率下降，使车辆行驶无力、加速变差 ② 试验证明，当气温由15℃上升到40℃时，发动机功率下降6%～8%	火花塞、排气门、进气门、高压喷油器、燃烧室
4	制动性能变差，行车安全系数降低	① 制动蹄/片及制动鼓/盘受高温影响，频繁制动后，易产生热衰退，使制动力很快下降 ② 汽车在山区坡陡、弯急、道窄等情况复杂的条件下行驶，使用制动次数增多，制动摩擦片温度会急剧升高，制动性能变差，行车安全系数降低	
5	高温下，易产生各种气阻，影响有关系统和机构的正常工作	① 供油系统受热后，部分燃油以气态形式存于供油管路和油泵当中，不仅增大了燃油流动阻力，同时由于气体的可压缩性，使油泵无法输送燃油，导致供油中断，并使喷油器等部件无法喷油	燃油分配管、进油管、油压调节器、回油管、喷油器、燃油滤清器、燃油箱、电动燃油泵

(续)

序号	车况特点	原因分析	相关图解
5	高温下，易产生各种气阻，影响有关系统和机构的正常工作	② 液压制动管路中的制动液，因高温容易沸腾而产生气阻，使制动突然失灵，可导致车毁人亡	
6	发动机易发生自燃或爆燃等不正常燃烧现象，使发动机使用寿命下降	① 随着大气温度的增高，进入气缸的混合气温度也高，发动机的温度将更高，使窜入气缸中的润滑油在高温缺氧的情况下生成胶质和积炭 ② 积炭黏附于活塞顶部、燃烧室壁、气门顶部和火花塞上，形成炽热点，从而引起发动机炽热点火，便产生自燃或爆燃	

4.1.2 夏季汽车的维护要点

1. 夏季汽车维护的设备与材料准备（表4-2）

表4-2 夏季汽车维护的相关设备及材料准备

序号	相关仪器设备及材料	备注
1	场地：通风采光好，相互干扰少，车辆进出方便，能够分组实训	各学校可根据具体情况来定
2	车辆：搭载EA888或EA211发动机的大众系列车型	各学校可根据具体情况来定
3	仪器设备：三角警告牌、隔阳罩（板）、灭火器等	其他仪器设备的选配，各学校可根据具体情况来定
4	工量具：随车工具、安全锤、降温散热器（大型客货车预备）、轮胎气压表等	其他工量具的选配，各学校可根据具体情况来定
5	材料：备用风窗清洗液、高沸点制动液、高沸点冷却液、夏用或冬夏通用机油、夏用或冬夏通用齿轮油、抹布等	各运行材料品种及规格的选配，各学校可根据具体情况来定

2. 夏季汽车维护的作业内容及实施过程

（1）发动机冷却系统进行夏季针对性维护，防止发动机温度过高

通过清除发动机水套和散热器内的水垢等措施，确保冷却液的循环流动，以保证发动机冷却系统在炎热夏季能够正常工作，防止发动机因冷却液循环不畅、节温器主阀门不能全部打开等原因而发生过热沸腾等故障，以保持发动机的动力性、降低燃油消耗和延长使用寿命（图4-1）。

① 拆除发动机附加的保温罩，检视百叶窗（南方地区可能无百叶窗）能否全开。

② 清除发动机水套和散热器内的水垢，测试节温器性能（图4-1）。

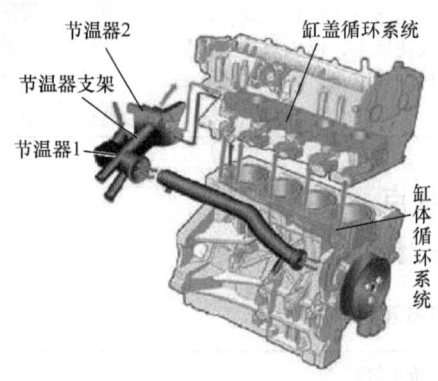

图 4-1　发动机冷却系统结构示意图

👉 **特别提示：**

① 现代汽车已基本上取消了发动机附加的保温罩和百叶窗，北方寒冷冬季若要加装保温罩和百叶窗，则一定要到有安装资质的汽车维修企业进行，并注意不能影响发动机冷却风扇的运转。

② 应添加与发动机冷却水套材质相匹配的除垢剂来清除发动机水套和散热器内的水垢，否则极易腐蚀损坏发动机水套和散热器芯。

（2）汽车各润滑系统和总成进行夏季针对性维护，防止润滑性能下降

通过更换发动机、变速器、减速器、转向器等各总成的润滑油（换用夏季用机油、齿轮油、液力传动油、转向器液压油）等维护措施，防止各总成内的润滑油因高温而变稀，确保各总成内的润滑油保持良好的黏温性，以保持各总成良好的工作性能，从而延长车辆使用寿命。

① 按车辆使用说明书的要求或视具体情况，放掉发动机油底壳、变速器、减速器、转向器等各总成内的润滑油。

② 清洗后加注夏季用油（加注冬夏通用润滑油的除外）。

> **特别提示：**
> ① 更换发动机、变速器、减速器、转向器等各总成润滑油的维护作业，具有较高的技术难度，要用到一些专业设备，建议私家车主最好选择专业维修企业和专业维修人员进行更换。
> ② 在校学生应在老师指导下进行相关作业。

（3）汽车燃油供给系统进行夏季针对性维护，防止供油中断

通过清洗和调整燃料供给系统的供油及喷油组件，保证汽车燃油供给系统在炎热夏季能够正常工作，防止供油系统因天气炎热而发生气阻、供油中断等现象，以保持发动机的动力性不受影响，保证车辆的正常使用。

① 清洗汽油机燃料供给系统的燃油箱、滤清器（建议更换，图 4-2 中的圈中部分）、喷油器和燃油分配管等部件。

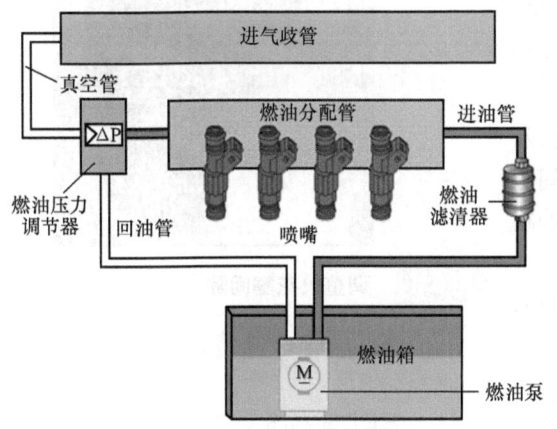

图 4-2　汽油车燃油供给系统结构示意图

② 手动泵油（图 4-3 中的框中部分）循环清洗柴油机燃料供给系统的燃油箱、滤清器、输油泵、喷油泵、喷油器和所有管路。

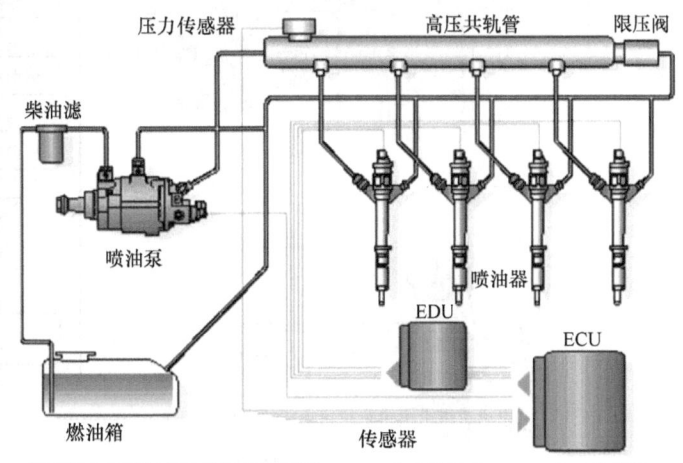

柴油机电控高压共轨燃油喷射系统　EDU—电控执行器　ECU—电子控制器

图 4-3　柴油车燃油供给系统结构示意图

> 🔔 **特别注意：**
> ① 进行清洗和调整燃料供给系统的供油及喷油组件等维护作业，具有较高的技术难度和危险性，应选择专业维修企业和专业维修人员进行维护。
> ② 清洗采用高压共轨系统的柴油机的燃油箱、滤清器、输油泵、喷油泵、喷油器和所有管路时，禁止随意拆卸管路接头，以防高压燃油泄漏而引发火灾或击伤身体，应事先进行泄压，最好不拆卸清洗，应用柴油滤清器上的手油泵进行手动泵油清洗。
> ③ 在校学生应在老师指导下进行相关作业。

（4）汽油机点火系统进行夏季针对性维护，防止发动机因高温而无法点火

通过适当调整火花塞间隙和点火提前角，以保证汽油机点火系统在炎热夏季能够正常工作，防止点火系统因天气炎热而发生爆燃、早燃和失火（无法点火）等现象，以保证汽油机在高温下能够正常点火燃烧。

① 用专用工具向外撬动火花塞测电极，再用塞尺等专用量具测量并调整火花塞间隙（图4-4），适当增大火花塞间隙，以防汽油机过早点火。

② 调整点火正时，适当推迟点火提前角，以防汽油机发生爆燃和早燃（图4-5）。

图 4-4 调整火花塞间隙

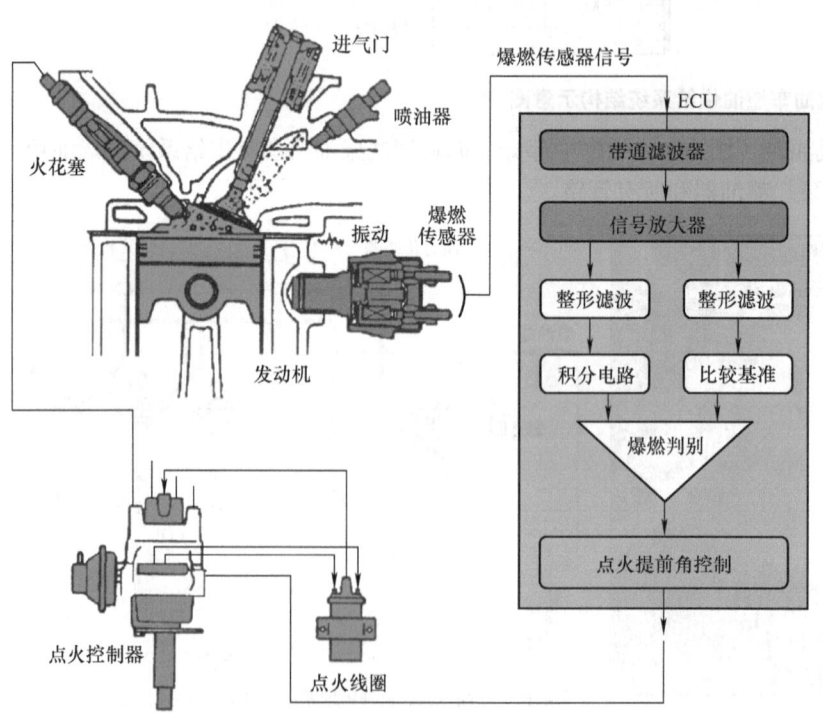

图 4-5 点火提前角控制原理

> 🔔 **特别注意：**
> ① 调整火花塞间隙时，应先清除火花塞上的积炭等沉积物，注意撬起火花塞侧电极的力度，避免间隙调整过大或撬断侧电极。
> ② 调整点火正时作业具有较高的技术难度，要用到一些专业设备，建议私家车主最好选择专业维修企业和专业维修人员进行调整。
> ③ 在校学生应在老师指导下进行相关作业。

（5）汽车充电系统进行夏季针对性维护，防止蓄电池过充电

通过适当降低蓄电池电解液密度和发电机充电电流及充电电压，以保证汽车的充电系统在炎热夏季能够正常工作，防止充电系统因天气炎热而发生过充电，使蓄电池活性物质大量脱落而提前报废，以及避免用电设备因充电电流和电压过大而发生烧毁等故障。

① 调整蓄电池电解液密度（适当降低，用密度计进行测量，免维护蓄电池除外）。

② 校正发电机调节器（对振动触点式调节器而言），适当降低充电电流、充电电压，并清洁调节器触点（电子电压调节器除外，如图 4-6 所示）。

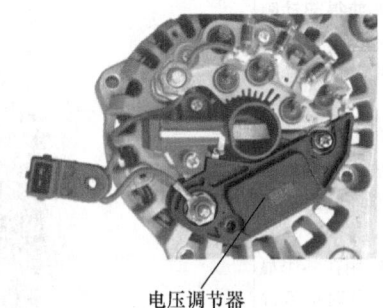

电压调节器

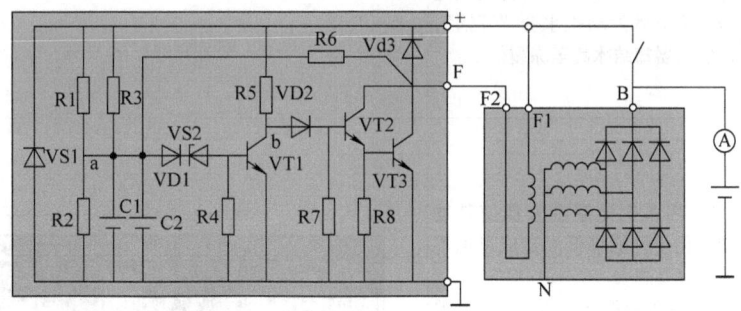

图 4-6 汽车发电机常用的电子电压调节器

> 🔔 **特别注意：**
> ① 目前小型客车基本上都装用免维护蓄电池，因此无须调整蓄电池电解液密度，但应注意避免随意拆卸蓄电池的正、负极。若非拆不可，则一定要先拆负极、后拆正极，安装顺序与此相反，否则极易发生电源短路事故，从而导致蓄电池爆炸，使人员和车辆受到伤害。
> ② 校正发电机调节器的作业具有较高的技术难度，要用到一些专业设备，建议私家车主最好选择专业维修企业和专业维修人员进行调整。
> ③ 在校学生应在老师指导下进行相关作业。

4.2 冬季汽车的维护与保养

4.2.1 冬季汽车的使用特点

冬季行车易引发许多故障或事故。在天寒地冻的冬季里，尤其是经过一个晚上露天的风吹霜寒后，车身变得冰凉，难以起动，车况急剧下降，制动距离变长，行驶打滑，难以操纵等。因此，做好冬季车辆的维护保养及低温下的安全驾驶是一项十分重要的工作。作为驾驶员，尤其是广大私家车主，必须掌握冬季车况特点并及时采取正确的维护保养和防寒、防冻、防滑措施，以确保人身及财产的安全。冬季车况特点、原因分析及相关图解，见表4-3。

表 4-3 冬季汽车的车况特点及其原因分析和相关图解

序号	车况特点	原因分析	相关图解
1	汽车难以起动或无法起动	① 由于冬季天冷低温，使燃油蒸发雾化困难，不易形成可燃混合气，机油黏度过大使得起动阻力增大，加上蓄电池容量下降等原因使起动转速下降，从而导致起动困难 ② 经过一个晚上极低的室外温度后，汽车冷却液结冰或机油冷凝、电解液流动困难等原因造成汽车无法起动 ③ 冷却液的防冻作用在冬季显得非常重要，如果不及时更换冷却液，汽车的冷却循环将受到阻碍，会导致发动机水套"开锅"，而散热器却结冰甚至冻裂	
2	怠速不稳，容易熄火	① 因蓄电池温度太低使其物理、化学性能降低而造成怠速不稳，容易熄火 ② 汽车的蓄电池怕低温，低温下蓄电池的电容量比常温时的电容量低得多。在常温下正常使用的蓄电池一遇寒冷电容量会突然下降，甚至瞬间没电，加上冬季冷车起动时，耗电量特别大 ③ 蓄电池使用年限较长，内部放电日趋严重，装用使用两年左右蓄电池的车辆特别容易产生这一故障	比亚迪F3蓄电池容量60Ah 冷启动放电电流400A

（续）

序号	车况特点	原因分析	相关图解
3	磨损严重，易产生噪声	① 因机油黏稠而导致零部件润滑不及时，使磨损严重、间隙过大而产生过大噪声 ② 发动机 70% 左右的磨损均发生在冷车起动，这种磨损是渐进性的，损伤最大 ③ 进入冬季了如果还在使用夏季黏稠的机油，就会加快发动机的磨损。这是因为冬季气温下降后，机油黏度会增大，流动性变差，供油不及时，导致运动机件的摩擦阻力增大，从而加快了发动机的磨损	SAE不同润滑油标号低温流动性-20℃ 0W-30　5W-30　10W-30　10W-40　15W-40
4	空调的取暖效果变差	① 空调在秋天停用了一段时间后，某些运动部件会出现"咬死"现象，造成起动阻力加大，使空调电磁离合器打滑，过度磨损 ② 长时间停用空调，还会使轴封干枯、粘连而失效，造成冷却液泄漏	进风罩　暖风与空调控制装置　蒸发箱　"S"管　消声器　暖风装置的热交换器　"D"管　空调压缩机　冷凝器　"C"管　储液干燥器　"L"管
5	制动效果变差，制动距离变长，安全性能下降	① 气压制动系统的储气筒上的进/排气阀、制动管路等处易结冰而堵塞气道，使压缩空气压力下降甚至中断，从而导致制动效能下降或制动失效 ② 液压制动管路中的制动液，由于黏度增大，流动变慢，从而导致制动效能下降	真空助力器　制动主缸　液压管路　制动钳
6	转向阻力增大，转向困难，操纵性能下降	转向器齿轮油、转向助力液等由于低温使流动性下降，阻力增大，从而导致转向困难，操纵变差	控制单元　车速表　助力液储液罐　可调式转向柱　液压助力泵　电磁阀　液压助力齿轮齿条机构

4.2.2 冬季汽车的维护要点

1. 冬季汽车维护的设备与材料准备（表 4-4）

表 4-4 冬季汽车维护的相关设备及材料准备

序号	相关仪器设备及材料	备注
1	场地：通风采光好，相互干扰少，车辆进出方便，能够分组实训	各学校可根据具体情况来定
2	车辆：搭载 EA888 或 EA211 发动机的大众系列车型	各学校可根据具体情况来定
3	仪器设备：三角警告牌、保温罩、防滑链、灭火器等	其他仪器设备的选配，各学校可根据具体情况来定
4	工量具：随车工具、安全锤、轮胎气压表等	其他工量具的选配，各学校可根据具体情况来定
5	材料：备用冬用风窗清洗液、低冰点制动液、防冻型冷却液、冬用或冬夏通用机油、冬用或冬夏通用齿轮油、抹布等	各运行材料品种及规格的选配，各学校可根据具体情况来定

2. 冬季汽车维护作业的内容及实施过程

（1）发动机冷却系统进行冬季针对性维护，防止发动机温度过低

通过安装发动机附加保温罩，检修起动预热装置（电热塞），测试节温器效能等针对性维护，以保证发动机冷却系统在寒冷的冬季能够正常工作，防止冷却液在气温低于 0℃ 的情况下结冰或凝固而冻裂发动机机体，以保持发动机的正常工作和延长其使用寿命。

① 安装发动机附加保温罩及检修起动预热装置（即电热塞，部分采用分隔式燃烧室的柴油机装配此装置，图 4-7）。

② 测试节温器效能（即节温器主、副阀门的开启温度及大小循环情况，图 4-8）。

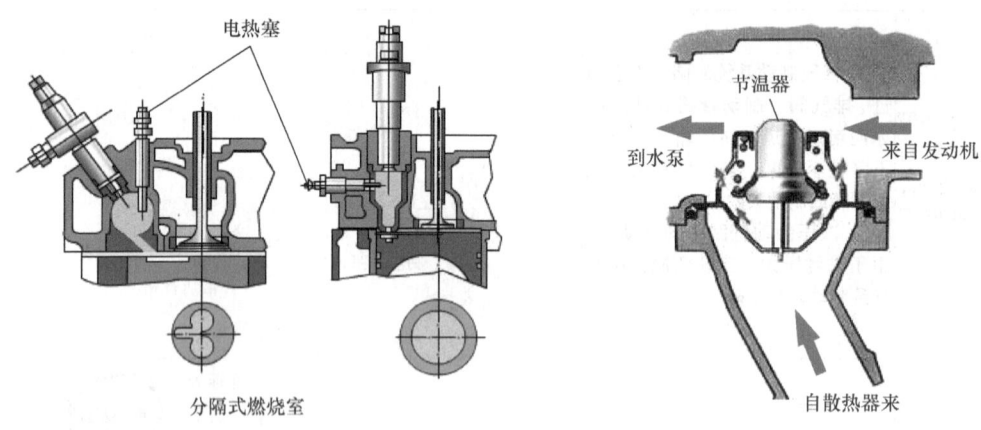

图 4-7 柴油机的起动预热装置　　图 4-8 节温器的安装位置

> 🔔 特别注意：
> ① 冬季气温高于 0℃ 的大部分南方地区，均不需要安装发动机附加保温罩。
> ② 冬季气温低于 0℃ 的地区，发动机冷却系统一定要添加具有防冻效能的冷却液，而且冷却液的冰点值一定要低于当地季节最低气温，以防冷却液凝固而冻裂发动机机体。

（2）汽车润滑系统和各总成进行冬季针对性维护，防止润滑性能下降

通过更换发动机、变速器、减速器、转向器等各总成的润滑油（换用冬季用机油、齿轮油、液力传动油、转向器液压油）等维护措施，以防止各总成内的润滑油因低温而变稠，确保各总成内的润滑油保持良好的流动性，以保持各总成良好的工作性能，从而延长车辆使用寿命。

① 按车辆使用说明书的要求或视具体情况，放掉发动机油底壳、自动变速器（注意图中各管路接头位置，图4-9）、减速器、转向器等各总成内的润滑油。

② 发动机和底盘各总成均换用冬季用润滑油（加注冬夏通用润滑油的除外）。

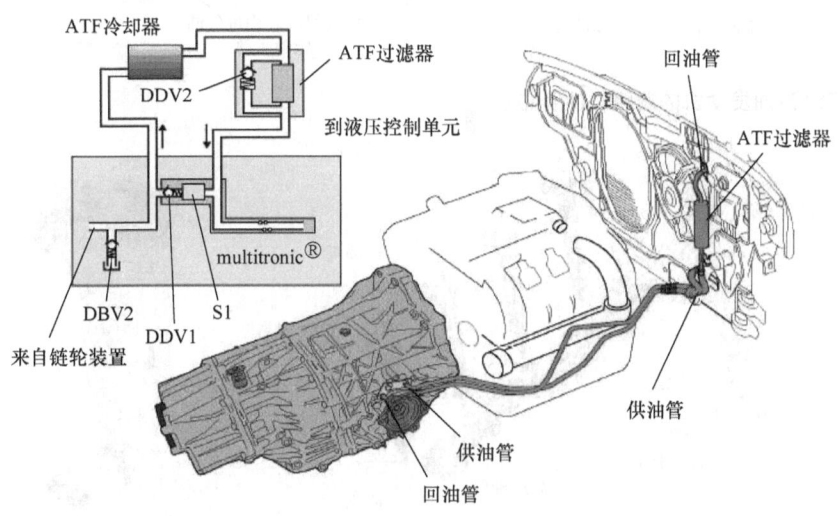

图4-9 自动变速器的油路及油管布置

> 🔔 **特别注意**：
> ① 更换发动机、变速器、减速器、转向器等各总成润滑油的维护作业，具有较高的技术难度，要用到一些专业设备，建议私家车主最好选择专业维修企业和专业维修人员进行更换。
> ② 在校学生应在老师指导下进行相关作业。

（3）汽车燃油供给系统进行冬季针对性维护，防止供油中断

通过清洗和调整燃料供给系统的供油及喷油组件，防止供油系统因天气寒冷使燃油蒸发雾化困难或结冰（柴油）、混合气不良或供油中断而出现发动机无法起动等现象，以保证车辆在寒冷冬季能够正常使用。

① 清洗汽油机燃料供给系统的燃油箱、滤清器、高压油泵、喷油器、燃油压力调节器和燃油分配管等部件（以TSI汽油发动机为例，图4-10）。

② 手动泵油循环清洗柴油机燃料供给系统的输油泵、高压油泵、喷油器和所有管路（以目前市场上使用越来越多的高压共轨柴油机为例，图4-11的圈中部分）。

③ 调整汽油机的喷油器和燃油分配管及柴油机的喷油泵和喷油器等部件。

④ 有进气预热阀装置的，应调整到"冬"位置。

任务 4　现代汽车的季节维护与保养

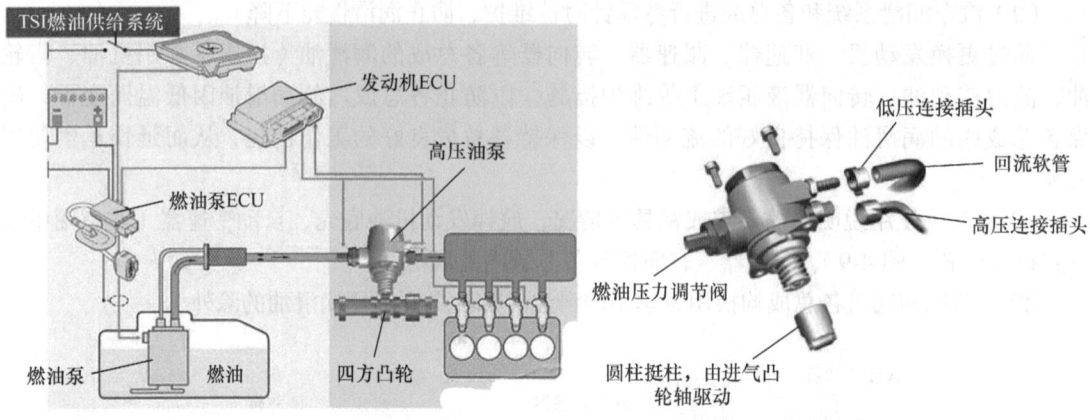

图 4-10　TSI 汽油发动机的油路及油管布置

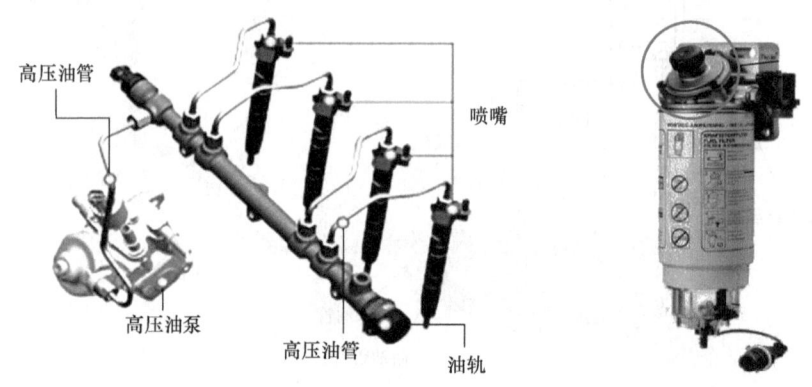

图 4-11　高压共轨柴油发动机的油管及手动泵

> 🔔 **特别注意：**
> ① 进行清洗和调整燃料供给系统的供油及喷油组件等维护作业，具有较高的技术难度和危险性，应选择专业维修企业和专业维修人员进行维护。
> ② 清洗采用高压共轨技术的柴油机或缸内直喷技术的汽油机的燃油箱、输油泵、高压油泵、喷油器和所有管路时，禁止随意拆卸管路接头，以防高压燃油泄漏而引发火灾或击伤身体，应事先进行泄压。
> ③ 冬季应按低于当地季节最低气温 5℃来选择柴油牌号，以免柴油冷凝而出现供油中断。
> ④ 在校学生应在老师指导下进行相关作业。

（4）汽车充电系统进行冬季针对性维护，防止蓄电池充电能力下降

通过适当增大蓄电池电解液密度和发电机充电电流及充电电压，以保证汽车的充电系统在寒冷冬季能够正常工作，防止因天气寒冷使蓄电池活性下降、充电不足，从而出现用电设备无法正常工作等现象。

① 调整蓄电池电解液的密度（适当增大，用密度计进行测量，免维护蓄电池除外，图 4-12）。

② 相应地调整发电机调节器（对振动触点式调节器而言），适当增大充电电流和充电电压，并用万用表进行测量（图4-13）。

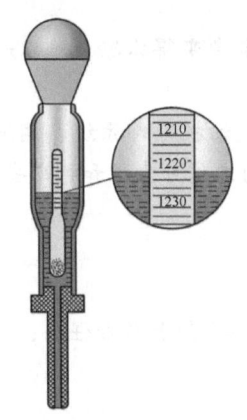

图4-12　测量电解液密度

图4-13　测量发电机端电压

> 🔔 **特别注意：**
> ① 目前乘用车基本上都装用免维护蓄电池，因此无须调整蓄电池电解液密度，但应注意避免随意拆卸蓄电池的正、负极。若非拆不可，则一定要先拆负极，后拆正极，安装顺序正好与此相反，否则极易发生电源短路事故。
> ② 校正发电机调节器的作业具有较高的技术难度，要使用一些专业设备，建议私家车主最好选择专业维修企业和专业维修人员进行调整。
> ③ 在校学生应在老师指导下进行相关作业。

解读和学习工匠精神之四

工匠精神是一种职业精神，它是职业道德、职业能力、职业品质的体现，是从业者的一种职业价值取向和行为表现。"工匠精神"的基本内涵包括敬业、精益、专注、创新等方面的内容。

"工匠精神"除了敬业、精益、专注等精神内涵以外，还包括了追求突破、追求革新的创新内涵。古往今来，热衷于创新和发明的工匠们一直是世界科技进步的重要推动力量。

任务总结

1）汽车季节维护（也称为换季保养）是指在季节转换之前，结合常规维护，附加一些相应的作业项目，使汽车能够顺利适应变化了的运行条件的按需维护。季节维护有换入夏季和换入冬季时的两种典型季节性维护。

2）夏季汽车的使用特点是气缸充气性变差，动力下降；润滑油变稀、变质，润滑性能下降，运动零部件磨损加剧；驾驶员易疲劳、打盹，行车安全下降；雨水增多使车辆打滑易造成车辆受损，甚至发生交通事故。

3)夏季汽车的维护重点是根据夏季车况特点,及时对发动机冷却系统、润滑系统、燃油供给系统、汽油机点火系统和充电系统等进行夏季针对性维护,以确保这些系统的工作可靠性和行车安全。

4)冬季汽车的使用特点是易引发许多故障或事故,如车身变得冰凉,难以起动,车况急剧下降,制动距离变长,行驶打滑,难以操纵等。

5)冬季汽车的维护重点是根据冬季车况特点,及时对发动机冷却系统、润滑系统、燃油供给系统和充电系统进行冬季针对性维护,以确保这些系统的工作可靠性和行车安全。

任务验收

掌握"学习工作页"任务4中的关键理论知识;熟练完成各项维护作业任务;认识大国工匠,学习和弘扬工匠精神。

任务 5
现代汽车的深度维护与保养

现代汽车都是在恒温超静的环境下，按照严格的工艺要求进行装配的。因此在传统的常规维护中，个别总成如燃油分配管、喷油器、机油泵、冷却水泵、空调压缩机、自动变速器阀体、制动主缸、制动轮缸、转向助力泵等总成解体后重新组装原车零部件，其配合间隙根本无法保证。另外，随着电子控制及传感技术在汽车上的广泛应用，解体时极易损坏敏感元件，从而影响汽车的使用性能，特别是对中高档乘用车的影响较大，导致汽车保养后的技术状况恶化，使用寿命缩短。

汽车深度维护是指在突出不解体或仅解体个别无关紧要零部件的前提下，利用专业的产品、设备、技术，在传统保养项目的基础上对车辆进行免拆、快速、全面、彻底的维护，也称为免拆维护、"骨子里"的维护或特色保养，在汽车维修市场上属于按需维护范畴。

> ☞ **提示**：汽车的深度维护目前主要适用于汽车燃油系统、润滑系统、冷却系统、空调系统、自动变速器、制动系统和液压动力转向系统等具有循环流动系统的清洗和补给作业环节。通过深度维护可彻底消除这些系统和总成中的油泥、积炭等积垢，彻底更换工作液，使各系统和总成工作更加顺畅，从而预防故障发生，延长汽车使用寿命。

5.1 汽车发动机燃油系统的深度维护

5.1.1 汽车发动机燃油系统进行深度维护的意义

利用发动机燃油系统免拆清洗机等专业或简易设备，在不拆卸燃油分配管、喷油器、燃油滤清器、各油管接头、节气门体、进气歧管、进气门等供油系统和进气系统各部件的前提下，清除其中的胶质、漆膜和积炭等积垢，从而恢复系统功能，避免因人为拆卸而损坏喷油器等精密零部件，尤其是各接头密封圈，防止因燃油泄漏而发生火灾。

> ☞ **重要提示**：由于燃油品质差异，驾驶不当，行驶中的不断停顿，空气品质不良等因素，使得发动机内部不可避免地形成燃烧积垢，且这些积垢最先都是从喷油器针阀开始产生（喷油器针阀口的直径一般为 0.05mm，相当于人的头发丝那么细）。一旦积垢形成堵塞，就会影响其供油雾化喷射性能，只要 10% 的燃油量受限制，就会导致发动机燃烧不完

全，增加炭的积存量。积炭在发动机内累积到一定程度时，会导致供油不顺畅，使发动机动力下降，加速迟钝、抖动，甚至间歇性熄火，且废气排放及温度升高，驾驶性能也逐渐降低。因此，当汽车行驶到一定里程时，对其燃料系统进行深度维护是必要的。

5.1.2 汽车发动机燃油系统深度维护作业任务实施

1. 汽车发动机燃油系统深度维护的设备与材料准备（表5-1）

表5-1　汽车燃油系统深度维护的相关设备及材料准备

序号	相关仪器设备及材料	备注
1	场地：通风采光好，相互干扰少，车辆进出方便，能够分组实训	各学校可根据具体情况来定
2	车辆：上海通用部分车型	各学校可根据具体情况来定
3	仪器设备：CFC-202发动机燃油系统免拆清洗机、空气压缩机、举升机等	其他仪器设备的选配，各学校可根据具体情况来定
4	工具：进气系统清洗专用工具箱（进气软管、S形尾管、快换接头）、燃油管路清洗专用工具、护目镜、手套等	其他工具的选配，各学校可根据具体情况来定
5	材料：缸内直喷涡轮增压式汽油机（增压式发动机）进气系统清洗液（压力罐）、全效型进气系统清洗液（自然吸气式发动机）、燃油管路清洗剂、抹布等	各运行材料品种及规格的选配，各学校可根据具体情况来定

2. 汽车发动机燃油系统深度维护作业的任务实施

（1）汽车发动机燃油系统深度维护的设备认识

如图5-1所示，元征CFC-202发动机燃油系统免拆清洗机是目前市场上常见的也是许多职业院校常用的汽车燃油系统深度维护设备。该设备配合汽车的定期保养及特别除炭维护，无须拆卸发动机有关总成，只需用接头与发动机供油管及回油管连接，再加固定比例的燃油混合物除炭剂，在发动机正常运转状况下，让清洗剂进入燃油供给系统，在30min内即可溶解喷油器针阀和燃烧室各组件的积炭、油泥、胶质及漆类等污染物，经过循环燃烧分解由汽车排放系统排出，快速恢复汽车的性能，使发动机起动顺畅、急速平稳、加油轻快、增加动力，达到节能环保的功效。

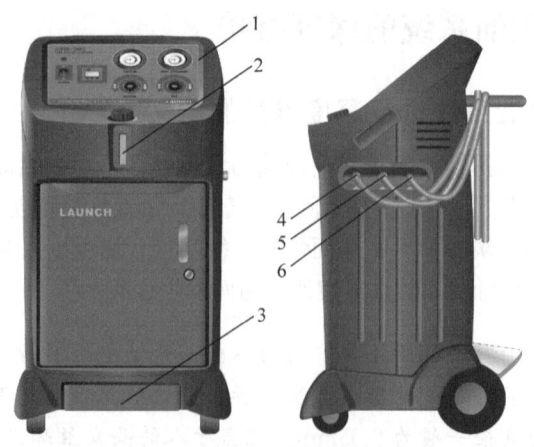

图5-1　发动机燃油系统免拆清洗机外观

1—操作面板　2—储油箱　3—抽屉　4—出油管　5—回油管　6—真空管

1)操作面板认识。

图 5-2 所示为元征 CFC-202 发动机燃油系统免拆清洗机的操作面板,在实施深度维护作业前应事先熟悉并掌握。

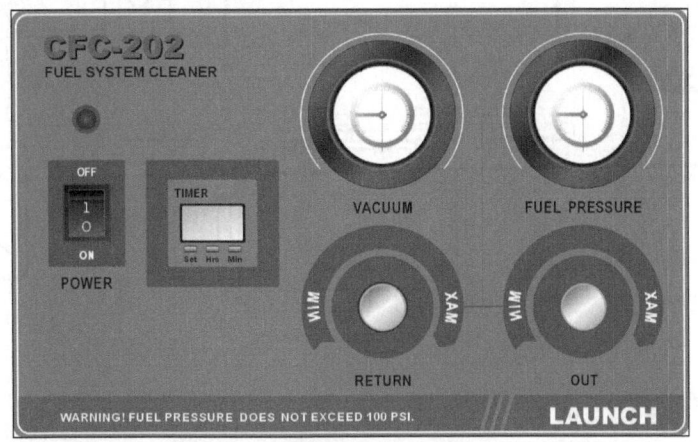

图 5-2 元征 CFC-202 发动机燃油系统免拆清洗机的操作面板

2)操作面板功能认识。

表 5-2 所列为元征 CFC-202 发动机燃油系统免拆清洗机的操作面板功能一览表,在实施深度维护作业前应事先熟悉并掌握。

表 5-2 元征 CFC-202 发动机燃油系统免拆清洗机的操作面板功能一览表

英文名称	中文名称	功　　能
TIMER	定时器	控制清洗时间与报警
POWER (ON/OFF)	按钮开关(开/关)	起动和关闭电泵
FUEL PRESSURE	油压表	油压显示
VACUUM	真空表	显示真空度
RETURN	回油路控制阀	从回油管控制油路的压力,顺时针压力增加,逆时针压力减小
OUT	出油路控制阀	从出油管控制油路压力,顺时针压力增加,逆时针压力减小

(2)汽车发动机燃油系统深度维护的作业流程

1)管路连接。以电喷发动机为例,如图 5-3 所示。

2)汽油喷射发动机的清洗作业。

① 判别服务车种是电控燃油喷射还是机械式燃油喷射,并确定其缸数。

② 清洗前打开汽车油箱盖,释放油箱内的压力。

③ 将红色出油管插到清洗机的 PRESSURE 处,蓝色回油管插到清洗机的 RETURN 处。

④ 查找发动机的回油管并拆下,用合适的接头将回油端与清洗机的蓝色回油管连接。

⑤ 逆时针打开回油针阀,起动发动机,将回油引导至清洗机的储油桶内,并接近相应的油位,然后关掉发动机。加入适量的免拆清洗液(清洗剂用量见表 5-3),保证:4缸发动机,油位达到 4CYL 刻度;6缸发动机,油位达到 6CYL 处;8缸发动机,油位达到 8CYL 处。若发动机没有回油管,则不必接回油装置,但储油桶内的汽油要按发动机标准添加到刻度处。

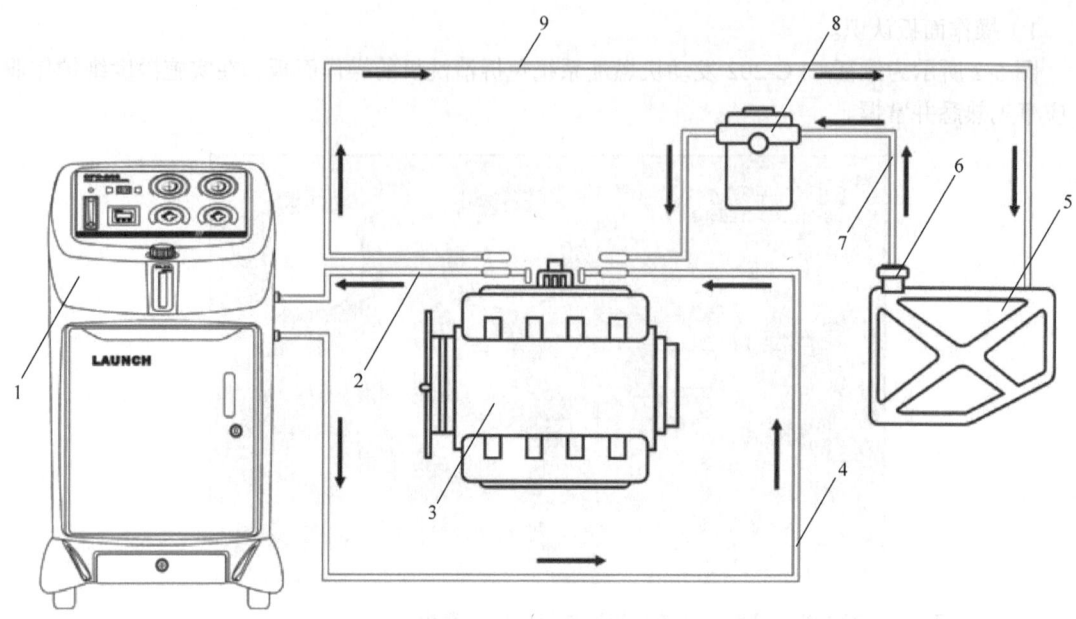

图 5-3　燃油系统清洗管路连接

1—CFC-202 清洗机　2—清洗回油管　3—发动机　4—清洗出油管　5—油箱　6—燃油泵
7—发动机出油管　8—滤清器　9—发动机回油管

表 5-3　清洗剂用量

车　别	4 缸	6 缸	8 缸
清洗剂用量	0.5 瓶	0.75 瓶	1 瓶

⑥ 将发动机的进油管从其与发动机的连接点（或入口处）拆下，选用合适的接头，将清洗机的红色出油管（PRESSURE）连接到发动机的进油管的连接点（或入口处）。

⑦ 选用合适的接管将断开的另一端发动机进油管与回油管连接起来，或将发动机燃油泵熔丝拔下，或将发动机燃油泵电源线断开。

> 🔔 **特别注意**：如果发动机没有回油管，则应将断开的另一端进油管堵住，以免燃油泄漏而发生火灾。

⑧ 当清洗管路已全部接好，进行发动机清洗时，应由 CFC-202 燃油系统免拆清洗机的供油取代原汽油箱的供油。

⑨ 将 RETURN 和 OUT 两个针阀都逆时针旋到最大。

⑩ 将电源线接在电池上，红色接正极，黑色接负极。

⑪ 将定时器（TIMER）设定到所需清洗时间（表 5-4）。

表 5-4　清洗各种发动机时间　　　　　　　　　　　　　　　　　　　　　　（单位：min）

车别	4 缸	6 缸	8 缸	车别	4 缸	6 缸	8 缸
汽油车	25	30	40	柴油车		30	40

⑫ 将按钮开关（POWER）按下至（ON）处，设备开始工作，此时检查管路及各接头处是否漏油、渗油，如有渗漏，立即切断电源，修复好后方可继续工作。

⑬ 逐渐顺时针调节 OUT 调压针阀使油压表指示压力上升至有一个微小的摆动并稳定为止。此时发动机油压调节器打开，再继续将 OUT 针阀沿顺时针调小一定角度。若发动机没有油压调节器，则将压力调整到发动机工作压力即可。

⑭ 起动发动机，使其处于怠速状态。缓慢地调节回油路（RETURN）针阀，直至油压多增加 10psi（1psi=6.89kPa）为止，以便有更多的清洗液进入发动机燃烧室，使积炭得到充分的分解和软化，并被燃烧。

⑮ 当定时器（TIMER）指到零时，蜂鸣器会鸣响，提醒发动机清洗完毕，将按钮开关按至（OFF），将 OUT 针阀逆时针打开一定角度，燃油压力会很快下降为零。然后汽车会自动熄火，此时将汽车点火开关关闭。

⑯ 拆除与发动机连接的接头、接管，照原样接好发动机的进、回油管，起动发动机并适当加速，检查各接口处及管路是否渗、漏油。

⑰ 清理现场，整理好清洗机，以备后用。

3）柴油机的清洗作业。

> ⚠ **特别注意**：在清洗柴油机时，切勿使柴油和清洗剂的混合液完全耗尽，混合液使用完前一定要关闭发动机，以免损坏高压油泵。

① 判别服务车种为柴油机，并确定其气缸数。
② 将红色出油管接到清洗机的 PRESSURE 处，蓝色回油管接到清洗机的 RETURN 处。
③ 确定回油路 RETURN 针阀、OUT 针阀处于逆时针的最大开启状态。
④ 将通往燃油系统高压泵的油管断开。
⑤ 将本机红色出油管接到发动机燃油系统高压泵的进油管接口处。
⑥ 把蓝色回油管接到发动机高压泵或喷油器上的回油接口处。
⑦ 将电源线接在电池上，红色接正极，黑色接负极。
⑧ 在设备的储油桶内加入适量的清洗混合液和柴油。参考清洗混合液加注方法，清洗剂用量见表 5-3。
⑨ 将定时器（TIMER）设置到所需清洗时间。按钮开关按至（ON）处，清洗机开始工作，此时检查一下各个连接部位有无渗漏现象，并观察油压表（FUEL PRESSURE）上的数值，如指针指到 20psi 左右，即可清洗，低于该数值，则需缓慢地将 OUT 针阀顺时针调节，直到油压表的数值增加到 20psi 为止。清洗时，压力不能超过 20psi，超过此压力，会损伤喷油系统。清洗发动机时间见表 5-4。
⑩ 起动发动机使其怠速运转，直到发动机运转平稳为止，再将转速增加到 1 200r/min，清洗时保持该转速。
⑪ 在清洗混合液将要用完时，先关闭发动机，再关闭清洗机。将 OUT 针阀逆时针调节，使管路泄压。
⑫ 拆除与发动机相连的接头、接管，照原样接好发动机的进、回油管，起动发动机并适当加速，检查各接口处及管路是否渗、漏油。
⑬ 清洗发动机后，若原有滤清器使用时间过长，请将旧的滤清器更换，并将油杯中的杂质

任务5 现代汽车的深度维护与保养

清洗干净。

（3）清洗设备使用注意事项

1）安全注意事项。

① 在使用本设备之前，请仔细阅读使用说明书，以便正确操作。

② 操作时，必须先接通设备上的12V电源，再拆下汽车的油路管道，以免打火引发火灾。

③ 本设备所选用的清洗剂是易燃、易挥发液体，在清洗过程中严禁烟火。

④ 不可吸入由清洗机和发动机散发出的清洗液雾气。

⑤ 设备应放在无阳光直射且通风良好的房间内，并张贴"严禁烟火"和"易燃品危险警告"标志，需有灭火器等消防设备。

⑥ 汽车尾气中含有多种有毒有害气体（如一氧化碳，碳氢化合物，氮氧化物等），清洗时要将其引到室外并保持室内通风良好。

⑦ 汽车发动机排气管和散热器等部件温度较高，勿碰，以防灼伤。

⑧ 操作时要拉好驻车制动器，并将变速器置于停车档或空档，同时挡好前轮。

⑨ 操作时要戴好防护眼镜。

⑩ 断开有压力的燃油管路接头时要用毛巾捂住接头，避免燃油泄漏到发动机体或其他零件上，以防引起火灾。

⑪ 如清洗剂溅出和渗漏到发动机或设备上，应立刻清除干净，以防发生意外。

⑫ 在设备的储油桶内没有清洗混合液的情况下，不能启动本设备。

⑬ 清洗操作前，要打开汽车的油箱盖。

⑭ 使用本设备时，不能让压力超过设备的额定值，否则会损伤设备，也容易造成人员伤害。

2）设备储油箱中清洗混合液的加注方法。

① 查找发动机燃油系统的回油管并拆下，如图5-4所示。

② 选择合适的接头将蓝色回油管接到发动机的燃油回路上。

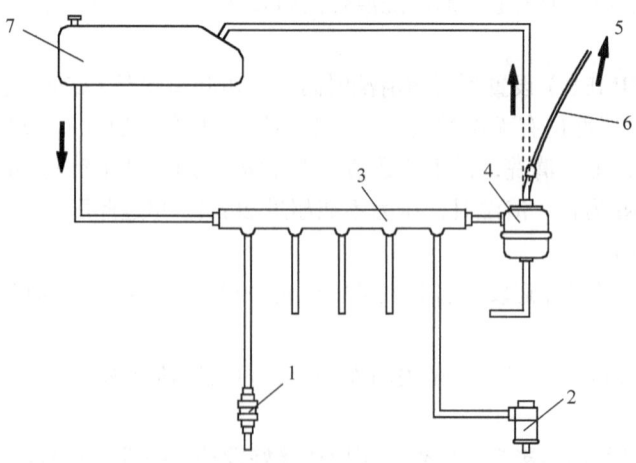

图5-4 储油箱引油管路连接图

1—喷油器喷嘴 2—冷起动喷油器 3—分流管 4—压力调节阀 5—连接清洗机 6—回油管 7—油箱

③ 起动发动机,将回油引导至清洗机的储油箱内,直至所需油量,如 4 缸发动机,油位达到 4CYL 刻度;6 缸发动机,油位达到 6CYL 处;8 缸发动机,油位达到 8CYL 处。

④ 关闭发动机,倒入定量清洗剂。

> ⚠ 注意:不便采用上述加注方法时,也可直接将汽油或柴油倒入清洗机的储油箱内,再加定量清洗剂。

5.2 汽车发动机润滑系统的深度维护

5.2.1 汽车发动机润滑系统进行深度维护的意义

利用润滑系统免拆清洗机等专业或简易设备,在不拆卸润滑管路、接头及各油道的前提下,能够彻底清除润滑油路及摩擦表面的焦油、油漆、金属屑等微粒,从而恢复发动机润滑系统的润滑、清洁、冷却、密封、防腐和降噪等功能,避免因人为拆卸而损坏系统部件,延长发动机的使用寿命。

> ☞ **重要提示**:发动机内的机油滤清器只能过滤直径 25μm 以上的微粒子,而发动机内的焦油、油漆、金属屑等直径小于 25μm 的微粒,则继续流滞、集聚在发动机内的各机油管路、机油泵和油底壳中。一般人工更换机油不能彻底清除这些微粒,从而造成发动机润滑系统的污染,严重影响机油品质和发动机的性能。因此,当汽车行驶到一定里程时,对其润滑系统进行深度维护是必要的。

5.2.2 汽车发动机润滑系统深度维护作业任务实施

1. 汽车发动机润滑系统深度维护的设备与材料准备

汽车润滑系统深度维护的相关设备及材料准备见表 5-5。

表 5-5 汽车润滑系统深度维护的相关设备及材料准备

序号	相关仪器设备及材料	备 注
1	场地:通风采光好,相互干扰少,车辆进出方便,能够分组实训	各学校可根据具体情况来定
2	车辆:上海通用部分车型	各学校可根据具体情况来定
3	仪器设备:CLC-201 发动机润滑系统免拆清洗机、废旧机油收集装置、举升机等	其他仪器设备的选配,各学校可根据具体情况来定
4	工具:通用工具、机油滤清器专用工具、护目镜、手套等	其他工具的选配,各学校可根据具体情况来定
5	材料:Part No.93736544 发动机机油清洗剂、增效活化剂、润滑油、抹布等	各运行材料品种及规格的选配,各学校可根据具体情况来定

2. 汽车发动机润滑系统深度维护作业的任务实施

(1)汽车发动机润滑系统深度维护的设备认识

如图 5-5 所示,元征 CLC-201 发动机润滑系统免拆清洗机是目前市场上常见的也是许多职业院校常用的汽车润滑系统深度维护设备。该设备配合汽车定期更换机油的保养作业，无须拆卸发动机有关零部件及总成，只需用接头与发动机机油滤清器和油底壳螺孔连接，利用空气动力，在发动机静态时进行清洗。只要清洗15min，发动机润滑系统的油泥、积炭和杂质就会一并清除，清洗后可以恢复发动机的功率，减少磨损以及降低有害气体的排放，并延长发动机的使用寿命。

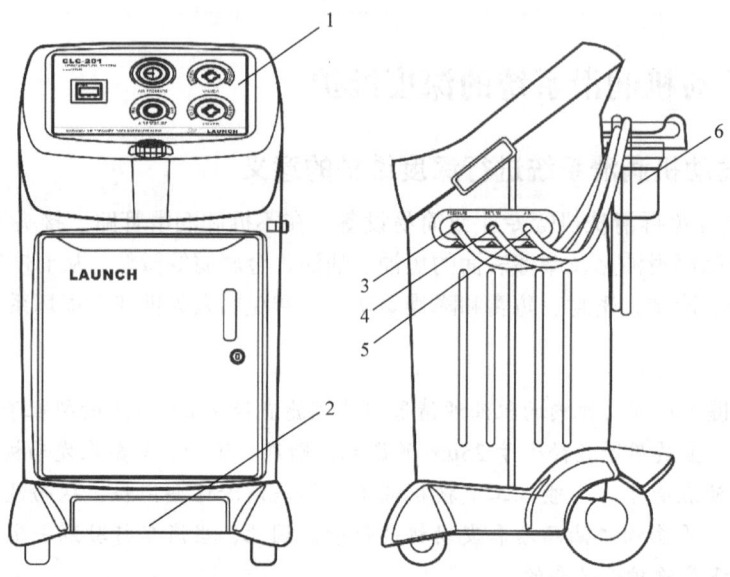

图 5-5　CLC-201 发动机润滑系统免拆清洗机外观

1—操作面板　2—抽屉　3—出油管　4—回油管　5—进气口　6—滤清器

1）操作面板认识。

图 5-6 所示为元征 CLC-201 发动机润滑系统免拆清洗机的操作面板，在实施深度维护作业前应事先熟悉并掌握。

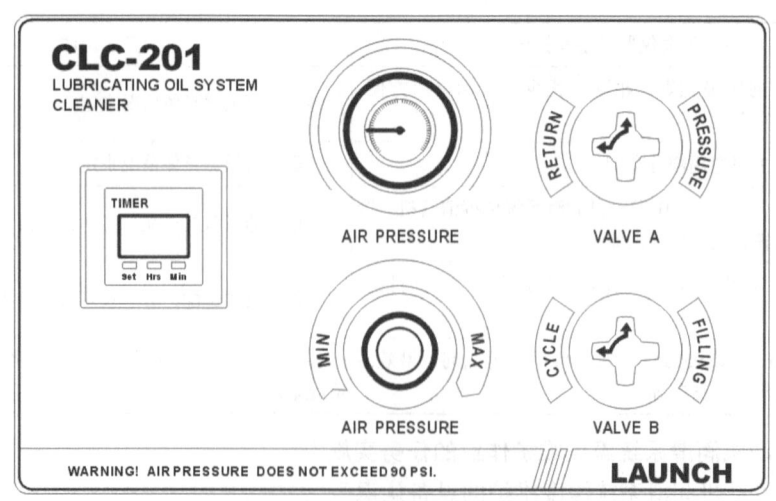

图 5-6　元征 CLC-201 发动机润滑系统免拆清洗机的操作面板

2）操作面板功能认识。

表 5-6 所列为元征 CLC-201 发动机润滑系统免拆清洗机的操作面板功能一览表，在实施深度维护作业前，应事先熟悉并掌握。

表 5-6 元征 CLC-201 发动机润滑系统免拆清洗机的操作面板功能一览表

英文名称	中文名称	功　　能
TIMER	定时器	可以控制清洗时间
AIR PRESSURE	压力表	压力显示
AIR PRESSURE（MIN/MAX）	气压调节阀（小/大）	调整气压大小
VALVE A (RETURN/PRESSURE)	转换阀 A（回收/加压）	回收和加压
VALVE B (FILLING/CYCLE)	转换阀 B（加注/循环）	注入和循环

（2）汽车发动机润滑系统深度维护的作业流程

1）设备准备。

① 打开清洗机前门，将整桶清洗液放入清洗机内，把清洗机内的两根软油管插入桶内。

② 接上压缩空气。

> 🔔 **注意**：压缩空气的压力一般为 600~800kPa，即 80~125psi 为宜，否则易损坏设备并容易引起系统泄漏，从而引发安全事故。

③ 将白色滤芯放入透明滤芯壳内，并将透明滤芯壳旋紧。

> 🔔 **注意**：千万不要忘记安装 O 型密封圈，否则会引起系统泄漏，从而引发安全事故。

④ 将蓝色油管接到本机的回油管接头（RETURN，图 5-6）上，将红色油管接到本机的出油管接头（PRESSURE，图 5-6）上。

2）设备连接。

① 确认待清洗的车辆处于熄火、制动状态。

② 拆下发动机油底壳放油螺塞，放掉发动机内部的旧机油。

> ☞ **重要提示**：发动机润滑系统的深度维护，应结合更换机油作业一并进行，可省时、省力，且深度维护效果更好。

③ 从工具盒中找出合适的接头代替油底壳放油螺塞，将接头拧进油底壳放油螺孔中，将蓝色回油管与油底壳接头连接。

④ 拆下机油滤清器，选择合适的接头和 O 形密封圈，代替机油滤清器，拧至机油滤芯座上（图 5-7），将红色出油管与其连接。

⑤ 检查红色油管及蓝色油管连接是否正确，确认接好后方可进行清洗。

⑥ 加注清洗液。

如图 5-6 所示，将转换阀 A（VALVE A）旋至出油（PRESSURE）位置，将转换阀 B（VALVE B）旋至加注（FILLING）位置，将定时器（TIMER）设置 2min，将气压调节阀（AIR PRES-

SURE）顺时针调节至压力表指针指到 70psi 位置；开始加注清洗剂，直到蜂鸣器发出"嘀"的叫声，结束加注清洗剂，此时可进入循环清洗。

> 🔔 **特别注意**：顺便检查各接头是否漏气漏液，若有泄漏则将气阀（AIR PRESSURE）旋至"MIN"位置，机器停止一切动作，待泄漏排除后，再重新工作。

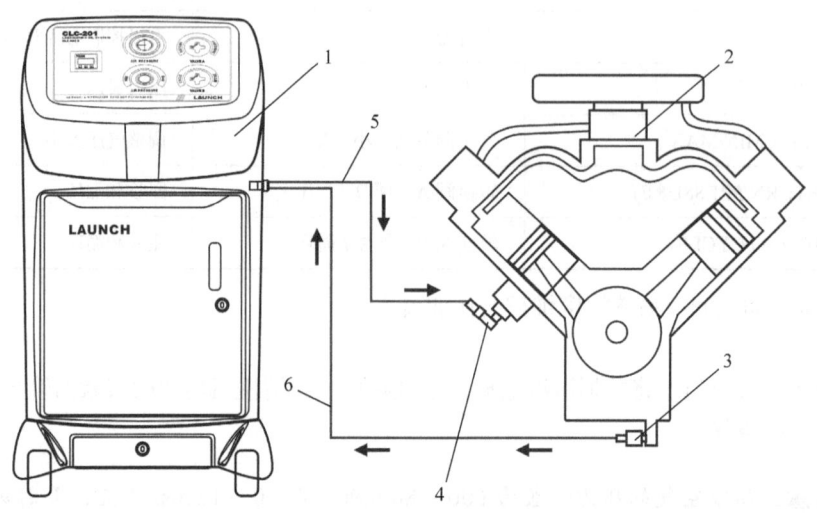

图 5-7　油路连接及清洗原理示意图

1—CLC-201 清洗机　2—发动机　3—油底壳孔　4—机油滤芯座　5—清洗出油管　6—清洗回油管

3）清洗操作。

① 循环清洗：转换阀 A（VALVE A）仍在出油（PRESSURE）位置，转换阀 B（VALVE B）旋至循环（CYCLE）位置，将定时器（TIMER）设置 5min，压力表指针仍在 70psi 位置；开始循环清洗，直到蜂鸣器发出"嘀"的叫声后，将气压调节阀（AIR PRESSURE）旋至"MIN"位置，结束循环清洗，进入浸泡过程。

② 浸泡：转换阀 A（VALVE A）仍在出油（PRESSURE）位置，转换阀 B（VALVE B）仍在循环（CYCLE）位置，气压调节阀（AIR PRESSURE）旋至"MIN"位置，将定时器（TIMER）设置 2min，开始浸泡，直到蜂鸣器发出"嘀"的叫声，结束浸泡进入再循环清洗过程。

③ 再循环清洗，操作与步骤①相同。

④ 回抽清洗液：将转换阀 A（VALVE A）旋至回油（RETURN）位置，转换阀 B（VALVE B）仍在循环（CYCLE）位置，将定时器（TIMER）设置 2min，将气压调节阀（AIR PRESSURE）调大些，压力表指针指到 80psi 位置；开始回抽清洗液，直到蜂鸣器发出"嘀"的叫声，将气压调节阀（AIR PRESSURE）旋至"MIN"位置，结束回抽，完成清洗。

> 👉 **提示**：如清洗液未抽完时，可适当延长回抽清洗液的时间。

⑤ 将蓝色和红色油管、接头螺塞拆下，将原油底壳放油螺塞拧紧，更换新的机油滤清器。

⑥ 确认油底壳放油螺塞及新机油滤清器已拧紧，将新的机油加入后起动发动机运转 1min 左右，关闭发动机，用机油尺测量检查机油量是否足够，不足时再补加机油。

5.3 汽车发动机冷却系统的深度维护

5.3.1 汽车发动机冷却系统进行深度维护的意义

利用发动机冷却系统免拆清洗机等专业或简易设备，在不拆卸散热器、膨胀罐、冷却水套及各管路和接头的前提下，能够迅速、彻底地清除冷却系统中的水垢、铁锈等积垢，从而恢复系统功能，避免因人为拆卸而损坏系统部件，延长发动机使用寿命。

> ☞ **重要提示**：目前大部分汽车发动机冷却液采用水与乙二醇按一定比例混合成的溶液，主要突出防冻效果。此类冷却液容易与金属部件发生电离反应，加上散热器中形成的水垢、水锈和胶质等杂质会严重腐蚀散热器，造成散热器漏水。另外汽车经过长期使用后，即使正常保养发动机，其内部依然会形成水垢、水锈和胶质等杂质，这些杂质难以清除且越积越厚，阻碍冷却液的循环流动，导致散热能力下降，发动机过热，进而损害发动机。因此，当汽车行驶到一定里程时，对其冷却系统进行深度维护是必要的。

5.3.2 汽车发动机冷却系统深度维护作业任务实施

1. 汽车发动机冷却系统深度维护的设备与材料准备（表 5-7）

表 5-7　汽车发动机冷却系统深度维护的相关设备及材料准备

序号	相关仪器设备及材料	备注
1	场地：通风采光好，相互干扰少，车辆进出方便，能够分组实训	各学校可根据具体情况来定
2	车辆：上海通用部分车型	各学校可根据具体情况来定
3	仪器设备：CCC-201 发动机冷却系统清洗机、废旧冷却液收集装置、举升机等	其他仪器设备的选配，各学校可根据具体情况来定
4	工具：通用工具、护目镜、手套等	其他工具的选配，各学校可根据具体情况来定
5	材料：WAA4701 冷却系统通用型清洗剂、WA19201 冷却系统止漏保护剂、冷却液、抹布等	各运行材料品种及规格的选配，各学校可根据具体情况来定

2. 汽车发动机冷却系统深度维护作业的任务实施

（1）汽车发动机冷却系统深度维护的设备认识

如图 5-8 所示，元征 CCC-201 发动机冷却系统免拆清洗机是目前市场上常见的也是许多职业院校常用的汽车冷却系统深度维护设备。该设备利用轻微的液压冲击原理，配合汽车发动机的冷却液定期更换保养作业，清除发动机冷却系统中的水垢、铁锈及其他腐蚀性物质等积垢，恢复发动机冷却系统的工作性能，延长发动机的使用寿命。

1）操作面板认识。

图 5-9 所示为元征 CCC-201 发动机冷却系统免拆清洗机的操作面板，在实施深度维护作业前应事先熟悉并掌握。

2）操作面板功能认识。

表 5-8 所示为元征 CCC-201 发动机冷却系统免拆清洗机的操作面板功能一览表，在实施深度维护作业前应事先熟悉并掌握。

任务 5　现代汽车的深度维护与保养

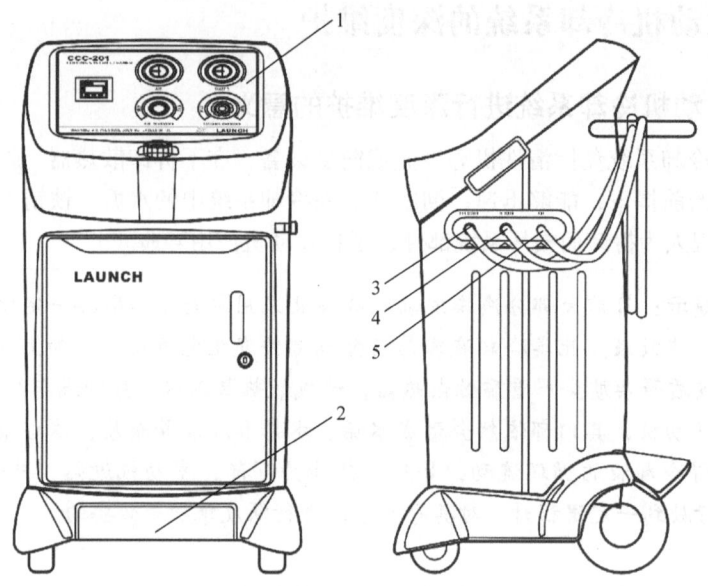

图 5-8　元征 CCC-201 发动机冷却系统清洗机

1—操作面板　2—抽屉　3—出水管　4—回水管　5—进气口

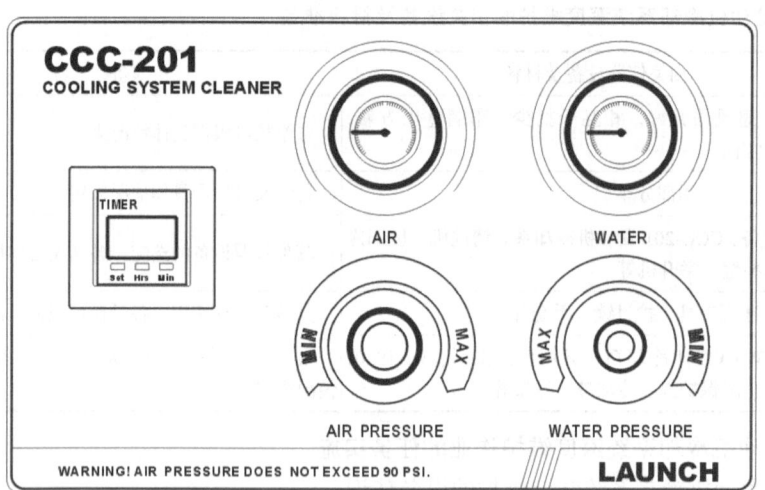

图 5-9　元征 CCC-201 发动机冷却系统免拆清洗机操作面板

表 5-8　元征 CCC-201 发动机冷却系统免拆清洗机的操作面板功能一览表

英文名称	中文名称	功　能
TIMER	定时器	控制操作时间
AIR	气压表	测量气压
WATER	水压表	测量水压
AIR PRESSURE (MIN/MAX)	气压调节阀	调节气压大小
WATER PRESSURE (MIN/MAX)	水压调节阀	调节水压大小

（2）汽车发动机冷却系统深度维护的作业流程

1）设备准备。

① 关闭发动机，待散热器中的冷却液温度降到不烫时，方可进行清洗，以免操作时被烫伤。

② 将汽车散热器的膨胀罐盖打开。

③ 找出发动机连接暖风的加热水管，将水管拆下，找一合适的三通接头接上。

④ 将 CCC-201 发动机冷却系统清洗机的出水管（PRESSURE）接到三通接头上。

⑤ 将回水管（RETURN）的另一端从散热器的膨胀罐加水口插入水中，如图 5-10 所示。

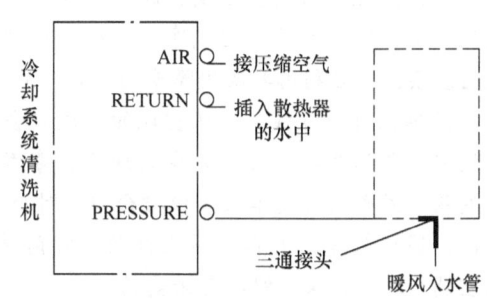

图 5-10　设备连接示意图

2）清洗准备。

① 将清洗液倒入散热器的膨胀罐中。

② 将散热器的膨胀罐中的水加满。

③ 将压缩空气管接到清洗机的气管接头（AIR）上。

④ 将水压调节阀（WATER）顺时针旋到"MIN"。

⑤ 打开汽车暖风机开关。

3）清洗操作。

① 循环清洗。将气压调节阀（AIR PRESSURE）的旋钮拉起，并顺时针转至气压表（AIR）指针指示为 20psi，按下旋钮使清洗机开始对发动机冷却系统进行循环清洗。在定时器上设置清洗时间为 5min。

② 冲击清洗。当循环清洗进行了 5min 后便可进行冲击清洗。将水压调节阀（WATER）旋钮逆时针旋转至水压表（WATER）指示到 20psi 为止，不要超过 20psi。当清洗的是比较旧的车辆时，冲洗压力应适当减小，冲洗时间可在定时器上设置为 5min。

③ 再循环清洗。将水压调节阀（WATER）旋钮顺时针旋转到"MIN"，再循环清洗 5min 即可。然后打开发动机放水开关，放掉所有冷却水。

4）更换冷却液。

① 向散热器的膨胀罐中加满干净的自来水，同时将水压调节阀（WATER）逆时针打开，使水压控制在 15psi，循环冲洗 2min 后，将水放掉。

② 复原冷却系统管路。

③ 将冷却系统加满水，发动机运转 10min，再将水放掉。

④ 将冷却系统加满冷却液，更换冷却液便可完成。

5.4　汽车空调系统的深度维护

5.4.1　汽车空调系统进行深度维护的意义

利用汽车空调系统免拆清洗机等专业或简易设备以及空调系统清洁、除菌、除味等专业养护产品，在不拆卸冷凝器、蒸发器、压缩机、储液干燥器和膨胀阀以及各管路和接头的前提下，按一定的施工工艺流程，能够迅速、彻底地清除蒸发器上的水垢、灰尘、污物等杂质，防止蒸发器箱体及叶片被腐蚀、堵塞和泄漏,以保证制冷系统良好的工作性能;同时也可去除车内及空调风管中的细菌及异味,以保证车内空气的温度、湿度和新鲜度处于良好、舒适的状态;可避免因人为拆卸而损坏系统部件,从而延长汽车空调系统的使用寿命。

> ☞ **重要提示**:汽车空调是通过人为的方式在车内创造一个对人体适宜的气候环境,即对车内空气的温度、湿度、新鲜度以及流动速度进行人工调节的装置。汽车空调主要由暖风系统、制冷系统、空气净化系统和控制系统等部分组成。其中,制冷系统的工作原理较为复杂,而且利用率及故障率均较高,应注意养护。
>
> 汽车在行驶过程中,从空调的进风口会吸入大量灰尘,这些灰尘吸附在蒸发箱及空调系统内,久而久之会滋生大量的细菌、霉菌、螨虫等;尤其是进行热交换的主要部件——蒸发箱,因布置在汽车仪表中控台内(对绝大多数乘用车而言),位置比较隐蔽,工作环境封闭,通风较差,更容易滋生细菌、霉菌等有害物质。因此,当汽车行驶到一定里程时,对空调系统进行深度维护是必要的。

5.4.2 汽车空调系统深度维护作业任务实施

1. 汽车空调系统深度维护的设备与材料准备

汽车空调系统深度维护的相关设备及材料准备见表 5-9。

表 5-9 汽车空调系统深度维护的相关设备及材料准备

序号	相关仪器设备及材料	备注
1	场地:通风采光好,相互干扰少,车辆进出方便,能够分组实训	各学校可根据具体情况来定
2	车辆:上海通用部分车型	各学校可根据具体情况来定
3	仪器设备:空气压缩机、废旧制冷剂回收装置、举升机等	其他仪器设备的选配,各学校可根据具体情况来定
4	工具:通用工具、专用管路接头、气枪、KT1000 空调增效及降噪保养工具、红外线温度计、护目镜、手套等	其他工具的选配,各学校可根据具体情况来定
5	材料:上海通用汽车空调系统专用养护套装(PN 93736042)、空调系统内循环超声波杀菌除臭剂、空调系统外循环油基杀菌除臭剂等	各运行材料品种及规格的选配,各学校可根据具体情况来定

2. 汽车空调系统深度维护作业的任务实施

(1)汽车空调系统深度维护的设备及产品认识

目前市场上有可视化多功能汽车空调蒸发箱免拆管道清洗机(图 5-11)、全自动冷媒回收加注清洗机、汽车空调管路循环免拆清洗机、制冷系统管路免拆维修清洗器等专业设备,还有汽车空调系统专用养护套装、空调系统内循环超声波杀菌除臭剂、空调系统外循环油基杀菌除臭剂等专业养护产品(图 5-12)和可视空调清洗枪等简易工具(图 5-13)。

由于汽车空调系统专业养护设备结构复杂、操

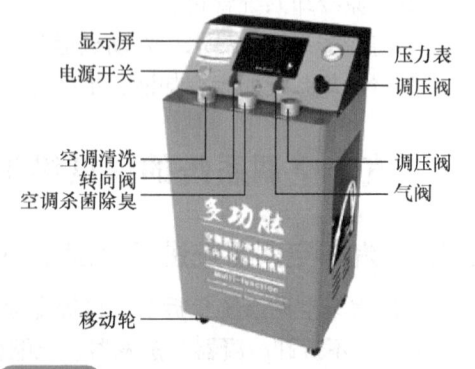

图 5-11 可视化汽车空调蒸发箱清洗机

作难度大、价格高、利用率低等因素,很少被汽车维修企业采用。目前,大多数汽车维修企业及维修人员选择使用汽车空调系统专业养护产品和一些简易工具,对汽车空调系统进行深度维护作业。因此,这里着重介绍汽车空调系统的无设备深度维护作业流程。

图 5-12　汽车空调专业养护产品

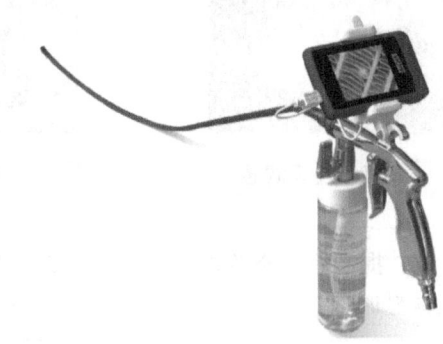

图 5-13　可视空调清洗枪

（2）汽车空调系统深度维护的作业流程

1）蒸发箱泡沫清洗。

① 清洗准备。

a. 准备好清洗套装,即蒸发器清洗剂(大瓶产品)及所附专用管路接头(或清洗枪,图 5-14)。

b. 清洗之前利用空调开关检查空调系统工作是否正常,仪表板显示是否正常(图 5-15)。

图 5-14　清洗枪

图 5-15　汽车空调控制开关

② 泡沫清洗。

a. 将空调滤清器密封盖拉出,然后将空调滤芯取出(车型不同,位置有所不同,图 5-16)。

> 提示：放置空调滤清器的地方有一个通风口通向蒸发箱,可用手伸进去找到该通风口。

b. 将蒸发器清洗剂所附专用管路接头(图 5-17)或清洗枪,从通风口处伸入蒸发箱直到能够清晰地看到蒸发箱。

c. 将清洗剂喷洒到蒸发箱上形成一层泡沫,用清洗剂对蒸发箱进行泡沫冲洗(图 5-18)。

d. 用压缩空气吹干蒸发箱上清洗剂泡沫分解污垢后的杂质及水分,完成蒸发箱的清洗作业。

  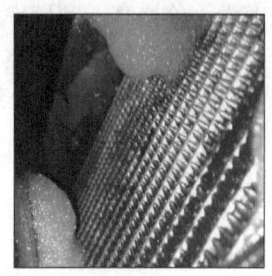

图 5-16　取出空调滤芯　　图 5-17　清洗剂及专用接头　　图 5-18　喷洒清洗剂

> ☞ 提示：整个施工过程用时在 20~30min，根据不同车型，时间略有偏差，应注意产品及车型说明。

③ 泡沫清洗注意事项。

a. 清洗蒸发箱时，蒸发箱内的泡沫应完全液化，待液化的水完全从排水孔中流出后，方可进行下一步杀菌及除味操作，液化时间在 5~10min。

b. 如果清洗剂在蒸发箱中未被完全液化，则在开启空调后，部分泡沫会通过空调出风口被吹到车厢内，致使泡沫液体气味弥漫于整个车厢内。

2）车内、空调风管除菌除味。

① 除菌除味准备。

a. 准备好清洗套装，即除菌除味剂（小瓶产品）及所附专用管路接头（或清洗枪）。

b. 除菌除味之前先检查空调系统工作是否正常，仪表板是否显示正常。

② 除菌除味。

a. 用泡沫清洗蒸发箱（施工工艺与任务 1 相同），清除细菌和霉菌生长的环境。

b. 将除菌除味剂喷到蒸发箱上，抑制细菌的生长和繁殖，让前期清洗效果保持更久。

c. 开启暖风除雾（对别克英朗而言，即开启外循环模式，其他车型内外循环开关的设置及开启方式有所不同，应注意区别对待，图 5-19），且处于最大风量，先对空调通风循环处进行烘干（直到出风口无雾气吹出为止），以提高除菌除味的效果。

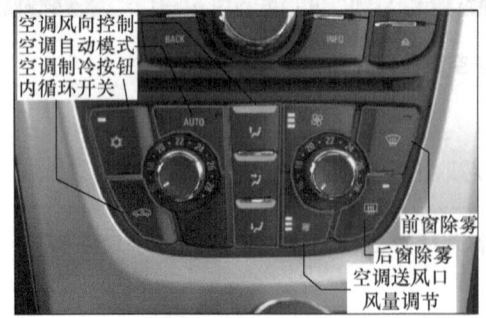 

图 5-19　开启暖风除雾

> ☞ 特别提示：进行空调系统及管路除菌除味操作，操作顺序不可颠倒，即先清洗后杀菌。

③ 车内、空调风管除菌除味注意事项。

a. 在进行除菌除味的操作过程中，一定要先拆卸出车内的空调滤清器。如果未拆下空调滤清器，除菌除味剂会吸附在空调滤清器中，不仅达不到杀菌除味的目的，还会导致用户开启汽车空调时有一股浓烈的薄荷香味（对人体无害）。由于驾乘人员的喜好程度不同，部分用户可能无法接受这种气味。

b. 部分上海通用车型在进行除菌除味操作过程中，还需要将车辆空调滤清器盖板装回原位，以防止气流从汽车空调滤清器处涌出。

c. 除菌除味操作结束后，不要立刻装上空调滤清器。车辆应继续处于怠速状态、空调开至外循环最大风量，摇下车窗玻璃，等待 5min 左右，将浓烈的薄荷香味散去后再安装空调滤清器，在车厢内仅保持淡淡的薄荷清香即可。

d. 在进行除菌除味操作前，应用力摇匀产品，以免影响液体雾化效果。

5.5 汽车自动变速器的深度维护

5.5.1 汽车自动变速器进行深度维护的意义

利用 ATF 更换机，在不拆卸阀体、油管和油底壳等部件的前提下，实现彻底换油，而且利用设备特有的流速、压力，能够完全清除自动变速器内的油泥、积炭，使自动变速器长期保持最佳的工作状态，可避免因人为拆卸而损坏变速器油道、密封垫等部件，从而延长自动变速器的使用寿命。

> ☞ **重要提示**：自动变速器工作性能的好坏与使用寿命的长短主要取决于自动变速器油（ATF）的品质，若油品质量变差，则极易出现磨损，影响系统油压，降低动力传递效率，使自动变速器提速慢或失速，甚至会导致"烧片"，严重影响部件的使用寿命。人工换油无法全部换掉各阀体内的 ATF，每次只能换掉一半左右的 ATF。

5.5.2 汽车自动变速器进行深度维护的关键知识储备

1. 汽车自动变速器的结构类型

自动变速器与手动变速器在功能上相比，具有可以实现自动换档、换档舒适性好、操作简单等优点。目前汽车上所装配的自动变速器的结构类型主要有电控液力自动变速器（EAT）、无级变速器（CVT）和双离合自动变速器（DCT，大众车系所用双离合自动变速器的英文简称为 DSG）三种。

（1）电控液力自动变速器

如图 5-20 所示，电控液力自动变速器的工作原理是通过车速、节气门等传感器以及档位开关监测汽车和发动机的运行状态，接收驾驶人的指令，并将所获得的信息转换成电信号输入到电控单元。电控单元根据这些信号，通过电磁阀控制液压控制装置的换档阀，使其打开或关闭通往换档离合器和制动器的油路，从而控制换档时刻和档位的变换，实现自动变速。

（2）无级变速器

如图 5-21 所示，CVT 实现自动变速的核心部分是由两个锥轮和一条钢带组成的带传动机构。在工作状态下，变速器通过改变锥轮的 V 形槽间距来改变钢带传动工作直径，最终实现无穷多个传动比的变化，从而实现连续的、无顿挫感的无级变速。

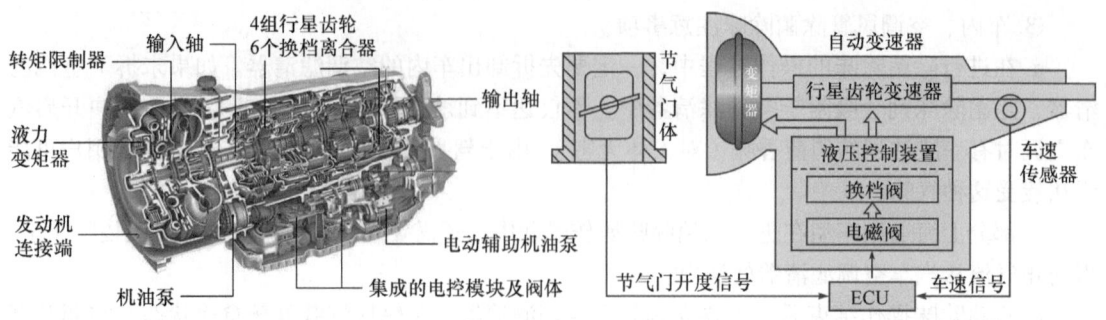

图 5-20　EAT 结构组成及其工作原理

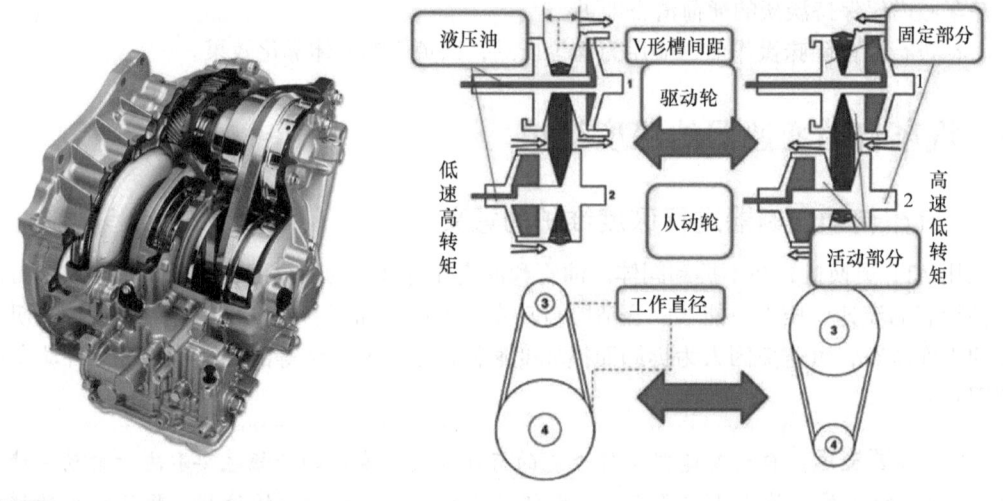

图 5-21　CVT 结构组成及其工作原理

> **注意**：钢带被锥轮通过液压力夹紧，主动锥轮带动钢带推动从动锥轮传递动力，钢带与锥轮之间不允许有相对运动，即钢带不允许打滑。

（3）双离合自动变速器

如图 5-22 所示，双离合自动变速器是在手动变速器的基础上演变而来的。与手动变速器所不同的是，DCT 中的两套离合器与两根输入轴相连，换档和离合操作都是通过由集成电子和液压元件所组成的机械电子模块的控制来实现的，而不再通过离合器踏板操作。

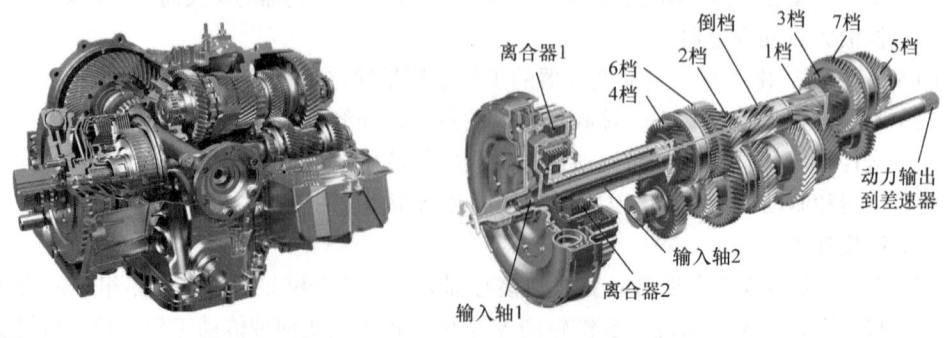

图 5-22　DCT 结构组成及其工作原理

DCT 与 AT 一样，驾驶人可以手动换档或将变速杆处于全自动 D 位或 S 位模式。此种模式下的换档通常由档位和离合器实现。两套离合器各自与不同的输入轴相连，如果离合器 1 通过实心轴与档位 1、3、5 相连，则离合器 2 就通过空心轴与档位 2、4、6 和 R 位相连。此时，将两套离合器各自负责的部分假想成两个变速器，当一个变速器工作时，另一个处于空转状态。通过两个离合器间的切换实现两个变速器的交替工作（当车辆在奇数档位行驶时，可预先挂好偶数档；反之，当车辆在偶数档位行驶时，可预先挂好奇数档），从而在保证动力不切断的情况下实现各档位之间的平稳变换。

2. 汽车自动变速器深度保养的原因

（1）自动变速器油的生命循环周期

如图 5-23 所示，ATF 与自动变速器的关系相当于人体与血液的关系，它对自动变速器发挥着至关重要的作用：一是进行能量转换，二是对锁止离合器和换档执行机构实施液压控制或电液控制，三是对液力自动变速器的齿轮等零件和换档执行机构的摩擦副进行润滑，四是将损耗在油液中的热量传导至冷却器中进行冷却，五是对自动变速器内部进行清洗，六是对自动变速器内的摩擦副进行密封。

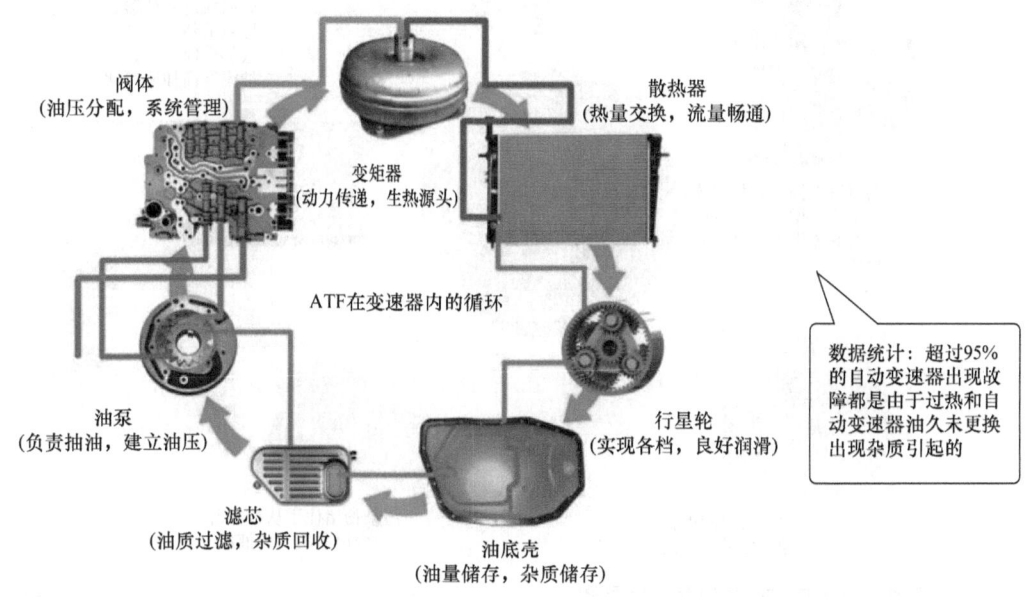

图 5-23　自动变速器油的作用

此外，ATF 的工作条件极其恶劣，随着车辆行驶里程的增加，其性能逐渐降低直至失效是不可避免的。一般情况下，汽车起动不久后，ATF 温度就会上升到 80℃左右的正常工作温度。如果 ATF 经常维持在 80℃左右的工作温度，则其寿命会达到 15 万 km 左右。但如果温度升得更高，则其使用寿命会大幅缩短。因为当温度提升后，ATF 便开始氧化，变成褐色并散发出烧焦的味道。高温会破坏 ATF 的质量和摩擦特性，加大摩擦与磨损，变速器噪声随之而来。同时，油泥等杂质就会在变速器的阀体部位产生，使变速器的工作受到干扰。如果温度超过 120℃，则橡胶等密封材料会开始变硬，最后导致渗漏，液压降低。如果温度更高，变速器开始打滑，打滑又会反过来使温度升得更高，最后离合器会烧掉，整个变速器将停止运行。这种现象称为自动变速器油的生命循环周期。由此可知，在 ATF 质量变差失效前，对自动变速器进行换油是非常重要的。

（2）自动变速器的"死亡循环"

传统的自动变速器保养是通过拆卸油底壳螺塞依靠油的重力来放油，最多只能换出30%的旧油，70%的旧油依然残存在变速器的各个油道和阀体内，新油加入后很快就被污染。由于ATF（自动变速器油）除了控制换档外，更主要的是通过液力变矩器承担着传递动力的任务，其工作温度有时会高达140℃。由于油温高的原因，更容易产生积炭和油泥。脏油中的积炭和油泥会使各阀体油管中的油流动不畅，油压受影响致使变速器提速慢或失速，严重时还会使某个档位无油压导致"烧片"，动力传不出去。同时脏油中的油泥还会加大变速器部件的磨损，缩短变速器使用寿命，使变速器进入"死亡循环"（图5-24）。因此，定期对自动变速器进行清洗、活化等深度保养，保持液压系统的清洁是十分重要的。

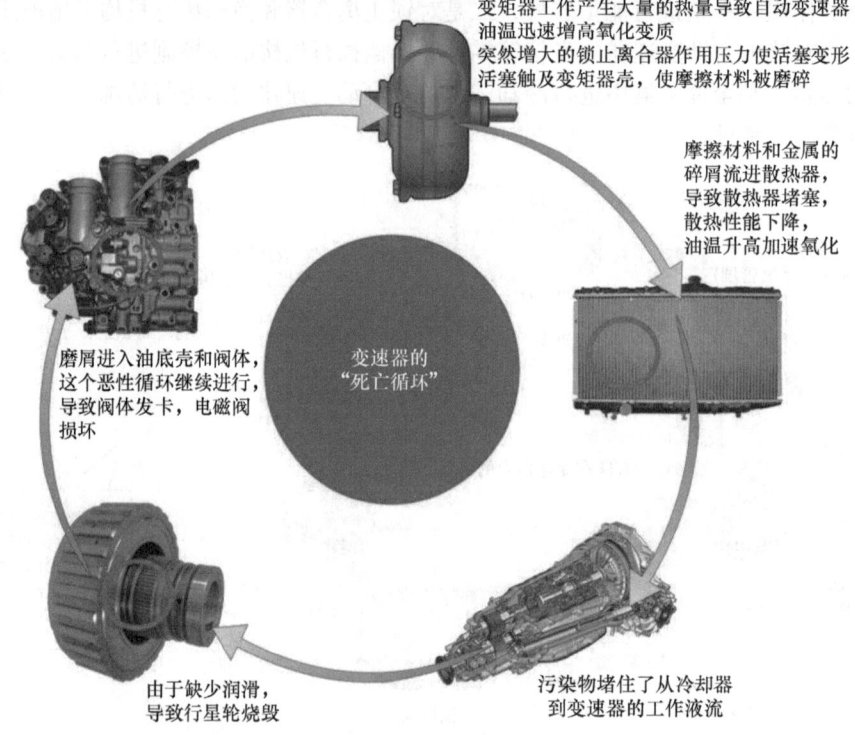

图 5-24　自动变速器的"死亡循环"示意图

5.5.3　汽车自动变速器深度维护作业任务实施

1. 汽车自动变速器深度维护的设备与材料准备

汽车自动变速器深度维护的相关设备及材料准备见表5-10。

表 5-10　汽车自动变速器深度维护的相关设备及材料准备

序号	相关仪器设备及材料	备　注
1	场地：通风采光好，相互干扰少，车辆进出方便，能够分组实训	各学校可根据具体情况来定
2	车辆：上海通用部分车型	各学校可根据具体情况来定

(续)

序号	相关仪器设备及材料	备注
3	仪器设备：元征 CAT-303 等专用自动变速器清洗更换设备、空气压缩机、废旧自动变速器油回收装置（或油盆）、举升机等	其他仪器设备的选配，各学校可根据具体情况来定
4	工具：通用、专用工具、抹布、手套等	其他工具的选配，各学校可根据具体情况来定
5	材料：WA64401a 型高效自动变速器清洗剂、WA64506a 型高效自动变速器保护剂、自动变速器（ATF）等	各运行材料品种及规格的选配，各学校可根据具体情况来定

2. 汽车自动变速器深度维护作业的任务实施

（1）汽车自动变速器深度维护的设备认识

如图 5-25 所示，元征 CAT-303 自动变速器免拆清洗更换机是目前市场上常见的也是许多职业院校常用的汽车自动变速器深度维护设备。该设备具有 ATF 加注功能和自动变速器新旧油更换功能，且配有多种专用接头，适用于进口及国产多种车型。

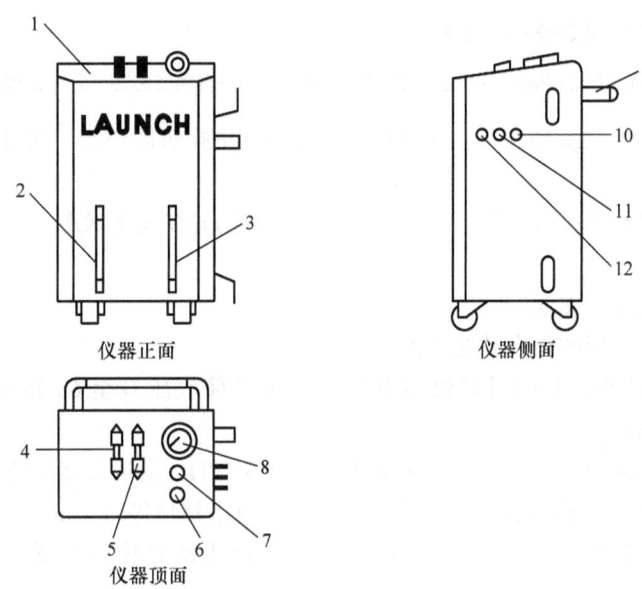

图 5-25 元征 CAT-303 自动变速器免拆清洗更换机

1—控制面板　2—新油桶　3—旧油桶　4—新油视窗　5—旧油视窗　6—回油调节阀　7—气压调节阀　8—压力表　9—扶手　10—出油口　11—回油口　12—进气口

（2）汽车自动变速器深度维护的作业流程

1）管路连接。

元征 CAT-303 管路连接示意图如图 5-26 所示。

① 将车举起，使驱动轮悬空。

② 找出汽车上便于拆装的一条自动变速器与散热器连接的油管，并拆下其接头。

③ 判断油流方向，将断开的两端分别引至旧油桶，以防起动发动机时油喷到地面，短暂起动发动机，从接口流出油的方向为 A 向，无油流出的一端为 B 向。

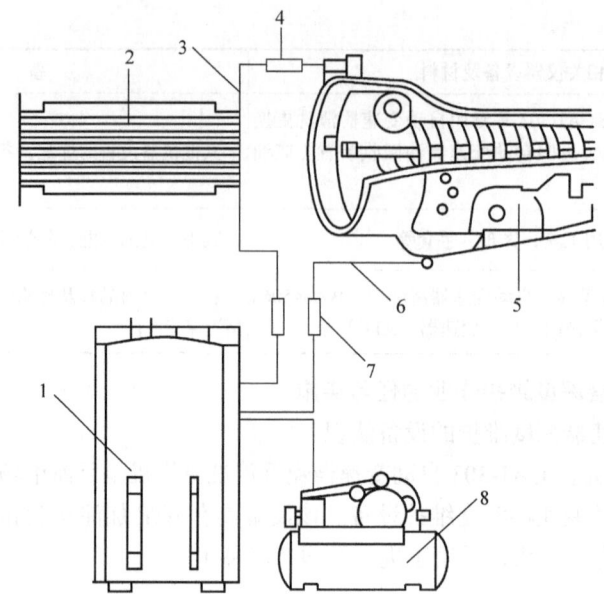

图 5-26 元征 CAT-303 管路连接示意图

1—元征 CAT-303 主机 2—散热器 3—进油管 4、7—接头 5—自动变速器 6—回油管 8—空气压缩机

④ 根据所判断油路的流向,将变速器出油一端接在更换机回油管,而另一端接在更换机出油管。

⑤ 将压缩空气接在更换机进气口上,此时气压调节阀处在关闭状态。

2) ATF 的更换。

① 确认管路都已连接无误。

② 向设备加入一定量的新自动变速器油。

③ 适时打开回油阀,顺时针缓慢打开气压调节阀使气压升至 68.95～103.425kPa(10～15psi),并起动发动机。

④ 通过调节回油阀及气压调节阀,使新油的加注量与旧油的回收量保持平衡。

⑤ 更换时在不同档位间进行切换,视情况而定,每个档位停留 1min 左右。在 D 位和 O/D 位工作时,踏加速踏板使车速达 60km/h 以上,这时才能更换 D 位和 O/D 位控制油路的自动变速器油。

⑥ 等量调整。观察新油的减少量与旧油的增加量,同时调节气压调节阀和回油阀使减少量与增加量相等。若旧油增加量大于新油减少量,应顺时针调节回油阀来减慢回油流速。若旧油增加量小于新油减少量,应逆时针调节气压调节阀减少新油加注量。

⑦ 当新旧油视窗颜色基本相同时停止更换。先将发动机熄火,再逆时针关闭气压调节阀。

⑧ 拆除管路连接,并恢复变速器的油管连接。

⑨ 起动发动机,检查汽车管路有否渗、漏油现象。

⑩ 检查变速器油位,当油位不够时须进行补充加注,操作过程参考添加自动变速器油(直接加注)步骤。

注意:为了保证更换质量,设备内的新油应比汽车变速器所需油量多 2～3L。

3）ATF 的添加（直接加注）。
① 从接头套件中选取一个合适的接头与出油管相接，并插入自动变速器加油口。
② 将新油加入设备内。
③ 顺时针缓慢打开气压调节阀，设备开始向变速器加入新油。
④ 检查变速器油位，当油位合适时，逆时针关闭气压调节阀。

> 注意：当气动隔膜泵空载运行时，设备可能会停止工作，只要把气压调节阀关闭 3s，拔下进气管，然后打开，调节气压调节阀，设备将重新工作。

4）使用注意事项。
① 在进行操作之前，应熟悉设备，以便正确操作。
② 自动变速器换档应正确，以免误操作损坏变速器。
③ 汽车尾气中含有一氧化碳、碳氢化合物、氮氧化物等有害气体，换油时要保持室内通风良好。
④ 汽车发动机排气管和散热器等部件温度较高，勿摸勿碰，以防灼伤。
⑤ 断开油管接头时，要用毛巾捂住接头。
⑥ 在非使用状态下，要将气压调节阀关闭，回油阀打开。
⑦ 换油时汽车驱动轮必须处于悬空状态。
⑧ ATF 的品质必须符合汽车维修手册的规定。

5.6 汽车制动系统的深度维护

5.6.1 汽车制动系统进行深度维护的意义

利用制动液更换机，在不拆卸制动主缸和制动轮缸等总成及部件的前提下，快速清除制动管路中的水分、油泥等沉积物，彻底更换制动液，迅速恢复系统功能，避免因人工更换而损坏系统部件，从而延长制动系统的使用寿命。

> 重要提示：制动系统是汽车上重要的安全装置，其性能直接影响行车安全。制动液经过长时间的使用后会"吸潮"而发生变质，产生沉淀和气阻，造成油路供油不畅，直接影响制动系统的可靠性和行车安全，因此必须定期更换制动液，确保制动系统能够安全、可靠地工作。

5.6.2 汽车制动系统进行深度维护的关键知识储备

1. 汽车制动系统的结构原理

汽车制动系统是关系到行车安全的最重要装置，是汽车不可或缺的组成部分。汽车之所以能够快速安全行驶，除了强有力的发动机外，还得益于拥有可靠的制动系统。

制动系统由行车制动和驻车制动两部分组成。其中，行车制动按控制方式的不同可分为气压制动和液压制动两种，驻车制动按操纵方式的不同可分为机械手拉式、机械脚踩式和电子式三种。市场上占较大保有量的小型客车的行车制动系统基本上采用液压制动，其行车制动器的主要结构分为盘式制动和鼓式制动两种。其中，一小部分车型采用前盘后鼓式行车制动器（图 5-27），大部分车型采用前后盘式行车制动器（图 5-28）。

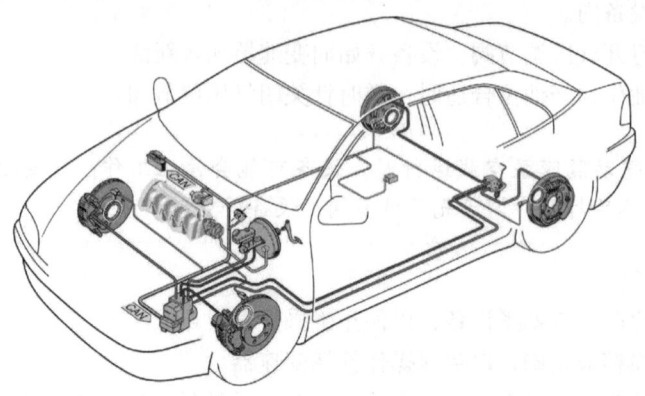

图 5-27　前盘后鼓式行车制动器

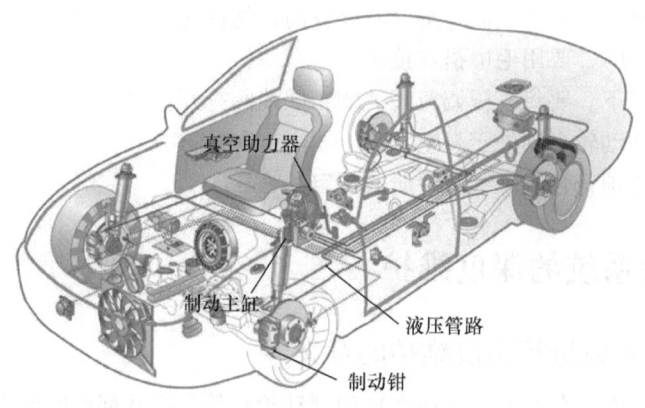

图 5-28　前后盘式行车制动器

前后盘式制动系统的结构组成一般包括制动踏板、真空助力器、制动主缸及储液罐、ABS泵、制动管路、制动液、制动盘、制动摩擦片、制动卡钳等部件，如图 5-29 所示。

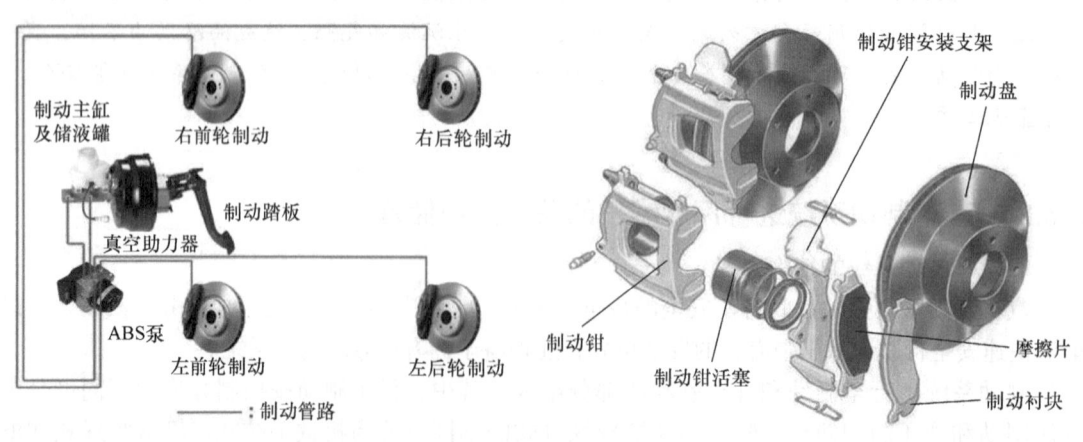

图 5-29　前后盘式行车制动系统的结构组成及重要部件

图 5-30 所示为盘式行车制动器的工作原理。通过液压将与车身连接的制动摩擦片压向与车轮连接的制动盘，通过摩擦阻力使动能转化为热能，从而达到控制车速的目的。

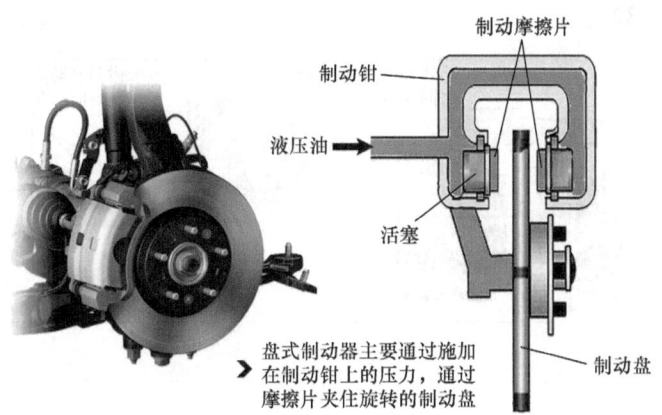

图 5-30　盘式行车制动器的工作原理

2. 汽车制动系统深度养护的原因

由上述相关内容可知，当驾驶人踩下制动踏板时，制动主缸将制动液通过制动油路压向各个车轮的制动轮缸；制动轮缸活塞受制动液压力推动制动片压住制动盘，靠制动摩擦片与制动盘之间的摩擦阻力达到车辆制动的目的。由此可知，在动能转化为热能的制动过程中，整个制动系统要承受极端的瞬时冲击力和高温摩擦。同时，由于制动系统工作环境严酷，如果长时间没有对制动系统进行深度养护，则会带来以下问题。

1）制动效能降低。

① 制动接触面存在粉尘、硬质杂质等，会导致制动面积不足，且硬质杂质加速制动片的磨损（图 5-31）。

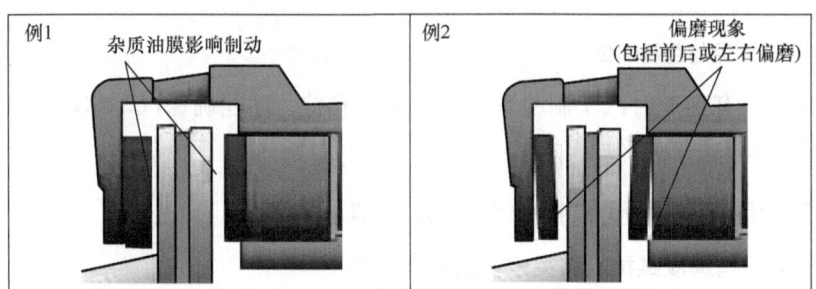

图 5-31　制动效能降低的原因

② 制动接触面存在油膜，导致制动摩擦系数降低。

③ 制动卡钳与制动摩擦片运动轨道间缺少润滑，且长期聚集的粉尘杂质在高温、高速冲击下形成硬质杂质，影响制动摩擦片正常运动，导致制动摩擦片受力不均，制动受力面积变小，且易出现制动摩擦片偏磨现象。

④ 使用了不恰当的保养产品，导致制动轮缸油封老化，降低制动效能。

2）制动时产生尖锐噪声。

① 制动摩擦片和制动盘在半接触时发出"咯咯"声（难以避免）。

② 制动摩擦片与制动卡钳存在间隙，因此制动时伴有冲击声（图 5-32）。

③ 制动摩擦片的背面与制动卡钳和制动轮缸活塞间在制动时有相对运动，因此制动时伴有冲击和摩擦声（图 5-32）。

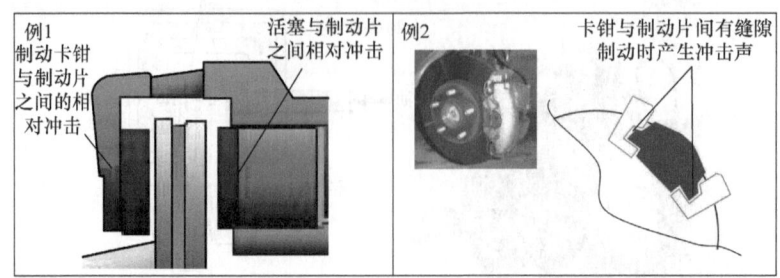

图 5-32　制动噪声来源

3）腐蚀与生锈。

① 制动卡钳紧固螺栓的腐蚀（图 5-33），可能导致制动摩擦片偏磨，从而降低制动效能。

② 制动轮缸活塞的锈蚀（图 5-33），或防尘套密封不严使得活塞壁腐蚀，可能导致制动时间滞后，影响行车安全。

③ 制动鼓表面生锈，不美观，不便于轮胎的拆卸。

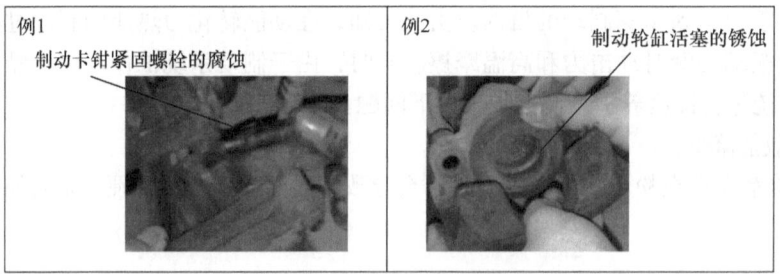

图 5-33　制动器腐蚀与生锈部位

综上所述，只有定期对汽车制动系统进行深度养护，才能确保汽车制动系统工作的可靠性，才能确保驾乘人员生命财产的安全。

5.6.3　汽车制动系统深度维护作业任务实施

1. 汽车制动系统深度维护的相关设备及材料准备

汽车制动系统深度维护的相关设备及材料准备见表 5-11。

表 5-11　汽车制动系统深度维护的相关设备及材料准备

序号	相关仪器设备及材料	备注
1	场地：通风采光好，相互干扰少，车辆进出方便，能够分组实训	各学校可根据具体情况来定
2	车辆：上海通用部分车型	各学校可根据具体情况来定
3	仪器设备：CBC-201 制动液更换机等专用设备、空气压缩机、废旧制动液回收装置、举升机等	其他仪器设备的选配，各学校可根据具体情况来定

(续)

序号	相关仪器设备及材料	备注
4	工具：扳手工具箱、轮胎拆卸扳手、千斤顶、尖嘴钳、内六角扳手（套）、菜瓜布（也可配备毛刷、锉刀）、抹布、手套等	其他工具的选配，各学校可根据具体情况来定
5	材料：PN08880 高效制动清洗剂、PN08945 制动系统深度保护润滑油、PN08946 硅系润滑剂等	各运行材料品种及规格的选配，各学校可根据具体情况来定

2. 汽车制动系统深度维护作业的任务实施

（1）汽车制动系统深度维护的设备认识

如图 5-34 所示，元征 CBC-201 制动液更换机是目前市场上常见的也是许多职业院校常用的汽车制动系统深度维护设备。该设备采用气动隔膜泵，利用压缩空气加压、负压吸出的原理进行工作。其特点是工作可靠，操作简便，可提高换油速度和质量，能够有效解决汽车因制动液变质引起的制动效果不良等问题，可避免因人工更换制动液而损坏系统部件，从而延长制动系统的使用寿命。

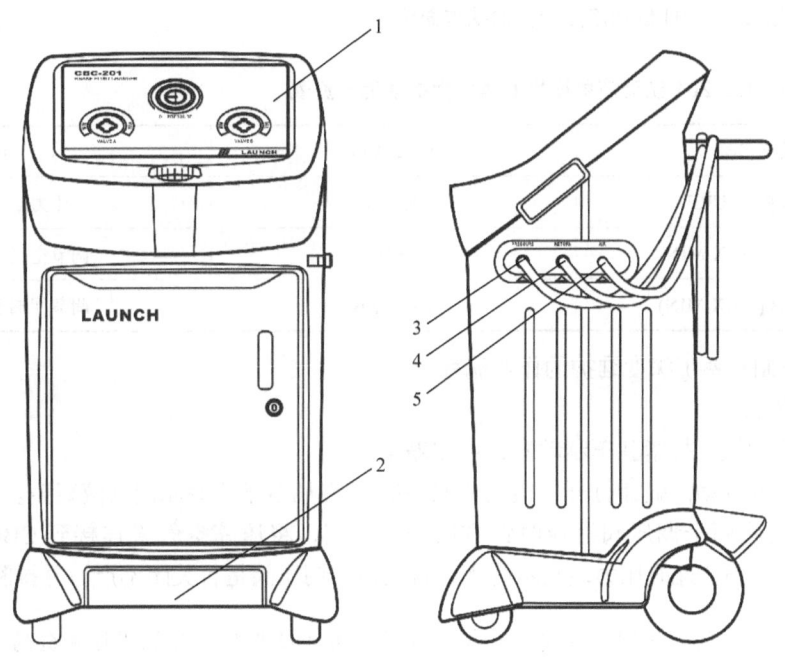

图 5-34　元征 CBC-201 制动液更换机

1—操作面板　2—抽屉　3—出油管　4—回油管　5—进气口

1）操作面板认识。

图 5-35 所示为元征 CBC-201 制动液更换机的操作面板，在实施深度维护作业前应事先熟悉并掌握。

2）操作面板功能认识。

表 5-12 所列为元征 CBC-201 制动液更换机的操作面板功能一览表，在实施深度维护作业前应事先熟悉并掌握。

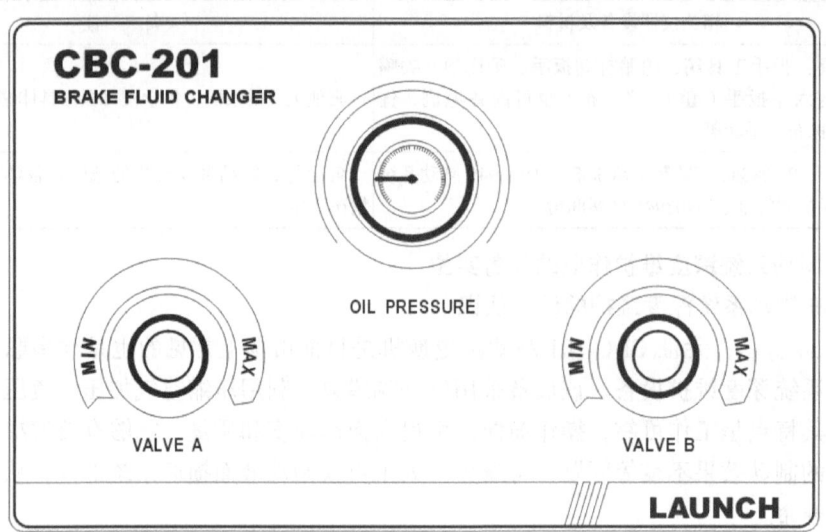

图 5-35　元征 CBC-201 制动液更换机的操作面板

表 5-12　元征 CBC-201 制动液更换机的操作面板功能一览表

英文名称	中文名称	功　　能
OIL PRESSURE	油压表	压力显示
VALVE A (MAX/MIN)	调压阀 A	调节空气压力
VALVE B (MAX/MIN)	调压阀 B	调节回油速度

（2）汽车制动系统深度维护的作业流程

1）设备连接。

① 关闭发动机，拉紧驻车制动器，可靠停车。

② 将汽车的制动液壶盖打开，换上 CBC-201 的专用盖子代替原制动液壶盖。

③ 确认已将两个调压阀沿逆时针方向完全关闭，将压缩空气管连接到 CBC-201 的进气（AIR）接头上。确认此时压力表指示为零，否则检查调压阀是否关闭不严，并排除。

注意：关闭调压阀非常重要，否则在进行第④项步骤时可能损坏脆弱的制动液壶。

④ 用螺旋软管（此管不带透明管）把 CBC-201 的加压接头（PRESSURE）与制动液壶专用盖子连接起来。

注意：螺旋软管不能有气压，如内部有过大的气压在连接时将损坏脆弱的制动液壶。

⑤ 将专用回油螺旋软管（此管带透明管）连接到接头（RETURN）上。

⑥ 将专用回油螺旋软管的另外一端与其中一个车轮处的制动排气阀相连，并打开排气阀。

2）更换作业。

① 顺时针旋转调压阀 A（VALVE A）对制动液壶加压（不能超过 20psi）。

② 顺时针旋转调压阀 B（VALVE B）使气泵工作，在回油管内产生负压，用来吸旧制动液。直到没有旧制动液被抽出，只抽出气为止，再轻轻旋紧排气阀，依次对四个车轮进行以上操作。

③ 在抽完旧制动液后，旋开专用塑料接头，向制动液壶内加入新制动液，再旋回专用塑料接头，并接好螺旋软管。

④ 顺时针旋转调压阀 A（VALVE A）对制动液壶加压（不能超过 20psi）。

⑤ 顺时针旋转调压阀 B（VALVE B）使气泵工作，在回油管内产生负压，用来吸新制动液。直到没有气泡被吸出，再轻轻旋紧排气阀，依次对四个车轮进行本项排气操作。

> 🔔 **特别注意**：在进行新制动液注入操作时确保制动液壶液位不能过低，若不足应及时补充，以免系统中进入空气。

⑥ 完成四个车轮制动液更换后，向制动液壶中加满制动液，换回原制动液壶盖，测试行车制动应正常，检查各车轮排气阀均无泄漏，更换制动液操作完成。

5.7 汽车液压助力转向系统的深度维护

5.7.1 汽车液压助力转向系统进行深度维护的意义

利用汽车液压助力转向系统清洗剂、保护剂等专业养护产品和简易设备，在不拆卸转向助力泵、齿轮齿条转向器以及各管路和接头的前提下，按一定施工工艺快速、安全地清除系统中有害的油泥、漆膜等沉积物，减少油泥等污垢的形成，保持系统清洁和转向助力油合适的高温黏度，避免因人为拆卸而损坏系统部件，从而延长助力转向系统更换部件的周期和使用寿命。

> ☞ **重要提示**：由于转向助力油经常处于持续的极压和高温工作环境，所以一段时间后会出现污染劣化，并失去润滑性能，产生油泥、积炭、漆膜等沉积物，使汽车出现转向沉重、转向异响、行驶跑偏、转向盘抖动等故障。转向系统一旦出现故障，车辆就难以操纵，从而影响行车安全，容易发生交通事故，因此应注意养护。

5.7.2 汽车液压助力转向系统进行深度维护的关键知识储备

1. 汽车转向系统的结构原理

为了减轻驾驶人操作时的疲劳强度，减少路面对转向盘的冲击力，转向助力（也称为助力转向）已经普遍应用在大多数车型上。齿轮齿条式液压助力转向系统由于工作压力较高、外廓尺寸较小（能与麦弗逊独立悬架形成最佳配合）以及油液对路面有吸振作用而被广泛应用于小型客车上。

图 5-36 所示为齿轮齿条式液压助力转向系统的结构组成，主要包括齿轮齿条转向机构和液压系统两部分。其中，液压系统主要包括液压助力泵、液压缸和活塞等主要部件。

齿轮齿条式液压助力转向系统的工作原理是通过液压泵（由发动机传动带带动）提供油压推动活塞（活塞与齿条连接在一起，共同向左/右移动），进而产生辅助力，推动转向横拉杆辅助车轮转向，以减小转向阻力。

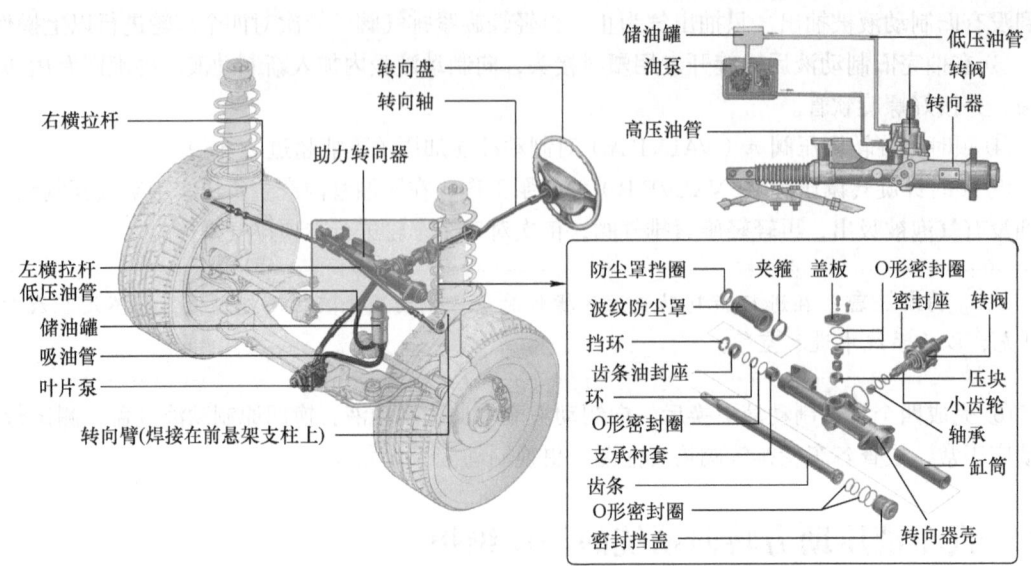

图 5-36　齿轮齿条式液压助力转向系统的结构组成

2. 液压助力转向系统深度养护的原因

液压助力转向系统的故障有一大部分是由于液压系统内存在胶质、油泥以及零部件磨损而造成的。因此，通过定期清洗液压助力转向系统，更换新的转向助力油来清除液压系统中的有害杂质和其他沉积物，消除液压助力转向系统内的噪声，并防止系统出现渗漏和油泵的损坏。

传统的换油方法只能更换其中 70% 左右的旧转向助力油。液压助力转向系统通过清洗以及增效、活化保养，使干、硬、老化的密封圈、油封恢复弹性及密封性能，迅速止漏，消除泄漏隐患，减摩抗磨，降温平噪，稳定油泵输出压力，使油泵运转更顺畅，从而达到延长助力转向系统使用寿命的目的。图 5-37 所示为液压助力转向系统进行深度保养前后的效果对比。

深化保养前旧的转向助力油

深化保养后新的转向助力油

图 5-37　液压助力转向系统进行深度保养前后的效果对比

5.7.3 汽车液压助力转向系统深度维护作业任务实施

1. 汽车液压助力转向系统深度维护的设备与材料准备

汽车液压助力转向系统深度维护的相关设备及材料准备见表5-13。

表 5-13 汽车液压助力转向系统深度维护的相关设备及材料准备

序号	相关仪器设备及材料	备 注
1	场地：通风采光好，相互干扰少，车辆进出方便，能够分组实训	各学校可根据具体情况来定
2	车辆：上海通用部分车型	各学校可根据具体情况来定
3	仪器设备：专用动力转向系统清洗设备、空气压缩机、废旧转向助力油回收装置（或油盆）、举升机等	其他仪器设备的选配，各学校可根据具体情况来定
4	工具：扳手工具箱、一根透明的塑料管、抹布、手套等	其他工具的选配，各学校可根据具体情况来定
5	材料：WA62409a型高效动力转向系统清洗剂、WA64805型高级动力转向系统保护剂、转向助力油等	各运行材料品种及规格的选配，各学校可根据具体情况来定

2. 汽车液压助力转向系统深度维护作业的任务实施

（1）汽车液压助力转向系统深度维护的产品认识

目前，大多数汽车维修企业及维修人员选择使用汽车液压助力转向系统专业养护产品（图5-38）和一些简易工具，对汽车液压助力转向系统进行深度维护作业。因此，这里着重介绍汽车液压助力转向系统的无设备深度维护作业流程。

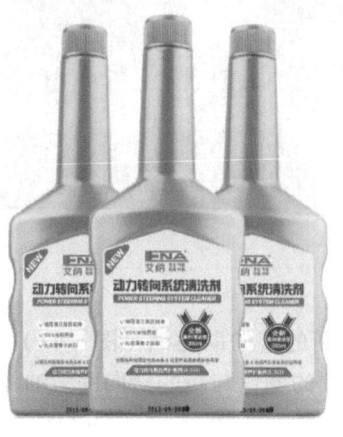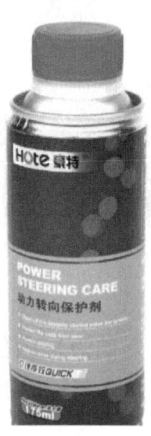

图 5-38 汽车液压助力转向系统专业养护产品

（2）汽车液压助力转向系统深度维护的作业流程

1）液压助力转向系统清洗保养（换油时一并进行）。

① 清洗系统。

a. 打开转向储液罐的盖子，用一根透明塑料管子抽出一部分转向助力油，留出加注清洗剂的空间（图5-39）。

b. 将高效动力转向系统清洗剂加注到储液罐内，盖好盖子。

c. 起动发动机，左右转动转向盘（图5-40），让清洗剂流到各部位，将转向盘停留在左侧或右侧接近极限位置并迅速松手，让转向器自动回正，重复10次左右，清洗时间15~30min。

图 5-39　抽出部分转向助力油

图 5-40　左右转动转向盘

② 放掉旧油。

a. 关闭发动机，准备好一根透明的塑料管和一个油盆。

b. 拆开转向储液罐的回流管（图 5-41 中的方框所示），将其与透明的塑料管接在一起，塑料管的开放端放入油底壳内，放掉旧油。

☞ 提示：所用管子长约 2m，而且管子内径应略大于转向储液罐的回流管外径，以便透明的塑料管能够略微过盈地套装在回流管外，以防转向助力油向外泄漏。

图 5-41　拆开转向储液罐的回流管

③ 加注新油。

a. 起动发动机，并不断地向转向储液罐内倒入新的转向助力油（图 5-42），同时观察透明的塑料管流出的转向助力油的颜色，直至转向助力油的颜色与新的转向助力油颜色相同时，立即关闭发动机。

图 5-42　加注新的转向助力油

> ⚠ **特别注意**：不能等到储液罐内无液时再倒入新的转向助力油，以防混入空气。

b. 迅速接好转向储液罐的回流管，再将转向助力油加注到规定范围为止。

④ 系统检查。

起动发动机，察看液压助力转向系统有否渗漏现象（图5-43）。

图 5-43　检查液压助力转向系统的密封情况

⑤ 注意事项。

a. 禁止与眼睛和皮肤接触，禁止吞咽，远离儿童保存。

b. 远离火源、热源，密封保存，以免发生火灾。

c. 在清洗和排气过程中，禁止将转向盘向左侧或右侧打到极限位置，否则极易导致转向系统密封失效而引起转向助力油泄漏。

d. 若条件允许，则最好利用专用设备进行清洗和换油作业。

2）液压助力转向系统增效、活化保养（在完成液力助力转向系统清洗保养的基础上进行）。

① 完成液压助力转向系统的清洗与换油作业。

② 清洗换油结束后，先将转向储液罐中的转向助力油吸出一部分（图5-44），然后加入高级动力转向系统保护剂，并用转向助力油将液位补充到标准位置即可。

图 5-44　吸出部分转向储液罐中的转向助力油

③ 注意事项。

a. 禁止与眼睛和皮肤接触，禁止吞咽，远离儿童保存。

b. 远离火源，热源，密封保存，以免发生火灾。

c. 在完成液力助力转向系统清洗保养的基础上，再进行液力助力转向系统的增效、活化保养，否则会影响增效、活化效果，甚至会堵塞管路，加速转向系统阀体的磨损。

解读和学习工匠精神之五

工匠精神的现实意义是将工匠精神注入现代化的生产当中，更加用心去做好本职工作，更加用心去维护自身事业的原则和尊严。充分利用工匠精神，靠创新和核心技术去推动并引领时代发展。

五大发展理念的提出，把握了发展速度变化、结构优化、动力转换的新特点，顺应了推动经济保持中高速增长、产业迈向中高端水平的新要求，点明了破解发展难题的新路径。

在这个过程中，必须充分发挥追求完美、耐心专注、一丝不苟、不走捷径的工匠精神的引领作用，以更好地推动发展方式的转变，提高发展质量和效益。

任务总结

1) 汽车深度维护是指在突出不解体或仅解体个别无关紧要零部件的前提下，利用专业的产品、设备、技术，在传统保养项目的基础上对车辆进行免拆、快速、全面、彻底的维护，也称为免拆维护、"骨子里"的维护或特色保养，在汽车维修业务中属于按需维护范畴。

2) 汽车的深度维护目前主要适用于汽车燃油系统、润滑系统、冷却系统、空调系统、自动变速器、制动系统和液压动力转向系统等具有循环流动系统的清洗和补给作业环节。

3) 汽车发动机燃油系统进行深度维护的意义是在不拆卸燃油分配管、喷油器、燃油滤清器、各油管接头、节气门体、进气歧管、进气门等供油系统和进气系统各部件的前提下，清除其中的胶质、漆膜和积炭等积垢，从而恢复系统功能，避免因人为拆卸而损坏喷油器等精密零部件，尤其是各接头密封圈，防止因燃油泄漏而发生火灾。

4) 汽车发动机润滑系统进行深度维护的意义是在不拆卸润滑管路、接头及各油道的前提下，彻底清除润滑油路及摩擦表面的焦油、油漆、金属屑等微粒，从而恢复发动机润滑系统的润滑、清洁、冷却、密封、防腐和降噪等功能，避免因人为拆卸而损坏系统部件，延长发动机的使用寿命。

5) 汽车发动机冷却系统进行深度维护的意义是在不拆卸散热器、膨胀罐、冷却水套及各管路和接头的前提下，能够迅速、彻底地清除冷却系统中的水垢、铁锈等积垢，从而恢复系统功能，避免因人为拆卸而损坏系统部件，延长发动机使用寿命。

6) 汽车空调系统进行深度维护的意义是在不拆卸蒸发器、压缩机以及各管路和接头的前提下，能够迅速、彻底地清除蒸发器上的水垢、灰尘、污物等杂质，防止蒸发器箱体及叶片被腐蚀、堵塞和泄漏，以保证制冷系统良好的工作性能，避免因人为拆卸而损坏系统部件，从而延长汽车空调系统的使用寿命。

7) 汽车自动变速器进行深度维护的意义是在不拆卸阀体、油管和油底壳等部件的前提下，实现彻底换油，而且利用设备特有的流速、压力，能够完全清除自动变速器内的油泥、积炭，使自动变速器长期保持最佳的工作状态，可避免因人为拆卸而损坏变速器油道、密封垫等部件，从而延长自动变速器的使用寿命。

8) 汽车制动系统进行深度维护的意义是在不拆卸制动主缸和制动轮缸等总成及部件的前提下，快速清除制动管路中的水分、油泥等沉积物，彻底更换制动液，迅速恢复系统功能，避免因人工更换而损坏系统部件，从而延长制动系统的使用寿命。

9）汽车液压助力转向系统进行深度维护的意义是在不拆卸转向助力泵、齿轮齿条转向器以及各管路和接头的前提下，快速、安全地清除系统中有害的油泥、漆膜等沉积物，减少油泥等污垢的形成，避免因人为拆卸而损坏系统部件，从而延长助力转向系统更换部件的周期和使用寿命。

任务验收

掌握"学习工作页"任务5中的关键理论知识；熟练完成各项维护作业任务；认识大国工匠，学习和弘扬工匠精神。

任务 6

新能源汽车的维护与保养

随着中国制造 2025 战略的大力实施，加上国家节能减排政策的越加严格，我国新能源汽车产业有了快速发展，近年来我国新能源汽车每年以超过百万辆的速度递增。在新能源汽车减免购置税、优先上牌等优惠政策推动和充电桩快速普及以及新能源汽车不断提高产品质量的大背景下，越来越多的消费者开始添置新能源汽车，新能源汽车保有量快速增长，新能源汽车的维护保养也成为当务之急。

6.1 新能源汽车的保养周期及类别

我国现代新能源汽车的主要类型有纯电动汽车、混合动力汽车和氢燃料电池汽车。其中，混合动力汽车作为过渡产品，其保有量逐年下降；氢燃料电池汽车技术还不够成熟，保有量增长缓慢；而纯电动汽车技术成熟度较高，起步快，保有量迅速增长。这里以纯电动汽车为例来介绍新能源汽车维护保养的相关知识和技能。

纯电动汽车由动力电池组和电动机代替传统汽车的发动机来驱动汽车行驶，虽然纯电动汽车与传统汽车的驱动方式有了较大差别，但依然要进行日常维护与保养。

新能源汽车的保养周期及类别以北汽新能源 EV150/EV200 系列纯电动乘用车为例（图 6-1），其保养周期及类别见表 6-1。

图 6-1　北汽新能源汽车 EV150

表 6-1　北汽新能源 EV150/EV200 系列纯电动乘用车的保养周期及类别

保养类别	保养项目	累计行驶里程 /km					
		10 000	20 000	30 000	40 000	50 000	以此类推
A 级保养	全车全面保养 高压安全检查	√		√		√	
B 级保养	主要项目检查、保养 高压安全检查		√		√		√
费用标准（元 / 台）		320	120	320	120	320	120

6.2 新能源汽车的保养项目及内容

新能源汽车的保养项目及内容以 EV150/EV200 系列纯电动乘用车为例，其保养项目分别为动力电池系统、电机系统、电器与电控系统、制动系统、转向系统、车身系统、传动及悬架系统、冷却系统及空调系统 9 个大项目，52 个小项目，保养内容详见表 6-2。

表 6-2 北汽新能源 EV150/EV200 系列纯电动乘用车的保养项目及内容

系统类别	检查内容	处理方法	A 级保养			B 级保养		
			项目	配件及材料	数量或价格	项目	配件及材料	数量或价格
（1）动力电池系统	安全防护	检查并视情处理	√			√		
	绝缘	检查并视情处理	√			√		
	插接件状态	检查并视情处理	√			√		
	标志	检查并视情处理	√					
	螺栓紧固力矩	检查并视情处理	√			√		
	动力电池加热功能检查	检查并视情处理	√					
	外部检查	清洁处理	√					
	数据采集	分析并视情处理	√			√		
（2）电机系统	安全防护	检查并视情处理	√			√		
	绝缘检查	检查并视情处理	√			√		
	电动机和控制器冷却检查	检查并视情处理	√			√		
	外部检查	清洁处理	√					
（3）电器与电控系统	机舱及各部位低压线束防护及固定	检查并视情处理	√			√		
	机舱及各部位插接件连接状态	检查并视情处理	√			√		
	机舱及底盘高压线束防护及固定	检查并视情处理	√			√		
	机舱及底盘各高、低压电器固定及插接件连接状态	检查视情处理并清洁	√			√		
	蓄电池	检查电量状态，并视情处理	√			√		
	灯光、信号	检查并视情处理	√			√		
	充电口及高压线	检查并视情处理	√			√		
	高压绝缘监测系统	检查并视情处理	√					
	故障诊断系统报警监测	检测、检查并视情处理	√					

任务 6 新能源汽车的维护与保养

（续）

系统类别	保养项目及内容		A级保养			B级保养		
	检查内容	处理方法	项目	配件及材料	数量或价格	项目	配件及材料	数量或价格
（4）制动系统	驻车制动器	检查效能并视情处理	√			√		
	制动装置	泄漏检查	√			√		
	制动液	液位检查	√	更换制动液	E150EV为1.25L；C70为1L	√	视情况添加制动液	
	制动真空泵、控制器	检查（漏气），并视情处理	√			√		
	前、后制动摩擦副	检查并视情况更换	√			√		
（5）转向系统	转向盘及转向管柱连接紧固状态	检查并视情处理	√			√		
	转向器本体连接紧固状态	检查并视情处理	√			√		
	检查转向横拉杆间隙及防尘套	检查并视情处理	√			√		
	检查转向助力功能	路试并视情处理	√			√		
	风窗及洗涤刮水器	检查并视情况更换处理	√	添加风窗洗涤剂	材料收费	√	添加风窗洗涤剂	材料收费
（6）车身系统	顶窗	检查并视情处理	√			√		
	座椅及滑道	检查并视情处理	√	加注润滑脂	润滑脂250g	√	加注润滑脂	润滑脂250g
	门锁及铰链	检查并视情处理	√			√		
	机舱铰链及锁扣	检查并视情处理	√			√		
	行李舱铰链及锁	检查并视情处理	√			√		
（7）传动及悬架系统	变速器（减速器）	检查减速器连接、紧固及渗漏	√	更换减速器齿轮油	E150EV单减1.1L			
	传动轴	检查球笼间隙及护罩，并视情处理	√			√		
	轮辋	检查、紧固，视情处理	√					
	轮胎	检查胎压，并视情处理	√			√		
	变速器（减速器）	检查减速器连接、紧固及渗漏	√	更换减速器齿轮油	E150EV单减1.1L			

（续）

系统类别	保养项目及内容		A级保养			B级保养		
	检查内容	处理方法	项目	配件及材料	数量或价格	项目	配件及材料	数量或价格
（7）传动及悬架系统	传动轴	检查球笼间隙及护罩，并视情处理	√			√		
	轮辋	检查、紧固，并视情处理	√					
	轮胎	检查胎压，并视情处理	√			√		
	副车架及各悬架连接状态	检查紧固	√					
	前后减振器	检查渗漏情况并紧固，并视情况更换	√					
	机舱铰链及锁扣	检查并视情处理	√			√		
（8）冷却系统	冷却液液位及冰点	液位及冰点测试，视情况添加	√	更换冷却液	冷却液6L	√	冬季时检测冰点，视情况添加	
	冷却管路	检查渗漏情况并处理	√			√		
	水泵	检查渗漏情况并处理	√			√		
	散热器	检查并清洁	√			√		
（9）空调系统	空调冷、暖风功能	测试并处理	√					
	压缩机及控制器	检查压缩机及控制器安装及线束插接件状态	√					
	空调管路及连接固定	管路防护检查并视情况捡漏处理	√			√		
	空调系统冷凝水排水口	检查、处理	√					
	空调滤芯	检查、处理	√	更换空调滤芯	滤芯收费（首次保养免费）	√	清洁	

6.3 新能源汽车维护与保养的作业技术

由前述内容和表6-2可知，纯电动汽车的维护保养项目尽管与传统汽车的维护保养项目有许多相同之处，但两者维护与保养的最大区别在于：传统汽车主要针对发动机进行保养，需要定期更换机油、机油滤清器等，而纯电动汽车主要是针对电池组和电动机进行日常的维护与保养。因此，这里以保有量较大的北汽新能源EV150汽车为例，着重介绍有关新能源汽车的充电系统、动力电池系统、驱动电机以及驱动电机控制器的维护与保养的作业技术。

6.3.1 充电系统的维护与保养

1. 充电系统进行维护与保养时的安全注意事项

① 充电系统内有高压装置，严禁擅自拆开机器开展检修、维护等作业。
② 输入电源必须正确搭铁。
③ 严禁在正常充电过程中断开电池连接线。
④ 切勿将充电机放置于雨淋位置。
⑤ 直流插头与插座应连接牢固，如有破损、松动，应立即更换。
⑥ 充电机在正常工作过程中如有异常声音或气味，应立即断开输入电源。
⑦ 切勿堵住充电机的进、出风口。
⑧ 移动充电机时需断开电源线和充电插头。
⑨ 为避免损坏充电电缆，切勿拉扯、扭动或摇晃电缆。

2. 充电系统的维护与保养项目及操作要领

（1）检查 AC/DC 功能

1）检测项目。

检测车载充电机的工作状态。

2）检测方法。

对车辆进行充电，查看指示灯是否正常。

3）认识指示灯。

以北汽新能源 EV150 汽车为例，车载充电机指示灯如图 6-2 所示。

① Power 灯：电源指示灯，当接通交流电后，该灯会亮起。

② Charge 灯：充电指示灯，当充电机接通动力电池进入充电状态后，该灯会亮起。

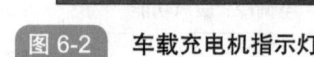

图 6-2　车载充电机指示灯

③ Error 灯：报警指示灯，当充电机内部有故障时，该灯会亮起。

> **重要提示：**
> ① 充电正常时，Power 灯和 Charge 灯会同时点亮。
> ② 当起动 30s 后仍只有 Power 灯亮时，则可能为动力电池无充电请求或已充满电。
> ③ 当 Error 灯点亮时，则说明充电系统出现异常。
> ④ 当充电灯均不亮时，应检查充电桩以及充电线束及插接件。

（2）检查充电线

1）检测项目。

① 检查充电线功能、外观及其插头状态。
② 目测充电线外观有否破损、裂痕，同时进行充电测试，检测充电线是否导通。

2）检测方法。

目视检测充电线整个外观及其插头状态（图 6-3）。

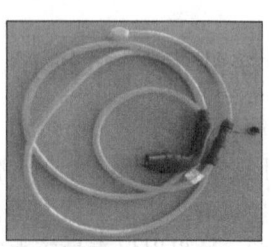

图 6-3　充电线

> ☞ **重要提示**：充电过程中，充电线会产生热量，如有破损，应及时更换，否则容易发生触电等危险，从而对人员和车辆造成损害。

（3）检测充电口盖开关状态

1）检测项目。

检测充电口盖的开关状态。

2）检测方法。

① 当充电口盖板打开时，仪表充电指示灯应常亮（图6-4）；当关闭充电口盖时，仪表充电指示灯应熄灭。

② 检查充电口盖能否正常开启或关闭（图6-5 中的箭头所示）。

> ☞ **重要提示**：如果充电口盖出现故障，车辆将无法正常起动，应及时联系专业维修人员进行检修。

 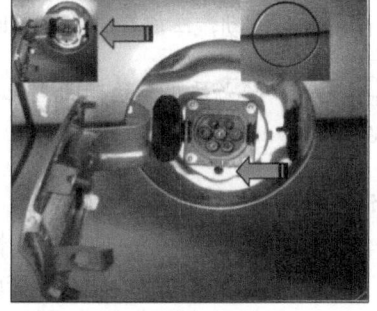

图 6-4　仪表充电指示灯　　　　　　图 6-5　充电口盖

6.3.2　动力电池系统的维护与保养

1. 动力电池系统的使用条件

① 车辆行驶过程中，随着电量的消耗，SOC 表上指针指示的数值会逐渐减小。当 SOC 减小到 15% 以下时，SOC 表上的电量不足，指示灯 🔋 会点亮。此时动力电池系统的能量即将耗尽，应尽快对电池包进行充电。

> 🔔 **注意**：如果电池在使用后没有及时充电，则处于亏电状态，在此状态下存放车辆，电池很容易出现硫酸盐化，硫酸铅结晶物附着在极板上，堵塞电离子通道，造成充电不足，电池容量下降。

② 当动力电池系统的 SOC 小于 10% 后，不要猛踩加速踏板，因此时整车控制器已开启降功率运行模式，准备进入跛行回家模式（限速 9km/h）。

> 🔔 **注意**：纯电动汽车在起步、载人、上坡时也不要猛踩加速踏板，如果猛踩加速踏板，则会形成瞬间大电流放电。大电流放电容易导致硫酸铅结晶，从而损害电池极板的物理性能。

③ 动力电池系统属于化学电源，由于其自身能量转换时对温度的敏感，所以在电池包内部安装了加热单元。在温度较低的冬天，对电池包进行充电时，加热单元会启动对动力电池系统进行加热的模式。当温度达到适宜充电的温度范围后，电池管理系统会自动启动动力电池系统的充电程序。

④ 如果动力电池系统的加热单元损坏，应及时进行维修。这是因为在低温条件下不加热，电池箱体内部达不到适应充电的温度范围，电池管理系统不会启动充电程序，动力电池系统将不能进行正常充电。

⑤ 搁置动力电池系统时，应确保动力电池系统处于半电状态（SOC 50%~60%）。动力电池系统在搁置过程中会发生自放电现象，每个月的电量都会降低4%左右。因此搁置时间过长时，动力电池系统的开路电压会降低到放电终止电压以下，此时电池管理系统会进行报警。

> **注意**：动力电池系统若长期处于低压状态，其使用寿命会受到影响。搁置动力电池系统的时间不要太长，最多不要超过3个月，搁置环境温度应该在-20~50℃范围之内，搁置过程中应该确保动力电池系统不要被暴晒，也不能被雨水浇淋。

⑥ 严禁将纯电动汽车放在阳光下暴晒。

> **注意**：阳光暴晒后的动力电池会因内部压力增加而失水，引发电池活性下降，加速极板老化。

2. 动力电池系统的使用注意事项

① 汽车在上下坡、拐弯时应当减速慢行，以防过大的加速度影响电池箱体。

② 汽车不宜在积水较深的路面上行驶，以免水面接触、浸湿动力电池系统底部；洗车时应避免水枪喷头对着动力电池系统喷射。

> **特别注意**：在清洗过程中，要避免洗车液等流体流入车体充电插座（图6-6），否则会导致车身线路短路。

图6-6　车体充电插座及充电线

> **特别警示**：谨慎清洗动力电池部分，千万不能使用水枪喷射清洗，以免电池受潮短路。

③ 若发现动力电池系统表面出现划痕、掉漆等现象，应及时补漆，做好电池表面防护，防

止动力电池系统箱体被长期腐蚀而降低强度。

④ 如果汽车在行驶过程中发生正面碰撞、侧面碰撞、追尾或侧翻等交通事故，不论动力电池系统从表面观察有无损坏，均应与专业维修人员进行联系并检查。

⑤ 如果汽车落水或者被水浸泡，千万不要擅自处理。

3. 动力电池系统进行维护与保养时的安全注意事项

① 非专业维修人员绝对不要自行拆卸、调整、安装动力电池系统。

② 不要触摸动力电池系统的正、负极母线。

③ 由于动力电池系统安装在汽车底部，所以在驾驶过程中应特别注意路面状况，应避免不平的路面或路面障碍物挤压、撞击电池包。

④ 由于电池包重量较大，所以不要使用扳手或其他工具松动动力电池系统紧固螺钉。

⑤ 因交通事故或其他原因造成车辆起火时，应立即关闭电源总开关。

> 📢 **特别警示**：由于配备锂电池的纯电动汽车更容易发生火灾，因此千万不能危险驾驶，否则一旦发生严重的碰撞事故，后果更加严重。

4. 动力电池系统的维护与保养项目及操作要领

（1）动力电池外箱的检查、维护

① 将车辆举升，目测动力电池外箱底部（图6-7中的方框所示）有无磕碰、划伤、损坏的现象。

② 定期（1个月）清理动力电池外箱灰尘。

③ 在安装动力电池内箱以前，应检查极柱座橡胶护套是否齐全，极柱是否氧化（图6-8中的方框所示）；如果已氧化，则应使用1 500目砂纸轻轻打磨，或使用棉布用力擦，将氧化层去掉；如果发现极柱拉弧或打火烧蚀，则应及时更换。

图6-7　动力电池外箱

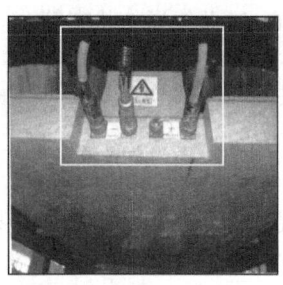

图6-8　电池极柱及电缆

> 👉 **提示**：如发现以上情况，应及时予以修理与更换。

（2）动力电池的定期充放电

① 正确把握电池的充电时间和频次。

在正常行驶的情况下，如果电量表的指示灯（红灯和黄灯）都亮了（图6-9中的箭头所示），就应该充电了；如果黄灯熄灭只剩下红灯亮，应尽快停止运行，利用充电桩（图6-10）进行充电，否则电池会因为过度放电而缩短寿命。

任务6 新能源汽车的维护与保养

图6-9　电量表指示灯

图6-10　充电桩

> 🔔 **特别注意**：一般情况下电池平均充电时间为10h左右，过度充电、过度放电和充电不足都会缩短电池寿命；在充电过程中如果电池温度超过65℃，应立即停止充电；应尽量在儿童无法接触到的地方进行充电。

② 定期对电池进行一次深放电，以"活化电池"，即保持电池的活性。

（3）动力电池单体电池一致性测试

使用专用检测仪器（图6-11）和检测软件对动力单体电池进行测试。

① 拆下新能源汽车的仪表板下挡板。

② 链接检测仪器，即可使用电池检测软件查看各类电池信息，包括电池电压、SOC电量、电池温度、CAN总线通信状态等。

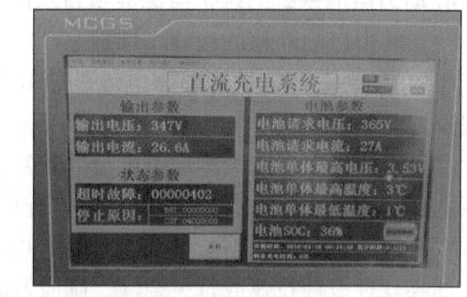

图6-11　纯电动汽车专用检测仪

> 🔔 **注意**：一旦个别电池单体出现问题，会影响整个动力电池的工作状态。

> 📢 **特别警示**：纯电动汽车在行驶中如果出现速度突然降低，一定要当心可能是某一组电池出现了故障。此时，在仪表显示屏幕上会出现提示信息（图6-12），应尽快进店检查。

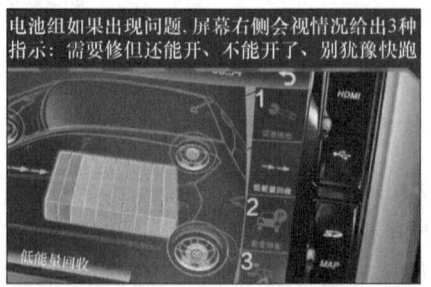

图6-12　显示屏电量信息

（4）检查 BMS、绝缘电阻、插接件与紧固件情况

① 使用专用检测仪器对 BMS、绝缘电阻进行测试。

② 目测动力电池高低压插接件（图 6-13 中的圆圈所示）变形、松脱、过热、损坏的情况。

> ☞ **特别提示**：如发现以上情况，应及时予以修理与更换。

（5）动力电池固定螺栓力矩检测

螺栓标准力矩应为 95~105N·m。

（6）动力电池系统的常规保养

以北京 EV150 新能源汽车为例，其汽车动力电池系统的常规保养项目、目的及方法等见表 6-3。

图 6-13　动力电池高低压插接件

表 6-3　北京 EV150 新能源汽车动力电池系统的常规保养项目、目的及方法

序号	保养项目	保养目的	保养方法	所需工量具及仪器设备
1	绝缘检查（内部）	防止电箱内部短路	将电箱内部高压盒插头打开，用绝缘表测试总正、总负搭铁电阻，阻值≥500Ω/V；（1 000V）	绝缘表
2	模组插接件检查	防止螺钉松动，造成故障	用做好绝缘的扭力扳手紧固（扭力：35N·m），检查完成后，做好极柱绝缘	扭力扳手
3	电箱内部温度采集点检查	确保测温点工作正常，采集点合理	计算机监控温度与红外热像仪温度对比，检查温感精度	笔记本计算机、CAN 卡、红外热像仪
4	电箱内部除尘	防止内部粉尘较多，影响通信	用压缩空气清理	空气压缩机
5	电压采集线检查	防止电压采集破损，导致测试数据不准	将从板接插件打开安装 1 次	无
6	标志检查	防止标志脱落	目测	无
7	熔断器检查	防止标志脱落	用万用表二极管档测量通断	万用表
8	电箱密封检查	保证电箱密封良好，防止水进入	目测密封条或更换密封条	无
9	继电器测试	防止继电器损坏，车辆无法正常上高压	用监控软件启动关闭总正总负继电器	万用表、笔记本计算机、CAN 卡
10	高低压插接件可靠性检查	确保插接件正常使用	检查有无松动、破损、腐蚀、密封等情况	目测、万用表、绝缘表
11	其他电箱内零部件检查	保证辅助性部件正常使用	检查有否松动、破损、脱落等情况	螺丝刀、扭力扳手
12	电池包安装点检查	防止电池包脱落	目测检查每个安装点焊处是否有裂纹	目测
13	电池包外观检查	确保电池包未受到外界因素影响	电池包无变形、无裂痕、无腐蚀、无凹痕	目测
14	保温检查	确保冬季电池包内部温度正常	目测检查电池包内部边缘保温棉是否脱落、损坏	目测

(续)

序号	保养项目	保养目的	保养方法	所需工量具及仪器设备
15	电池包高低压线缆安全检查	确保电池包内部线缆无破损和漏电	目测电池包内部线缆是否破损、挤压	目测
16	电芯防爆膜、外观检查	防止电芯损坏、漏电	目测可见电芯防爆膜、电芯外观绝缘是否破损	目测
17	CAN 电阻检查	确保通信质量	下电情况：用万用表电阻档测量 CAN1（3）高对 CAN1（3）低的电阻	万用表
18	电池包内部干燥性检查	确保电池箱内部无水渍	打开电池包，目测观察电池箱内部有否积水，测量电池包绝缘	绝缘表
19	电池加热系统测试	确保加热系统工作正常，避免冬季影响充电	电池箱通 12V 电，打开监控软件，启动加热系统，目测风扇是否正常	12V 电源、笔记本计算机、CAN 卡

6.3.3 电机及电机控制器的维护与保养

1. 电机及电机控制器的定期维护规则

① 每天开车前应检查动力电池散热器是否有足够的冷却液，如冷却液太少（或没有），则必须加以补充。冷却液需采用乙二醇型冷却液，要求其冰点低于当地最低温度5℃。

② 每两个月检查电机本体及控制器冷却管道是否通畅，如果冷却管道有堵塞现象，则应及时清理堵塞物。

③ 每半年检查清理 1 次电机本体及电机控制器表面灰尘。清理方法：断开动力电源，用高压气枪清理电机本体及控制器表面灰尘。

> ⚠ **注意**：严禁用高压气枪直接对准控制器外壳上的"呼吸器"吹气，应用软毛刷进行清理。

2. 电机及电机控制器的运行注意事项

① 电机系统上电顺序要求：给电机控制器上高压电源之前，必须先将低压控制电源接通。断电时，先断开高压电源，再断开低压控制电源。

② 电机控制器不能应用在与标称电压不符的电源上，这时控制器或者不能正常工作，或者会被烧毁。

③ 电机控制器只能与车用动力电池组配套使用，不要尝试使用整流电源。

④ 故障出现在电机及控制器的任何地方都有可能导致重大的设备损坏，甚至是严重的人身伤害（即存在潜在的安全隐患），因此，还必须采取附加的外部预防措施（如主接触器）用于确保安全运行，从而即使在故障出现时，也能够得到保护。

⑤ 车辆停止使用或长期驻车时，需要将高、低压电源断开。

⑥ 装有该型号电机及控制器的电动车辆出现故障，被拖走维修时必须保证该电动车辆档位处于物理空档位置，以实现电机轴伸端与变速器输入的物理连接脱离，避免电机高压发电造成系统损坏以及安全事故。

3. 电机及电机控制器的维护与保养项目及操作要领

（1）目测车身底部防护层、驱动电机有否磕碰、损坏（图 6-14）

图 6-14　纯电动车驱动电机

图 6-15　驱动电机导线（电缆）

☞ **特别提示：**
① 目测时必须注意防止汽车的车厢底板、轮罩和边梁等部位伤到自己。
② 要特别注意，所有导线应固定在支架中（图 6-15 中的方框所示），所有塞子均处于规定位置，并且底板未受到任何损坏。
③ 若发现故障，则务必到新能源汽车维修企业找专业人员进行维修。

（2）驱动电机及变速器悬置软垫固定螺栓力矩的检测
① 用专用工具（图 6-16）和维修设备进行检测。
② 按照规定力矩进行检测：支架与车身悬置连接转矩为（65±5）N·m（图 6-17）；变速器悬置连接转矩为 95～105N·m（图 6-18）。

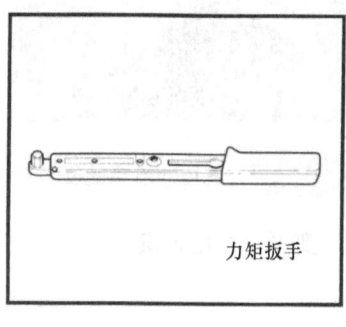
图 6-16　专用工具

图 6-17　支架与车身连接情况

图 6-18　变速器安装情况

（3）底盘高压线缆保护套的检查
① 检测项目。
底盘高压线缆的外观及连接状况。
② 检测方法。
目测检查底盘高压线缆保护套是否进水、老化、破损。

☞ **重要提示：** 务必排除所有检查时发现的故障。

（4）驱动电机、电机控制器的外观检查
使用压缩空气或干布对驱动电机、电机控制器的外观进行清洁。

🔔 **特别注意**：严禁使用水枪对驱动电机、电机控制器喷水清洗。

6.3.4 电器与电控系统的维护与保养项目及操作要领

1. 查询监控终端

（1）所需专用工具

电动汽车专用检测仪（图 6-19）。

（2）检测项目

检测系统故障码。

（3）检测方法

① 拧下转向盘底部的固定下盖板的螺钉（图 6-20 箭头所示，向右侧旋转，左右两个），拆下盖板。

② 连接诊断测试仪（图 6-21）。

③ 将电门钥匙置于 ON 位。

④ 进行测试，查询故障码。

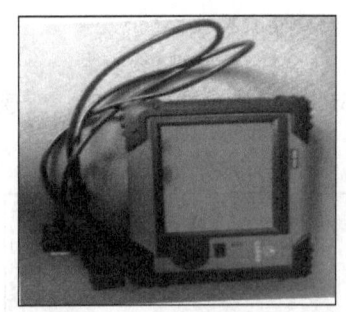
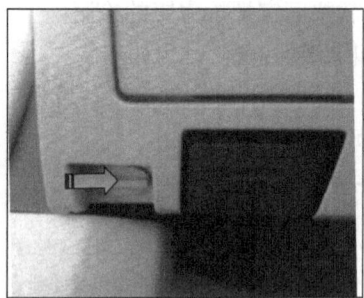

图 6-19　电动汽车专用检测仪　　图 6-20　固定下盖板的螺钉　　图 6-21　连接诊断测试仪

2. 检查机舱线束（高低压）插接件情况，线束根部有无过热、变形、松脱情况

（1）检测项目

高低压线束的外观及连接情况。

（2）检测方法

按照下列说明进行目测。检测前机舱内的线束、软管、接头及零部件等有否泄漏、擦伤及发脆现象。

☞ **重要提示**：务必排除所有检查时发现的故障；如果不是因消耗造成的冷却液、制动液损失，则务必查找原因予以排除。

3. 高压线束的导电性和绝缘性检查

① 选择数字式万用表或纯电动汽车所配备的专用万用表。

② 检测前将连接动力电池的线束与电源控制器进行分离（图 6-22、图 6-23），然后用万用表探针逐个测试，测得参数如果在规定数值内，则判定为合格。

图 6-22　动力电池的线束

图 6-23　电源控制器

> ⚠ **特别注意：**
> ① 新能源汽车的高压线束好比传统能源汽车的燃油系统管路，其导电性和绝缘性的好坏将直接决定纯电动汽车能不能正常驾驶和行车安全与否的问题。
> ② 大多数新能源汽车厂家对高压线束的保修时间为 5 年，若超过规定年限，应到厂家指定的新能源汽车 4S 店进行更换，以免发生短路等故障。

6.4　新能源汽车维护与保养的检测技术

新能源汽车维护与保养后的相关检测以北汽新能源 EV150 汽车为例，相关内容详见表 6-4。

表 6-4　北汽新能源 EV150 汽车高压部件的检测项目及方法

序号	高压零部件	检测项目	检测所需仪器设备	检测方法	标准值
1	动力电池	（1）动力电池正、负极与车身（外壳）绝缘电阻的检测	万用表 FLUKE1587C（电阻档）	① 拔掉高压盒端动力电池输入线 ② 将电门钥匙置于 ON 位 ③ 将万用表（电阻档）黑表笔接于车身，红表笔逐个测量动力电池正、负极端子	动力电池正极绝缘电阻为 ≥1.4MΩ；负极绝缘电阻为 ≥1.0MΩ
		（2）数据采集	笔记本计算机、CAN 卡	计算机监控	
		（3）充电测试	笔记本计算机、CAN 卡、钳形万用表（电流档）	① 计算机监控 ② 充电桩监控 ③ 钳形万用表（电流档）测量充电机输出线缆	
		（4）温度监控	笔记本计算机、CAN 卡、温度计	① 监控整车环境温度 ② 计算机监控	
		（5）压差监控	笔记本计算机、CAN 卡、监控系统	充放电末端压差监控	
		（6）CAN 口检查	笔记本计算机、CAN 卡	目测	

(续)

序号	高压零部件	检测项目	检测所需仪器设备	检测方法	标准值
1	动力电池	（7）放电测试	行车记录仪	车辆按工况行驶，进行监控	
		（8）管理系统绝缘监控电路检查	绝缘表	将车辆电源关闭，打开高压盒输入插头，用绝缘表检测	（1 000V）合格值：总正为＞1.5 MΩ、总负为＞1.0 MΩ
2	车载充电机	车载充电机正、负极绝缘电阻的检测	万用表FLUKE1587C（电阻档）	① 将低压蓄电池负极断开 ② 拔掉高压盒8芯插头 ③ 将万用表（电阻档）黑表笔接于车身，红表笔逐个测量高压盒8芯插头的B（正极）和H（负极）	车载充电机绝缘阻值：在环境温度为23℃±2℃和相对湿度为45%～75%时，其正、负极输出与车身（外壳）之间的绝缘电阻为≥1 000MΩ；在环境温度为23℃±2℃和相对湿度为90%～95%时，其正、负极输出与车身（外壳）之间的绝缘电阻为≥20MΩ
3	DC-DC	DC-DC正、负极绝缘电阻的检测	万用表FLUKE1587C（电阻档）	① 将低压蓄电池负极断开 ② 拔掉高压盒8芯插头 ③ 将万用表（电阻档）黑表笔接于车身，红表笔逐个测量A（正极）和G（负极）	DC/DC绝缘阻值：在环境温度为23℃±2℃和相对湿度为80%～90%时，高压输入与车身（外壳）之间的绝缘电阻为≥1 000MΩ；在工作温度为-20～65℃和工作湿度为5%～85%HR环境下，高压输入与车身（外壳）之间的绝缘电阻为≥20MΩ
4	空调压缩机	空调压缩机正、负极绝缘电阻的检测	万用表FLUKE1587C（电阻档）	① 将低压蓄电池负极断开 ② 拔掉高压盒8芯插头 ③ 将万用表（电阻档）黑表笔接于车身，红表笔逐个测量C（正极）和F（负极）	向空调压缩机内充入50cm³±1cm³的冷冻机油和63g±1g的HFC-134a制冷剂后，其正、负极对车身（外壳）的绝缘电阻为≥5MΩ；清空空调压缩机内部的冷冻机油后，其正、负极对车身（外壳）的绝缘电阻为≥50MΩ
5	PDC	PDC正、负极绝缘电阻值的测量	万用表FLUKE1587C（电阻档）	① 将低压蓄电池负极断开 ② 拔掉高压盒8芯插头 ③ 将万用表（电阻档）黑表笔接于车身，红表笔逐个测量D（正极）和E（负极）	PDC正、负极与车身（外壳）绝缘电阻值为≥500MΩ

（续）

序号	高压零部件	检测项目	检测所需仪器设备	检测方法	标准值
6	电机控制器、驱动电机	电机控制器、驱动电机正/负极输入绝缘电阻值的测量	万用表FLUKE1587C（电阻档）	① 将低压蓄电池负极断开 ② 拔掉高压盒电机控制器插头 ③ 将万用表（电阻档）黑表笔接于车身，红表笔逐个测量正、负极端子	电机控制器正、负极输入端子与车身（外壳）绝缘电阻值为≥100MΩ
7	熔断器盒	高压盒正、负极绝缘电阻值的测量	万用表FLUKE1587C（电阻档）	① 将低压蓄电池负极断开 ② 拔掉高压盒8芯插头，动力电池输入插头，驱动电机控制器输出插头 ③ 将万用表（电阻档）黑表笔接于车身，红表笔逐个测量高压盒端（动力电池输入，驱动电机控制器输出）	高压盒端（动力电池输入，驱动电机控制器输出）与车身（外壳）绝缘电阻值为无穷大

> **注意**：在测量高压部件绝缘阻值前，先将低压蓄电池负极断开（除动力电池），用万用表测量所测部位，确认无高压后再进行测量。

解读和学习工匠精神之六

　　工匠精神的现实意义是将工匠精神注入到现代化的生产当中，更加用心去做好本职工作，更加用心去维护自身事业的原则和尊严。充分利用工匠精神，靠创新和核心技术去推动并引领时代发展。

　　当前，许多行业低端产能严重过剩，但中高端产能严重不足，生产与供给无法满足社会日益增长的中高端需求。国内一些商品在进行低质低价式的竞争，既不能充分满足市场需求，更不利于技术创新与行业进步。这就需要弘扬工匠精神，让企业对质量精心打磨，对品牌精心呵护，让职工对工作一丝不苟、精益求精、追求卓越。

任务总结

1）我国现代新能源汽车的主要类型有纯电动汽车、混合动力汽车和氢燃料电池汽车。

2）纯电动汽车由动力电池组和电动机代替传统汽车的发动机来驱动汽车行驶。

3）纯电动汽车的维护保养项目尽管与传统汽车的维护保养项目有许多相同之处，但两者维护与保养的最大区别在于：传统汽车主要针对发动机进行保养，需要定期更换机油、机油滤清器等，而纯电动汽车主要是针对电池组和电动机进行日常的维护与保养。

4）纯电动汽车的维护任务主要包括充电系统、动力电池系统、驱动电机以及驱动电机控制器的维护与保养等内容。

5）纯电动汽车的维护任务实施，应特别注意相关系统及总成的使用条件、安全注意事项以及相应的操作要领等相关要求，以确保人身安全。

6）纯电动汽车维护与保养结束后，应进行相关检测，以确保维护质量。本书以北汽新能源EV150汽车为例，相关内容详见有关表格。

任务验收

掌握"学习工作页"任务6中的关键理论知识；熟练完成各项维护作业任务；认识大国工匠，学习和弘扬工匠精神。

项目三

汽车维护与保养的4S店作业

※ **知识目标：**

◆ 熟悉现代汽车4S店维护作业的工作流程

◆ 知道汽车4S店的基本运作流程

◆ 知道汽车4S店的安全生产

※ **能力目标：**

◆ 熟练掌握现代汽车4S店维护作业的操作规程

◆ 会做汽车4S店的售前检查

◆ 会做汽车4S店的首次保养

◆ 会做汽车4S店的定期保养

任务 7
现代汽车4S店维护作业的工作流程

我国汽车工业早已成为国民经济的支柱产业，尤其是进入 21 世纪以来，汽车市场出现了"井喷"现象，中国已全面进入汽车社会。

当今汽车市场的竞争不仅是汽车产品的竞争，而且更多的是售后服务的竞争。为了提高产品竞争力，各大汽车制造厂商几乎都采取加盟的方式，纷纷在各大中型城市以及三线、四线、甚至发达乡镇，建立规范化、标准化、系统化的汽车 4S 店（整车销售，Sale；零配件供应，Spare part；售后服务，Service；信息反馈，Survey）。据统计汽车 4S 店售后服务业务中有 70% ~ 90% 的工作为汽车常规性维护与保养作业。为此本任务就汽车 4S 店的基本运作流程，汽车 4S 店的安全生产、售前检查、首次保养和定期保养等内容进行详细的讲解。

7.1 汽车 4S 店的基本运作流程

为提高汽车 4S 店的服务水平、工作效率、工作质量和经济效益等，汽车 4S 店都有一套相对完善的运作流程，大体包含以下几个方面：预约、接待、填写修理单（报修）、监督工作进程、交车前的最后检查、交车时的维修说明、服务追踪和与客户建立良好的关系等，详见图 7-1、表 7-1 ~ 表 7-8。

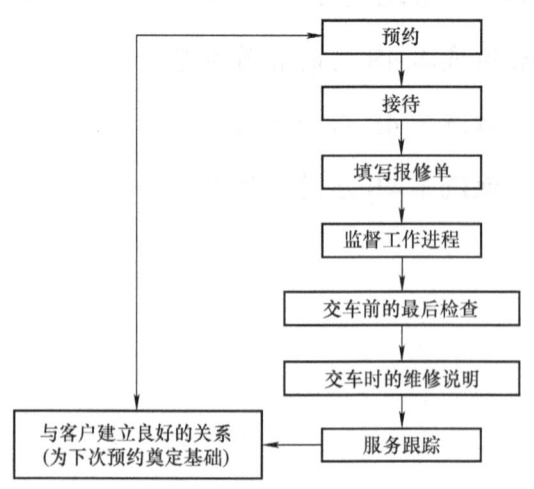

图 7-1 汽车 4S 店的基本运作流程

7.1.1 预约（表 7-1）

表 7-1 汽车 4S 店预约流程的操作步骤及注意事项

序号	操作步骤	操作图解	注意事项	目标、要点及提示
1	电话预约	填写预约表，对返修客和投诉客要特别标出	（1）把握好预约时机：即什么时候可以预约，什么时候不能预约 （2）填写预约表时注意： ① 预约时间应保持 15min 左右间隔 ② 预约截止时间由维修主管决定 ③ 问清楚是"返修客"，还是"投诉客"	目标： ① 确保接待顾客准时且有秩序 ② 确保事先准备好必要的更换零件 要点： ① 尽可能将预约放在空闲时间，避免都挤在繁忙的上午和即将收工的傍晚 ② 留出 20% 的车间容量应付简易修理和前一天遗留下来的修理及不能预见的延误 ③ 将预约间隔开（例如，15min 间隔），防止重叠 ④ 与安全有关的返修客及投诉客的预约应予优先安排 提示： 预约系统可以有效地将工作分配到维修车间，并且安排足够的时间给每个客户，从而提高客户满意度。如果预约系统能合理地发挥作用，其他的工作过程可变得有效、平稳
2	确认预约	提前两天与顾客联络，以确认预约	^	^
3	准备维修单	查阅顾客档案或计算机印出资料	参考顾客档案，计算机打印资料或预约表，将顾客及车辆资料写在修理单上	^
4	按 L1 和 L2 两条路线并根据具体情况进行维修准备	L1 路线： 无库存 确定简单工作及定期检查用的主要零件有无库存 L2 路线： 预先要求车间主任进行诊断 预先要求服务主管在接待时出席	① 查询可能的送货日期，并通知顾客，零件何时才有 ② 要求零件部订购必要的零件 要求车间主任估计要做的工作量及所需时间	^

7.1.2 接待（表 7-2）

表 7-2 汽车 4S 店接待流程的操作步骤及注意事项

序号	操作步骤	操作图解	注意事项	目标、要点及提示
1	日常准备	准备必要的文件、地毯/椅套等	具体准备： ① 预约表和工作进度表 ② 修理单 ③ 顾客档案 ④ 统一费率手册或人工收费表 ⑤ 零件目录和价目表 ⑥ 车主手册和维修手册 ⑦ 地毯和椅套	目标： ① 详细了解客户的需求 ② 确认故障症状 ③ 推荐客户不知道的附加项目
2	接待顾客	① 礼貌地迎接顾客 ② 自我介绍 ③ 询问顾客姓名，以及他（或她）是否预约 ④ 询问顾客是否是第一次来贵处 ⑤ 在修理单上写下顾客和车辆的资料	① 如果是新客，则进行第 3 项操作，即小心聆听 ② 如果是熟客或长期顾客，则取出已制备好的修理单和顾客档案（资料）	要点： ① 要求服务主管派人协助 ② 小心听取客户的要求，将客户的描述登记在修理单上 ③ 与技术主管进行路试或仪器诊断 ④ 要求技术主管签字 提示： 接待过程的目标是，用有序、专业的方式接待顾客，增加客户的信心，在有能力的基础上超越客户的期望
3	小心聆听	小心聆听，以了解故障（或维修要求）、故障产生的情况等 询问检查目的和里程表读数，然后确定技术检查程序（例如，40 000km 例行检查） 取出顾客档案或印出维修记录	必要时，需要服务专员与顾客进行交谈 ① 需要服务主管参加交谈 ② 用顾客的话，将症状及要求写在修理单上 ③ 将顾客的要求和服务主管的指示写在修理单上 ① 带上椅套及地毯 ② 必要时，陪顾客到汽车诊断区	

（续）

序号	操作步骤	操作图解	注意事项	目标、要点及提示
4	准备诊断	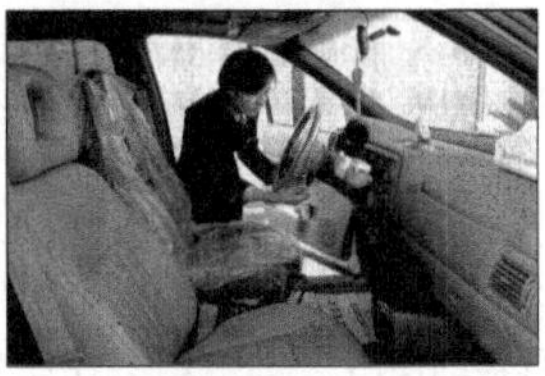 ① 罩上椅套，铺上地毯 ② 索取品质保证书或维修手册 ③ 查看顾客档案，计算机印出资料，了解上次维修情况	① 在车旁进行操作 ② 确认车主姓名和上次所做的检查 ③ 确认汽车识别资料已写在修理单上 ④ 记下里程计读数	其他要点： ① 在一般维修和返修或投诉后，还需完成：用服务主管或车间主任的话，将替换零件及工作指示写在修理单上 ② 询问顾客是否还有其他要求
5	车上检查和决定要做的工作	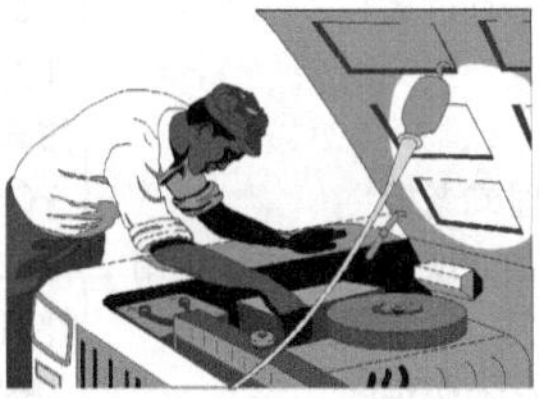 发动机舱检查 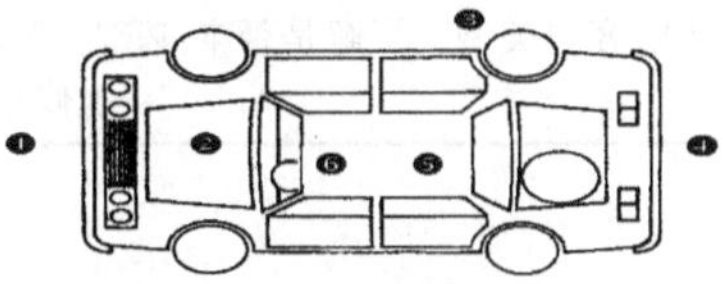 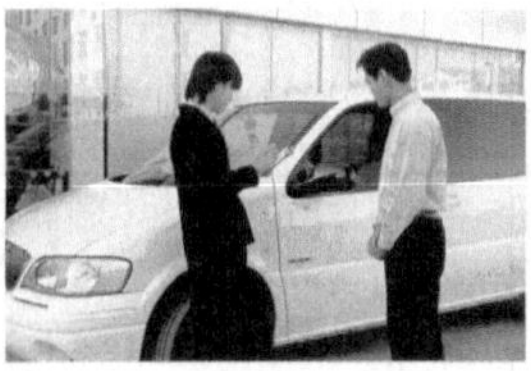 与车主一起按图中顺序环车检查，根据下页表格中所列项目将检查结果记录在修理单或车辆初检表格中 车辆初检表 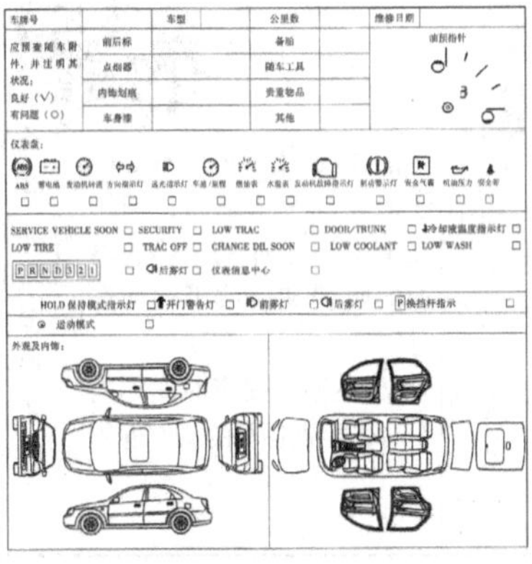 车牌号 车型 公里数 维修日期 应预查随车附件，并注明其状况：良好（√）有问题（○） 前后标 备胎 点烟器 随车工具 内饰划痕 贵重物品 车身漆 其他 仪表盘： ABS 蓄电池 发动机转速 方向指示灯 远光指示灯 车速/里程 燃油表 水温表 发动机故障指示灯 制动警示灯 安全气囊 机油压力 安全带 SERVICE VEHICLE SOON SECURITY LOW TRAC DOOR/TRUNK 冷却液温度指示灯 LOW TIRE TRAC OFF CHANGE OIL SOON LOW COOLANT LOW WASH P R N D 3 2 1 后雾灯 仪表信息中心 HOLD 保持模式指示灯 开门警告灯 前雾灯 后雾灯 P 换挡杆指示 运动模式 外观及内饰：	分以下 3 种情况进行： ① 定期检查 推荐检查项目（例如，50 000km 检查），然后将它写在修理单上 ② 一般维修 要求车间主任协助 根据车间主任进行的车上诊断，你亲自确认症状。如有必要，进行路面驾驶 ③ 返修或投诉 要求车间主任协助 根据服务主管或车间主任进行的诊断，与顾客一起确认投诉的性质 在修理单上清楚标示“返修”或“投诉”	将工作指示写在修理单上时注意： 如果顾客有其他要求，请用顾客自己的话记下；记下接车前检查的结果；检查车内是否遗留有珍贵物品 除了定期检查，工作指示和替换零件应该用车间主任自己的话记下来

7.1.3 填写修理单（报修，表 7-3）

表 7-3 汽车 4S 店报修流程的操作步骤及注意事项

操作步骤	操作图解	注意事项	目标、要点及提示
写下修理要求	① 检查零件库存情况 ② 估计收费和交车日期及时间 ③ 解释要做的工作，并获得客户的批准 ④ 将修理单交给车间主任	① 逐项解释收费 ② 总体打折，单项不打折 ③ 加强使用设备仪器的使用 ④ 增加附加检测 ⑤ 加强收费的解释说明 ⑥ 质量保证说明 ⑦ 配件解释说明 ⑧ 打折幅度变化不宜过大 ⑨ 制订收费标准 ⑩ 品牌不打折 ⑪ 不让客户找经理或老板 ⑫ 事故车估价细致，预见不可估计费用 ⑬ 注意维修难度 ⑭ 了解配件价格及采购难度 ⑮ 是否常见车型，其他修理企业能否完成，是否到其他企业维修过 ⑯ 了解什么样的客户类型，了解是否本地车和外地车	目标： ① 有关维修的一切项目和费用，均要取得客户的同意 ② 要签合约 要点： ① 逐项写出收费金额，以便顾客了解估价 ② 除了定期检查，人工和零件的收费应与车间主任一起协商估算 ③ 若是定期检查，人工和零件收费应按照统一费率手册和零件目录估算 提示： 有效的修理单信息和有效的维修过程管理为顾客满意度打下基础，精确的修理单写法是达到"一次修复"的重要一环

7.1.4 监督工作进程（表 7-4）

表 7-4 汽车 4S 店监督工作进程的操作步骤及注意事项

序号	操作步骤	操作图解	注意事项	目标、要点及提示
1	检查工作进程	利用工作进程控制表/板来监督各项工作，向顾客汇报工作进程	在预定交车前两小时，检查工作进程	目标： 跟进工作进程，以确保车辆可以按预定的日期和时间交给顾客 要点： ① 确保车间主任或调度员随时刷新工作进程控制表或工作进程控制板，以及反映各项工作的最新状况 ② 如果必须作改动，将添加的工作、增加的收费以及新的交货日期和时间通知顾客，并获得其同意 提示： 质量控制系统用来确保客户的车辆长期能被一次修复
2	有变化时，事先征得顾客同意	① 将客户同意的变动项目通知车间主任，以便他能恢复工作 ② 在车间主任的协助下决定新的交车时间及估价 ③ 将变化通知顾客，并争得他或她的同意 ④ 将顾客的回答记在修理单上	将变化写在修理单上 注意： ① 为了使顾客同意了的任何变动突出醒目，请用红笔书写添加的工作、增加的收费和修改了的交车时间 ② 在预定交车时间前两小时，检查各车的工作进程	

7.1.5 交车前的最后检查（表7-5）

表7-5 汽车4S店交车前的最后检查步骤及注意事项

序号	操作步骤	操作图解	注意事项	目标、要点及提示
1	对所做的工作进行车上检查	① 查看修理单，以确认最后检查已完成（例如车间主任签字）。如果修理单上写的内容有不清楚的地方，要向车间主任或技术员查询 ② 检查所做的工作和所更换的零件。请准备对顾客有用的资料 ③ 确认车辆里外已清理干净 ④ 确认其他交车前的礼仪工作（将座椅回复到原来位置等） ⑤ 再次检查接车前的检查项目（车身损伤等），并与原先的检查进行比较	在修理单上记述所做的工作和最后检查结果时注意： ① 确认接车前的检查项目，并与现在的检查进行比较 ② 确认最后检查已完成 ③ 在完成了交车前最后检查后，请服务主管和服务专员签字	目标： ① 确保顾客要求的所有工作确实完成了，而且质量满意 ② 了解所有工作的详情、更换了什么零件和更换的原因，以及每一项的收费，以便在交车时能作出令顾客满意的解释 ③ 确保所需要的文件、更换的零件等均已准备好，以展示给顾客看 要点： ① 要求进行维修的车间主任或技术员对所做的工作作出完整的解释（什么、为什么和如何） ② 填好修理单和适当的分项帐单。如果收费与原先的估价有很大出入，找出其原因，并且准备作出清楚的解释 ③ 如果是返修或投诉，请服务主管亲自确认你所做的交车准备工作（例如，所做的工作、工作质量、换掉的零件、文件等） ④ 建议让当初接待顾客的那位服务专员做交车的准备工作，并在交车时对所做的工作进行解释 提示：交车程序是为了确保顾客离开时对销售店有正面的印象并对工作满意
2	备妥文件	① 填好修理单，并逐项检查收费，包括人工和零件价格 ② 根据修理单制备账单（如果账单与修理单是分开的话）	① 要求服务主管批准特别修理（例如，昂贵的修理、保用工作或返修等）的收费 ② 要求服务主管亲自确认返修或投诉的交车前的最后检查 ③ 在维修手册或品质保证书中记录已完成的定期检查	
3	准备交还给顾客的材料	准备要交还给顾客或要给顾客看的换下来的零件和材料（例如，换掉的零件、维修手册或品质保证书、钥匙等）	及时通知顾客车辆维修工作已完成	

7.1.6 交车时的维修工作说明（表7-6）

表7-6 汽车4S店交车时的维修工作说明及注意事项

序号	操作步骤	操作图解	注意事项	目标、要点及提示
1	解释所做的工作和收费（在业务处）	① 向顾客问好 ② 向顾客讲述在维修中发现的问题，并且提供有用的咨询	分3种情况进行说明： ① 定期检查。解释所做的工作 ② 一般修理。解释所做的工作，并展示换下的零件 ③ 返修或投诉。解释所做的工作，并展示换下的零件。此时服务主管应在场	目标： 确保顾客对4S店有信赖感 ① 向顾客展示，所要求的工作已满意完成，因此顾客可以满怀信心地驾驶他或她的车辆 ② 让顾客理解收费是合理的 要点： ① 在车旁还应再简述所做的工作 ② 应该逐项解释收费（人工收费和零件价格），并且展示换下来的零件 ③ 作为汽车保养专家，你应向顾客讲述在维修过程中发现的问题 例如： 如何防止同类故障再次发生 提供资料，让顾客可以享受更多的驾驶乐趣
2	展示所做工作的质量（在车上）	① 取下椅套 ② 陪同顾客至业务处	陪同顾客到车旁，并做如下的工作： ① 解释所做的工作 ② 展示所做的工作（如果在诊断时进行了路面驾驶，那么此时也与顾客一起进行路面驾驶） ③ 展示接车前检查的项目都好了（例如，门绞链已加油） ④ 展示商誉性的服务	
3	请顾客付款（在业务处）	① 请顾客付款 ② 回到业务处解释所做的工作 ① 通知顾客下次保养检查的时间 ② 询问顾客，何时进行维修后追踪比较方便 ③ 交还维修手册或品质保证书、钥匙等 ④ 在修理单上写下预约服务的时间	不要催促顾客付款	

7.1.7 服务追踪（表 7-7）

表 7-7 汽车 4S 店服务追踪步骤及注意事项

序号	操作步骤	操作图解	注意事项	目标、要点及提示
1	维修后追踪（L1 和 L2）	L1：通过电话 ① 取出有关的修理单（在维修后一周内） ② 在预约的日期和时间联络顾客，并且按照预定的程序进行追踪（例如，感谢顾客惠顾，确认他/她是否满意等） L2：通过信件	① 如果顾客满意：感谢顾客，并欢迎继续光临惠顾 ② 如果顾客不满意或投诉：感谢顾客向你提出的问题，从而帮助你杜绝下次出现同样的问题 请顾客将车开回维修间，以便解决投诉的问题 立即向服务主管报告投诉 按照预定程序编制的调查问卷邮寄给顾客	目标： ① 对顾客惠顾表示感谢 ② 了解顾客对服务是否满意：如果顾客不满意，采取行动解决任何可能存在的问题 ③ 通知顾客下一次例行保养检查的时间 要点： ① 为表示出您关怀顾客的态度，请顾客提供意见，以帮助贵中心改进服务 ② 确实执行服务主管决定，通过电话追踪的标准程序 ③ 确实执行服务主管决定，处理不满意顾客的标准程序（例如，立即报告服务主管，以便他能与顾客联络） 提示： 跟踪服务可以保持与顾客的交流并在顾客满意度方面提供有价值的反馈
2	向服务主管报告追踪的结果	总结当天追踪的结果，并且向服务主管汇报		

7.1.8 与客户建立良好的关系（表 7-8）

表 7-8 汽车 4S 店与客户建立良好关系的注意事项

操作图解	注意事项
通过关系营销，与客户建立良好的关系。使客户从满意到客户感动	① 了解掌握客户的自然情况和性格特点 ② 每逢重大节日给客户寄上一份惊喜 ③ 每年春节赠送一份纪念品 ④ 客户生日发函电祝寿或直接参加 ⑤ 得知客户生病，就地前往探望，异地发函电慰问 ⑥ 获悉客户婚丧嫁娶等红白喜事，以合适的方式予以表示 ⑦ 邀请或参加双方重大活动

7.2 汽车4S店的安全生产

7.2.1 员工个人安全注意事项

1)着装和佩戴饰物：外衣不宜太宽松，严禁披穿，长袖应扣好，衣裙掖进裤腰内（图7-2），领带藏在衬衣内，严禁戴珠宝饰物，严禁穿拖鞋，最好穿鞋面坚固、鞋底耐油的鞋子。

2)眼睛的保护：使用电动工具、锤、錾或在车底作业时会引起火花、灰尘、铁屑及化学品等，故应佩戴劳保眼镜（图7-3）。注意摘眼镜前闭上眼睛，以免尘埃掉入眼睛。

图7-2 着装规范

图7-3 眼睛保护规范

3)旋转物周围作业：如在发电机、起动机、风扇、水泵、压缩机、传动轴、动平衡机、轮胎拆装机（图7-4）、砂轮机、钻床等周围作业时，应注意手、衣物、擦布、工具、量具不要放在附近。

4)搬运重物：注意腰、背、肘、脚，要量力而行（图7-5）。台架应固定牢靠。

图7-4 轮胎拆装规范

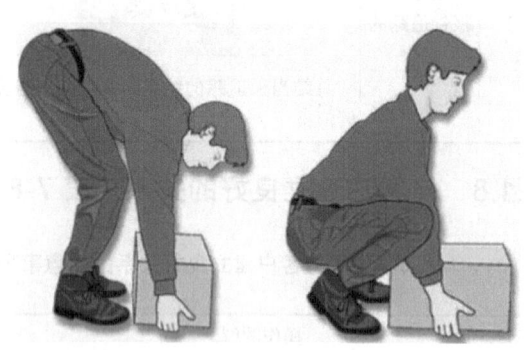
图7-5 搬运重物规范

7.2.2 工具和设备的安全使用注意事项

1)安全使用手工工具。

2)切勿使用破损、不适合的工具；不要碰锋口；注意工具清洁和脱手是否会受伤。

3)安全使用电气工具设备。

4)佩戴保护器具、检查保护装置、测量是否漏电，使用焊接设备时注意防火防爆。

5）安全使用空气压缩机。

6）检查气管和压力、清洁卫生用安全喷嘴、气动工具安装到位。

7.2.3 提升汽车时的安全注意事项

1）安全使用移动提升机和安全支座。检查移动提升机是否正常、注意支点位置、放置挡块、使用安全支座。

2）安全使用整车提升机。如使用单柱式、双柱式、四柱式、菱架式、手动液压吊车、电动液压吊车等提升设备，均应注意支点位置、考虑汽车平衡、确认高度和宽度、锁好锁止机构。

7.2.4 在车间发动汽车时的注意事项

1）用车轮挡块，固定汽车。
2）变速杆置于空档或停车档。
3）拉紧驻车制动。
4）注意废气排放。

7.2.5 防火灾和使用灭火器时的注意事项

1）电气管理（先断电，后灭火，根据涉及可燃物选择灭火器具）。
2）管理好油料。
3）管理好易燃、易爆物。
4）合理使用灭火器。

解读和学习工匠精神之七

工匠精神的现实意义是将工匠精神注入现代化的生产当中，更加用心去做好本职工作，更加用心去维护自身事业的原则和尊严。充分利用工匠精神，靠创新和核心技术去推动并引领时代发展。

制造业是国民经济的主体，是立国之本、兴国之器、强国之基。当前，我国制造业大而不强，科技含量不高，发展日渐乏力，结构调整和转型升级的任务越来越紧迫。这就需要弘扬工匠精神，通过科技创新与技术创新推进制造业的质量升级、技术升级、产业升级，真正实现从量到质、从速度到效益、从旧动力到新动力的更迭转换。

任务总结

1）汽车4S店是指集整车销售（Sale）、零配件供应（Spare part）、售后服务（Service）和信息反馈（Survey）四位一体的具有规范化、标准化、系统化特点的汽车售后服务企业。

2）现代汽车4S店维护作业的工作流程主要包括汽车4S店的基本运作流程，汽车4S店的安全生产、售前检查、首次保养和定期保养等内容。

3）汽车4S店的基本运作流程大体包含预约、接待、填写修理单（报修）、监督工作进程、交车前的最后检查、交车时的维修说明、服务追踪和与客户建立良好的关系等几个方面。

4）汽车4S店的安全生产要求主要包括员工个人安全、工具和设备的安全使用、提升汽车时的安全等注意事项，以及在车间发动汽车时的注意事项、预防火灾和使用灭火器时的注意事项等内容。

任务验收

掌握"学习工作页"任务7中的关键理论知识；熟练完成各项维护作业任务；认识大国工匠，学习和弘扬工匠精神。

任务 8

现代汽车4S店维护作业的操作规程

8.1 汽车 4S 店的售前检查

汽车 4S 店售前检查（英文缩写为 PDI，也称为移交保养）项目综合了各种类车型的检查项目，而本任务售前的检查、维护与保养操作以广州本田的 PDI 检查制度和大众系列中奥迪等高档车型的 PDI 检查为例进行介绍，其他车型的技术参数请参考厂家所提供的资料。

8.1.1 PDI 检查相关知识

1. PDI 检查的概念

"PDI"是英语"pre-delivery inspect"的缩写，其含义是"交付前检查"，在广州本田新车检验体系中，"PDI"是指车辆交付给用户前对新车所实施的"售前检查"。

> ☞ **特别提示**："PDI"检查与新车运输到特约店时由销售部门人员实施的"接车确认"是两个不同的项目，其实施的内容和目的均不一样，绝不可混淆，必须注意区别。

2. 实施 PDI 检查的目的

生产过程以及产品制成后的质量管理是持续进行的，在车辆从制造到交付用户手中，各个环节都有可能产生新的问题。

① 运输前的不规范搬运作业而导致隐性的故障。

② 存放期间的恶劣环境（高温、潮湿、盐碱、鸟粪等）使车辆受损。

保质保量地交付一辆完美无缺的汽车是用户满意的首要条件。为确保把完美无缺的新车交付到用户的手中，特约店在销售前必须严格按照生产企业要求对新车实施"PDI"检查。

3. 实施 PDI 检查的方法

（1）实施 PDI 检查的方式

① 新车交付给用户前 1 天内完成 PDI 检查。

② 销售部门必须提前 2 天通知服务部门，以便服务部门合理安排人员实施检查作业。

③ 销售部门与服务部门在 PDI 实施前后的交接时必须做好车辆及随车物品移交手续（随车物品、PDI 检查单等）。

（2）实施 PDI 检查的流程

特约店在实施 PDI 检查作业时，务必遵循图 8-1 所示的流程。

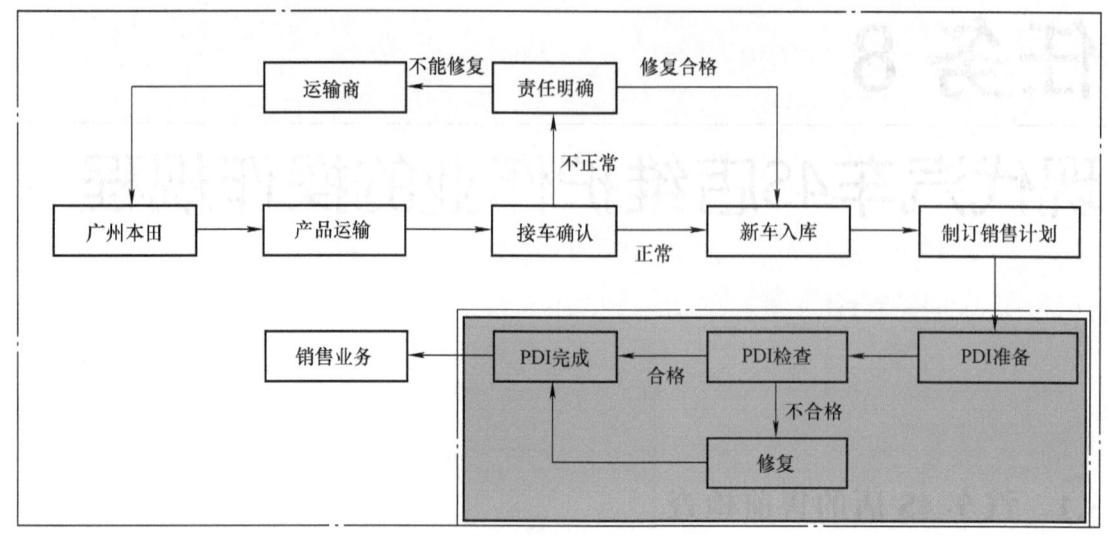

图 8-1 汽车 4S 店 PDI 检查的基本运作流程

8.1.2 PDI 检查项目

① 检查蓄电池静态电压（空载电压）。
② 检查蓄电池电缆紧固情况。
③ 检查蓄电池负载电压。
④ 目视检查发动机及发动机舱是否存在渗、漏及损坏。
⑤ 检查冷却液液位。
⑥ 检查风窗 / 前照灯清洗液液位，售前检查：清洗液罐内应装满清洗液。
⑦ 检查机油油位。
⑧ 检查制动液液位。
⑨ 检查转向助力系统液压油油位。
⑩ 拆除前 / 后悬架运输锁块。
⑪ 目视检查车辆下部是否存在渗、漏及损坏。
⑫ 检查轮胎（包括备胎）充气压力，厂家提供的商品车轮胎胎压应为 3.5 bar。
⑬ 检查车轮螺栓紧固力矩。
⑭ 安装熔丝。
⑮ 检查所有开关、电器设备、显示器、驾驶人操作控制系统功能。
⑯ 检查电动车窗升降器单触功能。
⑰ 调整数字式时钟。
⑱ 检查空调系统功能。
⑲ 激活收音机 / 导航系统功能（输入防盗码）。
⑳ 设置组合仪表语言显示。
㉑ 保养周期复位。
㉒ 前排乘员侧安全气囊开关处于开启（ON）位置（有该开关时）。
㉓ 检查所有控制单元故障记忆。

㉔ 检查风窗清洗喷嘴喷射角度及位置（必要时调整）。
㉕ 拆除座椅保护套及地毯塑料保护膜。
㉖ 检查车辆内部是否清洁，包括前/后座椅、内部装饰件、地毯/脚垫、车窗等。
㉗ 安装车轮罩盖/装饰帽、车顶天线、电话天线等（这些零件存放在行李舱内）。
㉘ 安装脚垫。
㉙ 拆除车门保护块。
㉚ 检查车辆外部是否清洁，包括油漆、装饰件、车窗、刮片等。
㉛ 检查钥匙标牌上的钥匙号/认证号胶贴是否完整、清晰。
㉜ 在保养胶贴上填写下次保养日期（及更换制动液日期），将该胶贴粘贴在仪表板左侧或车门B柱上。
㉝ 在保养手册中填写交车检查的有关内容。
㉞ 检查随车文件是否完整、齐全。
㉟ 试车。

8.1.3 PDI 检查主要项目的操作规程

以奥迪 A6 的 PDI 检查为例进行介绍。详见表 8-1。

表 8-1 奥迪 A6 的 PDI 检查主要项目及作业任务

序号	PDI 检查项目	图示	任务、条件、说明及注意事项
1	检查蓄电池静态电压	V.A.G 1526A	任务：关闭点火开关，测量接线柱间电压 ① 显示 12.5V 或更高，正常 ② 低于 12.5V，不正常 必备的检测仪器：数字式万用表 V.A.G 1526A 说明：测量蓄电池前两小时内 ① 不得开车或起动发动机 ② 不得接通用电器 ③ 不得对蓄电池充电
2	检查蓄电池电缆紧固情况		任务：将蓄电池紧固后，检查蓄电池线是否接牢，如有需要，拧紧箭头所示螺母（拧紧力矩为 6N·m） 注意：如果蓄电池正极未接好，为了防止发生故障，应先断开蓄电池负极
3	目视检查发动机和发动机舱		任务： ① 拆下发动机舱罩 ② 检查发动机和发动机舱是否泄漏和损坏 ③ 检查下述系统的软管和接头是否泄漏、擦伤、渗漏及脆裂：燃油系统、冷却系统和加热系统、制动系统 再从下面检查同样的地方，这时要将车举起，拆下底护板

（续）

序号	PDI 检查项目	图示	任务、条件、说明及注意事项
4	检查冷却液液面高度	 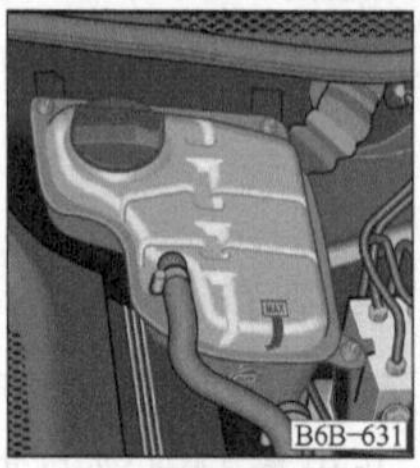	任务：冷态时，检查冷却液液面高度，液面是否在 Max 处 注意：如需补加，只能补加 G12（红色）
5	检查清洗液液面高度		任务：检查清洗液液面是否在指定标记处
6	检查发动机机油油面高度	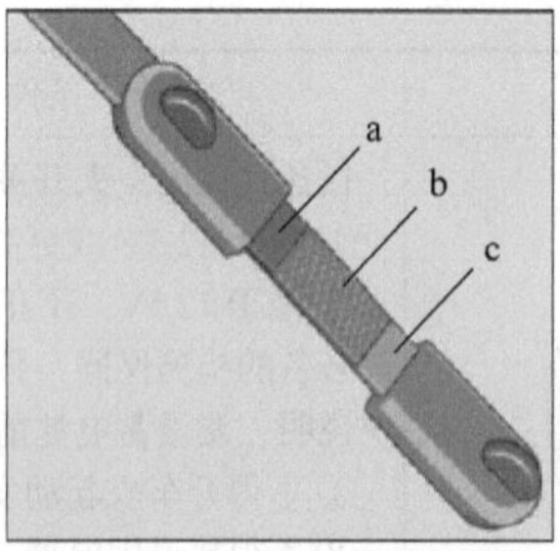 	检查条件： ① 发动机暖机（机油温度不低于 60℃） ② 车停在水平面上，发动机停转后等几分钟，以便机油回到油底壳内 ③ 拔出机油尺，用干净布擦干净后再插回原处 ④ 再次拔出机油尺，读出油位 机油尺上的标记区： a—不可再加机油 b—可加注机油，加油后油位可达 a 区 c—必须加注机油，加油后油位达到 a 区 任务：机油油面要在 a 区
7	检查制动液液面高度	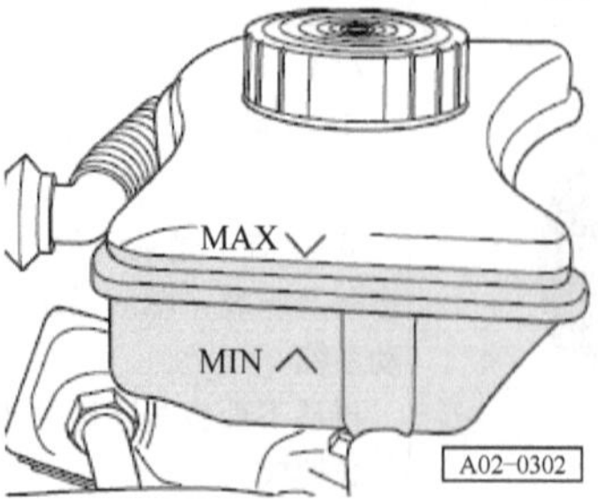	任务：检查制动液液面是否在 MAX 处

（续）

序号	PDI 检查项目	图　示	任务、条件、说明及注意事项
8	助力转向系统液压油油面高度		**任务：** 冷态时： ① 不起动发动机，摆正前轮 ② 检查油面高度：应在 Min 和 Max 附近（2mm） 暖机时（50℃以上）： ① 起动发动机，摆正前轮 ② 拧下油尺盖，用一块干净抹布擦净油尺，用手拧紧油尺盖并将其再拧下 ③ 检查油面高度：应在 Min 和 Max 之间 注意： ① 如油面高于规定值，应抽出一些液压油 ② 如油面低于规定值，检查液压系统是否泄漏，不能盲目补加液压油 ③ 如液压系统没问题，才可补加液压油
9	从下面目测检查		**任务：** ① 检查是否泄漏及损坏 ② 总成 ③ 转向系统 ④ 万向节护套 ⑤ 制动系统 ⑥ 软管及储液罐 ⑦ 车底板
10	检查轮胎压力		**任务：** ① 保证正确的充气压力 ② 商品车轮胎气压（包括备胎）要在 3.0bar 左右 ③ 卸压：冷态状态下，按油箱盖内侧标签上所对应的值对轮胎卸压（按半载） 注意：标签上的轮胎压力值仅指轮胎冷态时
11	重新紧固车轮螺栓		**任务：**按对角线拧紧至规定力矩 120N·m
12	检查照明设施的功能状态		前照灯：驻车灯，转向灯、远光灯、近光灯、雾灯 尾灯：制动灯、高位制动灯、倒车灯、后尾灯、牌照灯 其他：警告灯、行李舱照明灯、室内照明、收音机、空调和玻璃升降开关照明灯等

(续)

序号	PDI 检查项目	图示	任务、条件、说明及注意事项
13	检查开关及其他控制元件功能	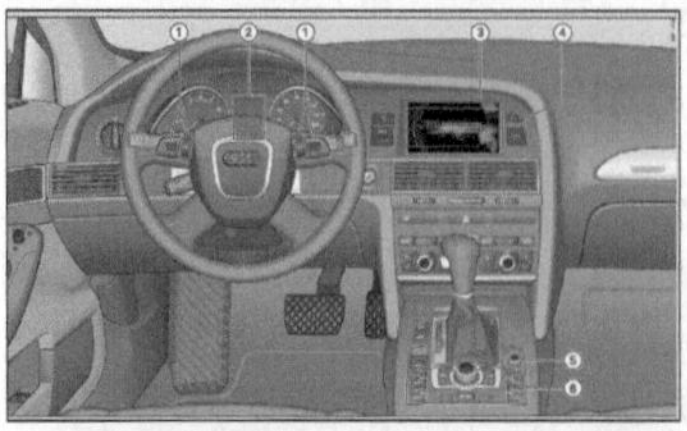 	任务： ① 仪表板上的所有开关 ② 驾驶人信息系统 ③ 风窗刮水/清洗系统、前照灯清洗系统 ④ 前、后点烟器 ⑤ 电动车外后视镜 ⑥ 电动玻璃升降开关 ⑦ 中央门锁，遥控装置，自动锁装置 ⑧ 电动座椅，安全带高度调节 ⑨ 加热座椅 ⑩ 音响系统
14	调整时钟	 	任务：调整到准确的时间与日期 调小时：拉出调整按钮，小时显示值闪，左右拨动即可改变 调分钟：拉出调整按钮，直至分钟显示值闪亮 调日期：拉出调整按钮，直至年、月、日显示值闪亮
15	检查空调功能		任务： ① 检查空调所有功能 ② 检查是否已设为 22℃。如有需要，进行设定
16	激活收音机	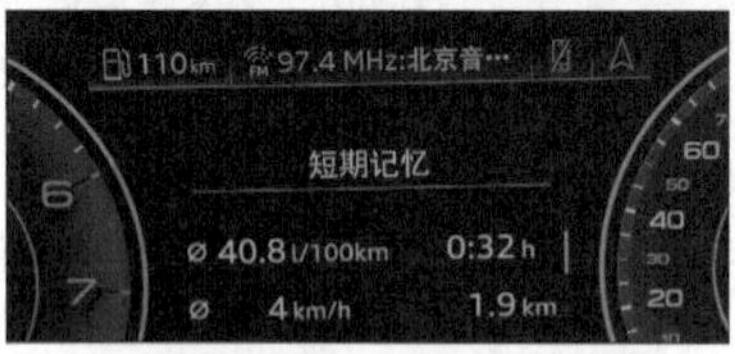	任务：测试调频，AS 钮
17	启动防盗码	 	① 打开收音机，屏幕显示"SAFE"字样，同时按下"FM2"和"MONO"键，直到显示"CODE"，瞬间变为"1000" ② 用选台按键 1~4 输入收音机卡上贴的代码。即用按键 1 输入代码第一位，用按键 2 输入第二位，依此类推。然后再次同时按下"FM2"和"MONO"键，直至频率显示屏上出现"SAFE"字样，松开按键。其上短时出现一个频率 ③ 如果固定码已正确输入收音机，则在拔下点火钥匙时，收音机旁一个发光二极管应闪亮 若两次密码输入错误，1h 后才能再次输入

194

(续)

序号	PDI 检查项目	图 示	任务、条件、说明及注意事项
18	查询故障存储		任务：查询各控制单元的故障存储
19	用 V.A.G 1551 查询故障存储		任务： ① 将变速杆置于"P"或"N"并拉紧驻车制动器（自动变速器） ② 关闭点火开关，连接 V.A.G 1551 ③ 按 print 键接通打印机（键内指示灯亮） ④ 起动发动机，使之怠速运转 ⑤ 短时踏下一次制动踏板 ⑥ 按 1 键选择运作方式"快速数据传递"。按 0 键两次选择"自动检测"（地址码 00），按 Q 键确认输入 ⑦ V.A.G 1551 依次发送已知的地址码。显示屏将显示存储的故障数或"无故障"。存储的故障依次显示并打印出来，然后 V.A.G 1551 发送下一个地址码。出现该内容时，自动检测结束 ⑧ 关闭点火开关 ⑨ 如有故障，将故障记录交给维修人员进行修理
20	用 V.A.S 5051 查询故障存储		任务： ① 将变速杆置于"P"或"N"并拉紧手制动器（自动变速器） ② 关闭点火开关，连接 V.A.S 5051，打开 V.A.S 5051 电源开关 ③ 起动发动机，使之怠速运转 ④ 短时踏下一次制动踏板 ⑤ 其他与 V.A.G 1551 相同
21	保养周期显示复位		任务： ① 连接 V.A.G 1551 ② 按 1 键选择快速数据传递 ③ 输入组合仪表地址码"17"，按 Q 键确认输入 ④ 按 → 键切换 ⑤ 输入"10"自适应，按 Q 键确认 ⑥ 输入通道号"02"，按 Q 键确认 ⑦ 输入 00000，按 Q 键确认 ⑧ 按 Q 键确认 ⑨ 按 → 键结束技术保养周期显示的复位

（续）

序号	PDI 检查项目	图示	任务、条件、说明及注意事项
22	风窗玻璃清洗装置	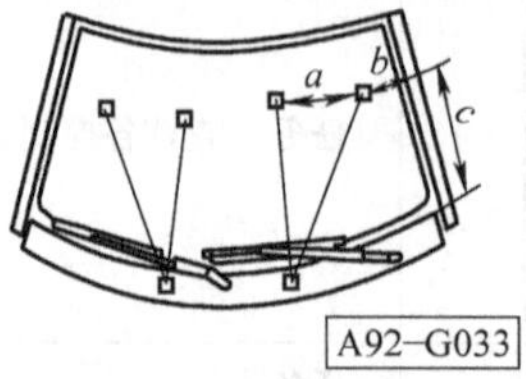	任务：检查喷嘴调整及功能 工具：喷嘴调整工具 3125A 步骤：用记号笔在风窗玻璃上做上 4 点标记 调整尺寸： a=400mm（±50） b=190mm（±50） c=420mm（±50） 用专用工具检测喷嘴标记的位置
23	清除车内保护膜		揭掉保护膜时，不要弄伤屏幕、饰件、操作按钮和开关等部位
24	安装脚垫	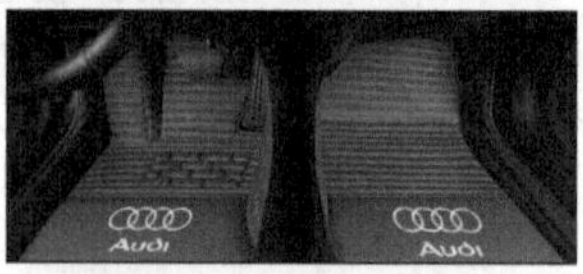	注意脚垫不得遮挡或干涉加速踏板、制动踏板等车辆操纵装置
25	检查车厢内的清洁状况		前后座椅、内饰板、脚垫、玻璃窗、行李舱
26	安装附件		全部车轮装饰盖、电话天线
27	拆除运输保护膜		不要在车体表面留下难以去除的不干胶等痕迹；千万不要划伤车身漆面
28	检查车外部清洁状况		漆面、装饰件、玻璃、刮水器
29	检查钥匙标牌	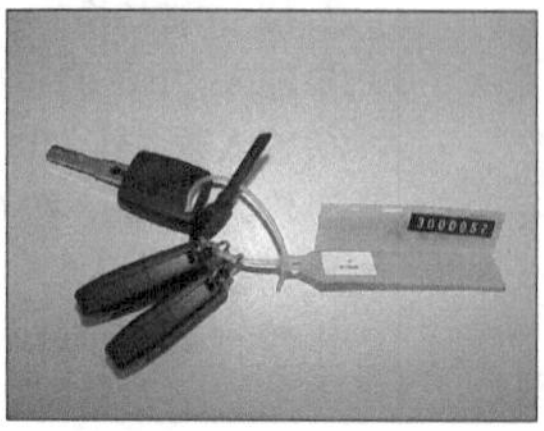	任务：检查钥匙标牌上不干胶标签的钥匙号码是否完整及可读性

（续）

序号	PDI 检查项目	图示	任务、条件、说明及注意事项
30	检查随车文件		任务：检查随车文件是否齐备 随车文件包括： ① 整车使用说明书 ② 收音机使用说明书 ③ 保养手册 ④ 15 000km 免费保养凭证
31	试车		任务： 发动机：功率，点火连续性，急速，加速性能，热起动特性 离合器：起步特性，踏板力，有无烧焦味 变速器：变速杆位置，换档锁止/点火钥匙锁止，换档特性，仪表板显示 行车制动和驻车制动：功能，自由行程和作用，制动时是否跑偏，抖动，噪声，ABS 功能 转向系统：功能，间隙，转向盘在中间位置时是否直线行驶 车速控制装置、驾驶人信息系统及空调功能 收音机：接收情况，外观，干扰噪声 整车：直线行驶时是否跑偏（水平路面） 平衡：车轮，传动轴，万向节 车轮轴承：噪声

8.2 汽车 4S 店的首次保养

8.2.1 新车的首次维护（首保）

汽车 4S 店新车的首次维护作业以上海通用别克系列轿车为例进行介绍。

1. 新车的首次维护项目、内容及方法（表 8-2）

表 8-2 新车的首次维护的项目、内容及方法

序号	维护项目	维护内容及方法	维护间隔里程或时间说明
1	更换机油及滤清器	更换机油和机油滤清器	首保 5 000km，以后间隔 10 000km 或视情而定
2	全车检查	对全车进行目视检查，包括全车灯光、全车油液等	
3	底盘检查	目视检查车辆底盘各总成、系统、部件，尤其是轮胎等关键部件是否有刮伤、轮胎气压是否正确等	
4	随车工具使用操作车主培训	维修技师示范轮胎工具、千斤顶、三角警告牌的使用操作要领	

2. 新车的首次维护设备与材料准备（表 8-3）

表 8-3　新车首次维护的相关设备及材料准备

序号	相关仪器设备及材料	备注
1	场地：通风采光好，相互干扰少，车辆进出方便，能够分组实训	各学校可根据自身情况来定
2	车辆：上海通用别克系列轿车	各学校可根据自身情况来定
3	仪器设备：车辆诊断仪、举升机、机油收集装置等	其他仪器设备的选配，各学校可根据自身情况来定
4	工量具：轮胎扳手、千斤顶、三角警告牌、灭火器等随车工具，轮胎气压表、制动液测试仪、机油滤清器拆装工具等工量具	其他工量具的选配，各学校可根据自身情况来定
5	材料：机油、机油滤清器、ATF（液力传动油）、制动液、冷却液、转向助力油、抹布等	各运行材料品种及规格的选配，各学校可根据自身情况来定

3. 维修技师与车主互动练习

许多汽车生产厂家明确要求其售后服务企业，在车辆进行首保时，汽车维修技师必须向客户说明车辆维护保养方面的相关知识，而且将这一任务作为维修技师考核的重要内容。表 8-4 所示为汽车维修技师与车主进行互动时要完成的有关任务以及相应的话术和相关的工作情境。

> ☞ **重要提示**：随着我国建设服务型社会步伐的加快，加上汽车产业的快速发展、汽车技术复杂程度的日益提高以及产品竞争的日趋激烈，使得越来越多的汽车售后服务企业开始重视维修技师与车主之间的互动环节。
> 建议各职业院校加强该环节的实践演练，加速技术技能、企业文化和职业素养三者之间的有机衔接和深度融合，以加快为社会培养和输送更多的技术技能型实用人才。

表 8-4　维修技师与车主互动的任务、话术及情境

技师任务	相应话术	工作情境
介绍车辆以后的保养间隔	1）发动机机油：第一次 3 000km，以后每隔 5 000km 或 3 个月更换一次 　向客户重点说明： 　机油具有润滑、密封、清洁、冷却等作用；全合成机油是全天候的机油，具有超强的润滑性能、优异的低温冷起动性能和高温清洁及抗氧化酸化能力 　机油可大大延长发动机使用寿命，降低油耗，增加动力。因此，一定要定期更换机油及机油滤清器	

(续)

技师任务	相应话术	工作情境
介绍车辆以后的保养间隔	2）自动变速器油：建议 60 000km 更换一次 向客户重点说明： 　　自动变速器油也称为 ATF（液力传动油），除了传递发动机动力外，还具有液压控制的作用。此外，ATF 应具备适当的黏度、热氧化安定性、润滑抗磨性、摩擦特性、防腐（防锈）性等性能。 　　自动变速器结构复杂，维修昂贵，其 80% 的故障均由 ATF 质量变差引起。因此，务必要按照车辆使用手册要求及时更换 ATF，而且一定要前往汽车售后服务企业，由专业人员用专业设备进行更换	
	3）制动液：建议 30 000km 或 18 个月更换一次 向客户重点说明： 　　制动液具有高沸点、防腐、防锈、防氧化等性能，但具有一定的吸水性。最好在客户面前现场示范检查一下制动液的品质情况。 　　制动液若使用时间过长，则可能吸水过多，从而在频繁或紧急制动时因制动器过热而使其中的水分沸腾产生气泡且气泡迅速破裂，从而导致制动失灵。因此，一定要定期更换，且决不能混用	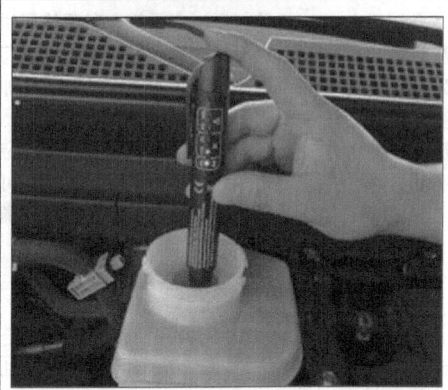
	4）动力转向油：建议 60 000km 更换一次。 向客户重点说明： 　　动力转向油具有传递打转向的动力和润滑转向器等部件的作用 　　动力转向油的使用安全极为重要。在使用过程中，若发现储液罐中有气泡或管路及接头等部位存在泄漏等现象时，一定要及时前往汽车售后服务企业，由专业人员用专业设备进行检查或更换	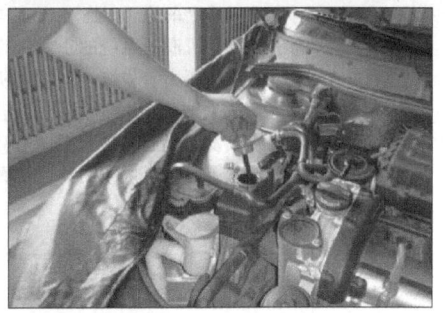
	5）发动机冷却液：理想状况是 5 年或 240 000km 更换一次（仅限于别克专用） 向客户重点说明： 　　发动机冷却液具有高沸点、低冰点（-45℃）、防冻、防腐、防水垢等性能 　　冷却液时刻保护着车辆的心脏（发动机），因此要定期更换，决不能混用	

（续）

技师任务	相应话术	工作情境
介绍用车的注意事项，如发动机冷却液温度、轮胎气压、机油压力和油量等	1）发动机冷却液的正常温度一般为 80～90℃ 向客户重点说明： 　　冷车起动后不要立刻起步，更不要"轰油门"，应怠速暖机，待冷却液温度达到 50℃，方可起步先缓行一段距离，否则会导致发动机、变速器等总成严重磨损 　　在行车过程中，若发现发动机冷却液温度警告灯点亮，则应尽快查明原因，否则极易导致发动机因过热而损坏	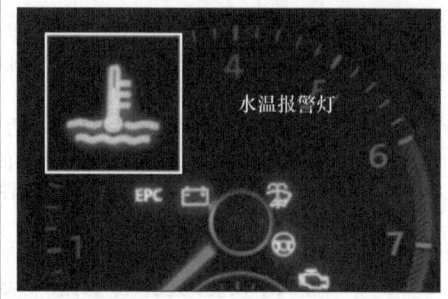
	2）轮胎气压应符合车辆使用手册规定。轮胎气压值一般在油箱盖板内侧面或行李舱等处有标注 向客户重点说明： 　　轮胎气压一定要符合车辆使用说明书规定，不能过高，也不能过低。若轮胎气压过高，易加剧轮胎磨损甚至爆胎；若轮胎气压过低，易加剧轮胎变形甚至产生裂纹 　　建议车主自备轮胎气压表，一定要使用轮胎气压表来检查和调整轮胎气压，千万不可主观臆断。当认为轮胎气压过高时，千万不能用气嘴放气降压，否则极易发生危险	
	3）机油压力和油量应符合规定。机油压力一般为 300～400 kPa，机油油量应处于机油尺上、下刻线之间 向客户重点说明： 　　发动机是汽车的"心脏"，机油是发动机的"血液"。为确保发动机润滑系统的正常工作，汽车仪表板上均设置了机油压力警告灯。当发动机起动后和在发动机正常运转时，该灯均应熄灭；若发动机起动后不能熄灭或在发动机运转过程中该灯亮起，则不能起步和继续行驶了，应尽快查明原因，否则极易导致发动机损坏	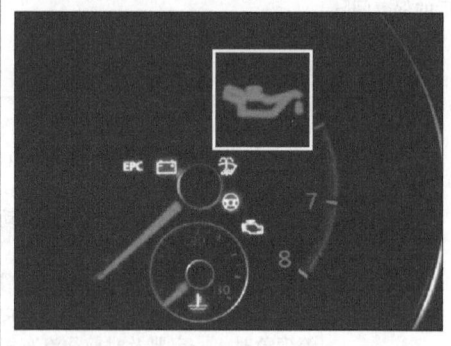
示范轮胎专用工具、随车千斤顶和三角警示牌的使用操作	1）向客户说明轮胎专用工具及随车千斤顶和三角警示牌的放置位置	

（续）

技师任务	相应话术	工作情境
示范轮胎专用工具、随车千斤顶和三角警示牌的使用操作	2）向客户示范轮胎专用工具的使用操作要领 3）向客户示范随车千斤顶的使用操作要领	
讲述车辆质量担保期限及其必要条件等	1）整车保修期：2年或60 000km，以先到达者为准（蓄电池1年或30 000km） 2）更换配件的保修期：1年或20 000km，以先到达者为准 3）客户享受保修必要条件：按照车辆定期保养要求在上海通用授权的特约维修中心接受定期保养和维修 4）须确认是否享有保修服务的权利 向客户重点说明： 无有效发票和保修手册不能证明车辆处于保修期内的、里程表读数无法读取、或更改的将无法保修	
告知车辆非保修的项目	1）正常的噪声、振动、磨损和老化 向客户重点说明： 包括但不限于油漆、内饰件、电镀件及其他外观件、火花塞、轮胎、刮片、制动片、离合器片、软管、传动带、密封条、灯泡、熔丝等引起的噪声、振动、磨损和老化 2）环境与外部环境原因造成的损坏 向客户重点说明： 包括但不限于工业粉尘损坏、酸性或碱性物质腐蚀、沙石或与其他物体接触造成的碎片、划痕 3）使用不当造成的 向客户重点说明： 使用不当是指改装或竞赛，未按《使用说明书》使用车辆，使用不干净的燃油和润滑油，加装，超载等 4）客户提出保修前，未保护好损坏件原始状态或发生故障后在未经同意的情况下擅自处置导致损坏扩大的 5）因车辆停用造成的经济损失和附加费用	

(续)

技师任务	相应话术	工作情境
告知公司24小时救援服务电话及保险咨询电话等	1）24小时救援服务电话：1××××××××× 2）保险咨询电话：1×××××××××（×××经理） 3）保险报案电话： 平安保险：95511 太平洋保险：95500 中保险：95518 4）交通事故：122 5）医疗救护：120	

4. 新车首次维护作业任务实施

（1）更换机油和机油滤清器

通过首次更换机油和机油滤清器（首保时最重要的任务）来消除新车磨合所带来的金属屑等磨粒对润滑油路的堵塞及对摩擦表面的异常磨损等隐患，以延长发动机的使用寿命。

1）打开发动机舱盖，拧开机油加注口盖（图8-2中的圆圈所示）。

2）将车辆举升到合适的高度（图8-3），并将收集油盘置于车辆下方放油螺塞的位置（图8-4）。

图8-2　拧开机油加注口盖子　　图8-3　举升车辆　　图8-4　放置收集油盘

3）使用合适的工具松开放油螺塞（图8-5），将废机油排放至收集油盘中（图8-6）。

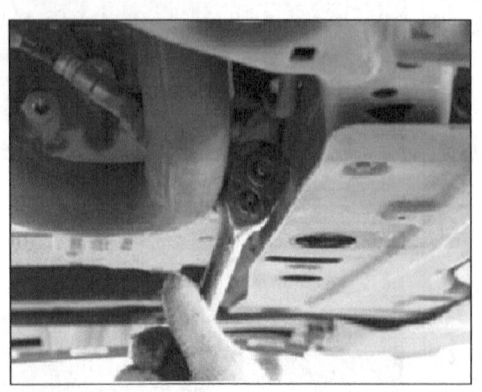 

图8-5　松开放油螺塞　　图8-6　收集废机油

☞ **特别提示**：刚运行过的车辆，机体与机油均处于高温状态，注意不要被烫伤。

4）排放完旧机油后，将放油口擦拭干净（图8-7中的圆圈所示）；安装新的放油螺塞及垫圈，使用力矩扳手按规定力矩拧紧放油螺塞（图8-8）。

图8-7　擦拭放油口　　　　　　　　　图8-8　拧紧放油螺塞

5）拆卸机油滤清器，并报废（图8-9）；在拆卸机油滤清器时，可能会导致少量机油外泄，应及时擦净（图8-10中的圆圈所示）。

 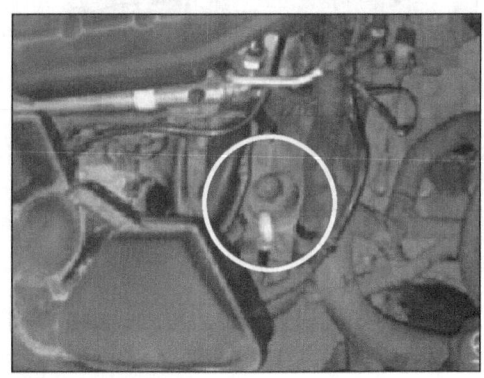

图8-9　拆卸机油滤清器　　　　　　　图8-10　擦净外泄机油

☞ **特别提示**：

① 若机油滤清器安装于车辆底部，则需要将收集油盘放置于机油滤清器下方，自然排放旧机油。

② 若机油滤清器是安装于车辆上部的分体式结构，则需要利用收集油盘的吸管收集旧机油，并用一块抹布垫在滤清器下方，以防外泄机油溅在车辆上。

6）更换厂商指定的机油滤清器及密封圈；在安装前，将少许新的机油均匀涂抹于机油滤清器及其密封圈上（图8-11中的圆圈所示），以免刮伤密封圈。

7）安装新的机油滤清器（图 8-12），查阅相应车型维修手册中机油滤清器的拧紧力矩，使用力矩扳手按规定力矩拧紧机油滤清器。

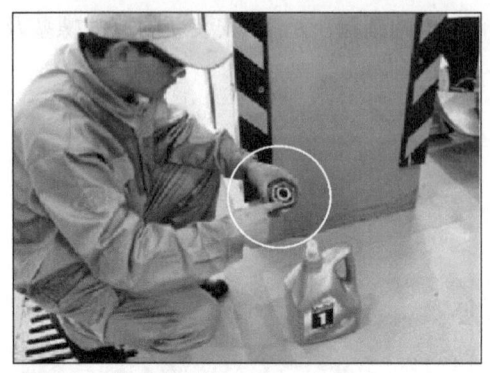

图 8-11　机油滤清器密封圈涂抹机油

图 8-12　安装新的机油滤清器

8）将车辆降至距离地面合适的高度（图 8-13），加注指定黏度和使用等级的机油至规定容量（图 8-14 中的圆圈所示）。

图 8-13　将车辆降至地面

图 8-14　加注新的机油

9）运行发动机数分钟后熄火；再次举升车辆，检查是否存在渗漏（图 8-15），并确认机油的油位应在规定的范围内（图 8-16 中的圆圈所示）。

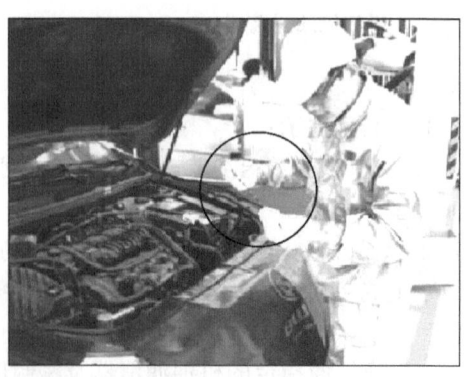

图 8-15　检查密封情况

图 8-16　检查机油油位

> **特别提示：**
> ① 应按车辆使用手册规定的首保里程及时更换发动机机油和机油滤清器；若不及时更换，则会影响发动机的动力性和燃油经济性，甚至会损坏发动机。
> ② 应选用厂家规定或推荐的机油及机油滤清器，以延长发动机的使用寿命。
> ③ 配置有"发动机机油寿命监视系统"的车辆，在更换机油及机油滤清器后，还应复位机油寿命监视系统。

（2）对全车进行目视检查（这里重点检查全车灯光及全车油液）

通过目视检查全车灯光和全车油液，确保全车灯光齐全有效；确保全车油液液位正确、质量有效、无渗漏现象，以及时消除行车安全隐患和全车潜在技术故障。

1）检查全车灯光。

① 检查前后照明灯（图8-17）。

图 8-17　检查前后照明灯

② 检查信号灯（图8-18）。

图 8-18　检查信号灯

③ 检查仪表灯（图8-19中的长方形框所示）。
④ 检查车内照明灯（图8-20）。

> **技术要求**：全车灯光、仪表应齐全有效，否则会影响车辆的正常使用。

2）检查全车油液。
① 检查发动机机油液面高度。

图 8-19　检查仪表灯

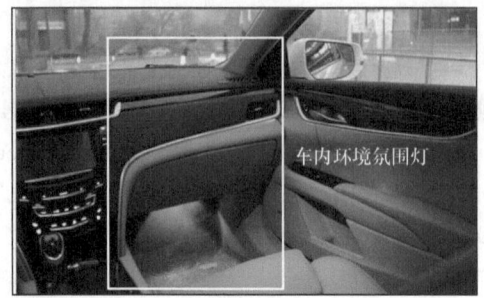

图 8-20　检查车内照明灯

a. 将车辆停放在水平地面上，关闭发动机，静置一段时间（不低于 15min）。
b. 找到发动机机油尺，拔出机油尺（图 8-21），将其擦拭干净（图 8-22）。

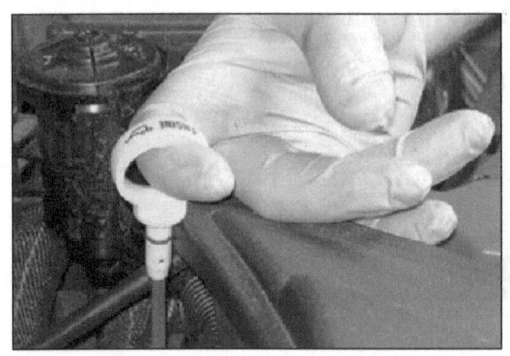

图 8-21　拔出机油尺

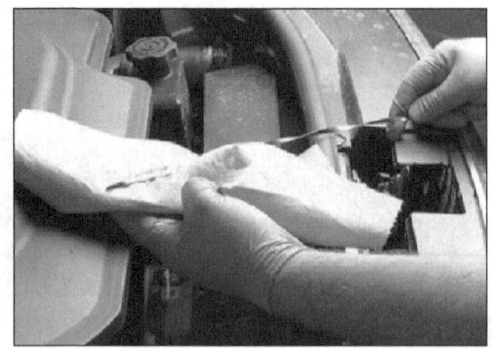

图 8-22　擦拭干净机油尺

c. 把已经擦拭干净的机油尺重新插回到机油尺管中（图 8-23）。
d. 再把机油尺拔出来，检查机油液面的高度（图 8-24，在机油尺上有最大和最小液面高度的标记）。

图 8-23　插回机油尺

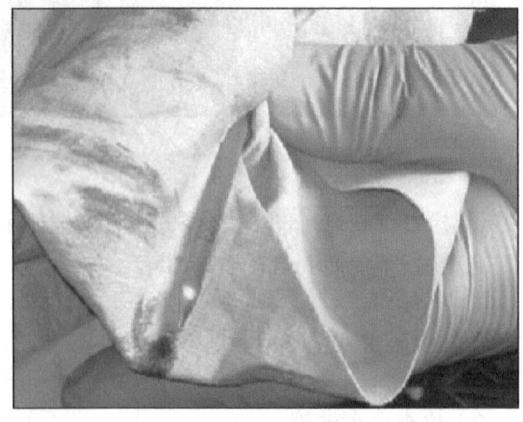

图 8-24　检查机油液面高度

e. 如果发现机油量损失过多,则要进一步进行检查和维修。

> 📢 **特别提醒**:如果发动机机油液面太低,则因机油的循环量降低,冷却性能下降,易导致发动机过热;极低的机油液面会严重损伤发动机,甚至会导致发动机机械性损坏。

② 检查发动机冷却液。

a. 找到发动机冷却液膨胀罐(即冷却液溢流罐,见图 8-25 中框中部分)。

b. 检查液面高度,可以从冷却液膨胀罐的外侧查看或打开盖子查看,如果液面太低(低于 LOW 或 MIN,如图 8-26 中的框中部分),则需要进行补充。

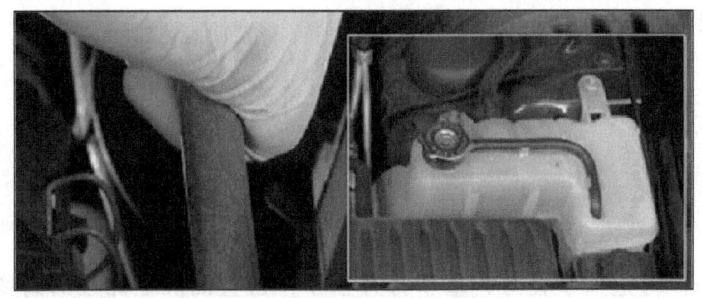

图 8-25　找到膨胀罐

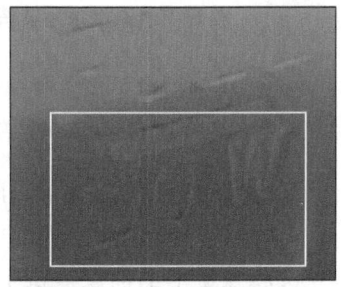

图 8-26　检查冷却液液面高度

> 📢 **特别提醒**:
> a. 决不能在发动机热态下打开冷却液膨胀罐的盖子,以免被高温冷却液烫伤。
> b. 当发动机冷却液中出现了铁锈或颜色变为棕色时,则要对发动机冷却系统进行冲洗。
> c. 对于使用常规寿命冷却液的车辆,推荐至少每两年要冲洗 1 次。

③ 检查风窗玻璃清洗液。

a. 检查储液罐中清洗液的状况和液面高度(图 8-27);如果液面太低,则需要补充清洗液;如果发现清洗液已被污染,则要将其从储液罐中排出,再加注新的清洗液;必要时,要拆洗储液罐。

图 8-27　检查清洗液液面高度

b. 试用刮水器喷淋装置,检查清洗水泵是否运转,查看喷口是否堵塞或喷射角度及距离是否正常(图 8-28)。

图 8-28　检查清洗液水泵运转情况

> 📢 **特别提醒**：风窗玻璃清洗液中含有防冻剂，加水容易导致清洗液在夏季产生水垢而在寒冷冬季可能结冰从而堵塞喷孔。

④检查动力转向油液面高度。

a. 找到动力转向油储液罐。

b. 将盖子上的油尺擦拭干净，再把盖子盖好，重新打开盖子，检查油尺上油位的高度（图8-29中的圆圈所示）。

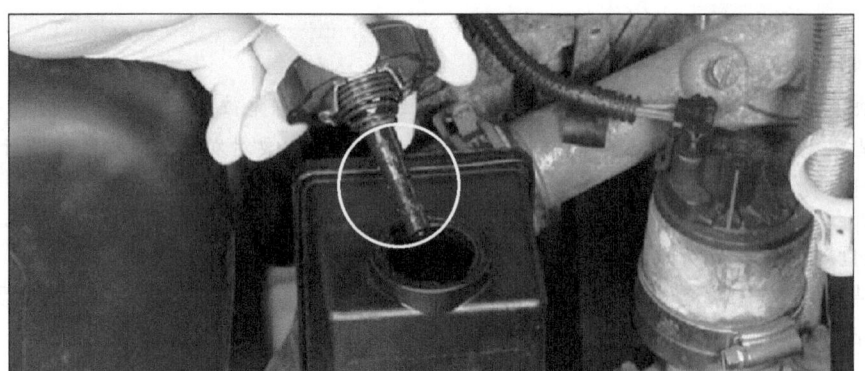

图 8-29　检查油位高度

c. 如果液面较低，则需要加注相同规格的油液到标准高度（图8-30）。

图 8-30　加注油液

> ☞ 特别提示：
> a. 在车辆正常运行时，动力转向油是不会被用尽的，也即在打转向盘时，油液液面不应该下降过低。如果液面过低，则需要检查动力转向系统是否存在渗漏情况。
> b. 热的动力转向油可能会引起严重的烫伤。因此，在热态下检查动力转向油时，应戴好防护用具，如手套和防护眼镜等，以免被烫伤。

⑤ 检查制动液。

a. 打开发动机舱盖，找到制动主缸的位置（一般位于发动机舱后方靠近驾驶人侧），把制动液储液罐周围擦拭干净（图8-31），以防在打开盖子时灰尘等杂物进入制动主缸。

图 8-31　擦拭储液罐

b. 拆下储液罐盖子，检查制动液液面高度（图8-32），储液罐的侧面通常都标有"MAX"和"MIN"标记。

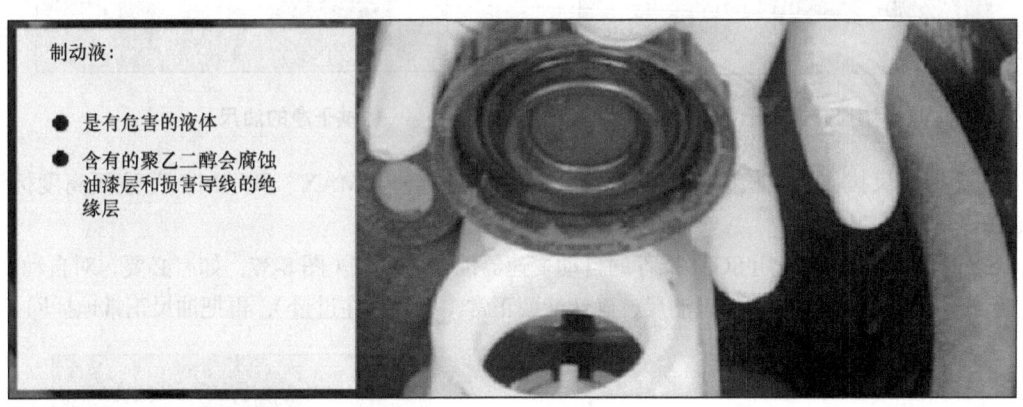

图 8-32　检查制动液液面高度

c. 必要时，添加指定的制动液（图8-33），但不能加得太满。
d. 正确安装储液罐盖子。

> ⚠ 特别注意：制动液与制动橡胶软管有配伍性，因此禁止混用不同规格、不同品牌和不同成分的制动液，否则会使制动软管溶胀甚至破裂而导致制动失效。

图 8-33　添加制动液

⑥ 检查自动变速器油。

a. 执行手册规定的检查条件：即确认发动机是否运转，变速器挡位是否处于 N 位或 P 位，变速器油的温度是多少，变速器是否有油尺等几个问题。

b. 当执行完手册上规定的检查自动变速器油应满足的条件时，拔出油尺，将其擦拭干净（图 8-34 中的圆圈所示）。

c. 将已经擦拭干净的油尺重新插回到油尺管中（图 8-35）。

图 8-34　拔出油尺并擦拭干净　　　　图 8-35　擦拭干净的油尺

d. 再把油尺拔出来，检查液面的高度（在油尺上标有"MAX"和"MIN"液面高度标记，图 8-36）。

e. 如果液面较低，使用 SGM 推荐的自动变速器油加注到位（图 8-37，如有必要，对自动变速器进行进一步检查）；再一次检查油尺，确认液面正常（不要加注过量），再把油尺正常地插回去。

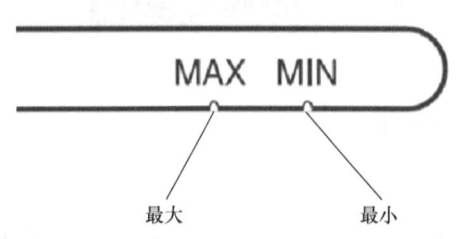

图 8-36　检查液面高度　　　　图 8-37　加注自动变速器油

> **注意：**
> a. 自动变速器的使用寿命主要取决于自动变速器油，因此汽车行驶到规定里程后一定要更换自动变速器油，否则会降低自动变速器的使用寿命。
> b. 最好采用机器进行换油，若手工更换，则只能更换一半油液，另一半在阀体内的油液将无法更换，将直接影响变速器的工作性能和使用寿命。

（3）对汽车底盘进行目视检查

通过目视检查全车轮胎、转向、悬架及排气管等关乎行车安全的重要部件的各项技术状况，避免因轮胎爆胎，转向沉重、摇摆、跑偏，悬架失衡使车身倾斜以及因排气管漏气而引发火灾等危及汽车行驶安全的现象发生，以及时消除行车安全隐患和全车潜在技术故障。

1）检查轮胎。

① 检查轮胎气压。

a. 定期检查轮胎气压，保持正确的轮胎充气压力。

b. 若胎压不正确，则要进行调整。

c. 若胎压过低，则应进行补充，在补充前，首先在车辆上找到轮胎胎压标签（一般在油箱盖上，如图 8-38 所示），并根据车辆承载情况，选择前、后轮胎的气压标准值。

图 8-38 轮胎胎压标签

> **重要提示：**
> 1）冷态是指车辆在 3 小时内没有长距离行驶的轮胎状态。
> 2）轮胎气压不能过高或过低。若胎压过高，则会加剧胎冠磨损甚至爆胎；若胎压过低，则会加剧胎侧变形甚至出现裂纹；只有保持正确的轮胎充气压力，才能够保证轮胎按照设计的性能工作，才能够改善燃油经济性，才能减少事故的发生。

② 检查轮胎磨损情况。

a. 将车辆举升至合适的高度，一边转动车轮，一边检查轮胎磨损情况。

b. 先检查胎冠磨损情况（图 8-39 中的方框所示），再检查胎肩磨损情况（图 8-39 中的箭头所示）。

> **提示：** 车轮不平衡，轮胎安装不正确，车轮定位不准，以及磨损的车轮轴承和失去平衡的减振器、弹簧或其他悬架部件均可造成轮胎的异常磨损。轮胎的异常磨损主要分为羽状磨损（图 8-39 中的箭头所示）和不均匀磨损（图 8-40 的框中部分）两种情况。

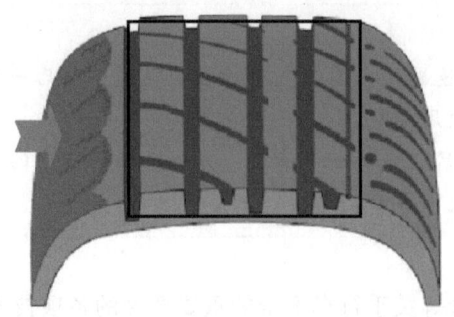

图 8-39　轮胎的羽状磨损

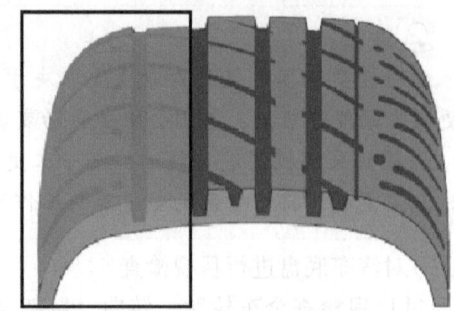

图 8-40　轮胎的不均匀磨损

2）检查转向及悬架系统的零部件有无渗漏。

a. 将车辆举升到合适的高度，并进行锁止，以防车辆自行下落。检查悬架系统多连杆机构各铰接点的连接情况（图 8-41）。

图 8-41　检查悬架系统的各铰接点

b. 检查转向器防尘套（图 8-42）、动力转向软管、横拉杆球头销以及传动轴防尘套等部件及总成的密封状况。

图 8-42　检查转向器及横拉杆球头销等关键部位

> **特别提醒**：若动力转向液液面太低，则会损坏动力转向泵，使转向变得困难。因此，若发现转向系统有渗漏现象，则必须进行维修。

c. 检查螺旋弹簧及减振器（图 8-43）等悬架部件及总成的密封状况。

图 8-43　检查螺旋弹簧及减振器等关键部件

☞ **特别提示**：减振器的渗漏会影响车辆的操纵性能和稳定性能。

3）检查排气管、消声器等（图 8-44）有无漏气及连接螺栓有无松动或老化。

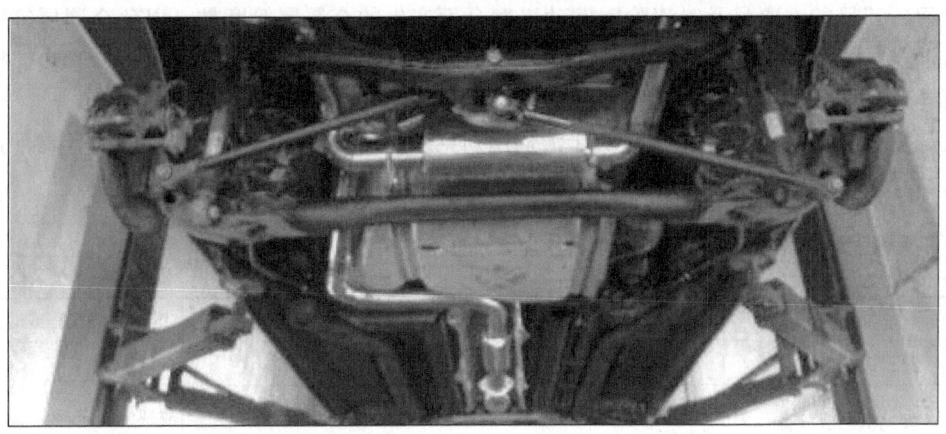

图 8-44　检查排气管、消声器等关键部位

5. 汽车首次维护质量检验

关于汽车首次维护质量检验，国家还没有出台相关规定，目前主要根据车辆维修手册相关要求进行。不同厂家、不同车型首次维护质量检验的项目和内容也不尽相同，应灵活掌握。这里以别克汽车为例进行介绍，其具体检验项目、技术要求及检验方法见表 8-5。

表 8-5　汽车首次维护的质量检验项目、技术要求及检验方法

序号	检验部位	检验项目	技术要求	检验方法
1	发动机润滑系统	发动机润滑油（机油）品质	所更换发动机润滑油的黏度等级、使用级别、品牌以及加注量应符合原厂要求	查看产品说明及维修手册
		机油滤清器的安装情况	所更换机油滤清器的规格应符合原厂要求，安装可靠，试运行检验应无渗漏现象	目视检查

(续)

序号	检验部位	检验项目	技术要求	检验方法
2	全车	全车灯光	全车灯光应齐全有效	目视检查
		全车油液	全车机油液面、制动液液面、转向助力液液面、冷却液液面、风窗玻璃洗涤液液面以及变速器油液液面高度均应符合规定，应无渗漏现象	目视检查
3	底盘	各总成、系统、部件	各总成、系统、部件工作良好，应无异响、松动、脱落、干涉等现象	测试检查
		轮胎	轮胎等关键部件应无刮伤裂纹，轮胎气压应符合厂家规定	目视及仪表检查
4	随车工具	轮胎工具、千斤顶、三角警示牌	轮胎工具、千斤顶、三角警示牌应齐全有效，并按指定位置摆放或固定	目视检查

8.2.2 大修发动机汽车首次维护

汽车大修发动机后的首次维护是指当大修发动机后的车辆行驶到一定行驶里程后，对机油、机油滤清器进行更换，并对发动机各系统、各总成、各部件进行全面检查、紧固、调整的作业过程。其目的主要是及时清除因发动机磨合而产生的金属屑等磨粒，以免金属屑等磨粒堵塞润滑油道或引起机件发生异常磨损，同时避免因发动机气缸盖螺栓和进、排气管垫螺栓发生松动而导致漏水、漏油、漏气等故障。

大修发动机汽车的首次维护作业以上海通用别克系列轿车为例进行介绍，其他车型参照进行。

1. 大修发动机汽车的首次维护的项目、内容及方法（表 8-6）

表 8-6 大修发动机汽车的首次维护的项目、内容及方法

序号	维护项目	维护内容及方法	维护间隔里程或时间说明
1	更换机油及滤清器	更换机油和机油滤清器	间隔 3 000～5 000km，或视情而定
2	发动机总成检查	对发动机各系统、各总成、各部件进行全面检查、紧固或调整	

2. 大修发动机汽车的首次维护相关设备及材料准备（表 8-7）

表 8-7 大修发动机汽车的首次维护相关设备及材料准备

序号	相关设备及材料	备注
1	场地：通风采光好，相互干扰少，车辆进出方便，能够分组实训	各学校可根据具体情况来定
2	车辆：搭载 LSY 发动机的别克凯越轿车	各学校可根据具体情况来定
3	仪器设备：车辆诊断仪、举升机等	其他仪器设备的选配，各学校可根据具体情况来定
4	工量具：机油专用工具、集油器、扭力扳手、抹布等	其他工量具的选配，各学校可根据具体情况来定
5	材料：机油、机油滤清器等	各运行材料品种及规格的选配，各学校可根据具体情况来定

3. 大修发动机汽车首次维护作业任务实施

（1）更换机油和机油滤清器

该任务与新车首次维护的更换机油和机油滤清器的作业任务基本相同，请相互参考，这里不再赘述。

（2）对发动机各系统、各总成、各部件进行全面检查、紧固或调整

通过对发动机各系统、各总成、各部件进行全面检查、紧固或调整，以确保各总成、系统、部件工作良好，避免出现异响、松动、脱落、干涉、泄漏等现象，以免新大修发动机过早产生故障或损坏。

1）检查气门罩盖的密封情况（图8-45的框中部位）。

图 8-45 检查气门罩盖

2）检查气缸盖螺栓与气缸垫的紧固及密封情况（必要时，应拆下气门罩盖进行检查，图8-46的框中部分）。

> **特别提醒**：应按相应大修发动机气缸盖螺栓、进/排气歧管连接螺栓的拧紧力矩和拧紧顺序依次检查各个螺栓拧紧的力矩，必要时按规定力矩再次拧紧。

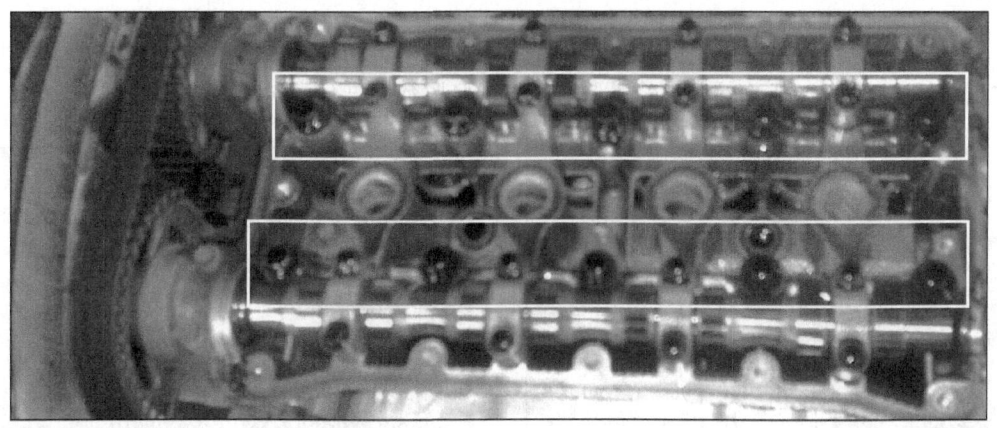

图 8-46 检查气缸盖

3）检查进气歧管（图8-47的框中部分）、排气歧管及排气总管（图8-48的圈中部分）的连接紧固情况。

图 8-47　检查进气歧管

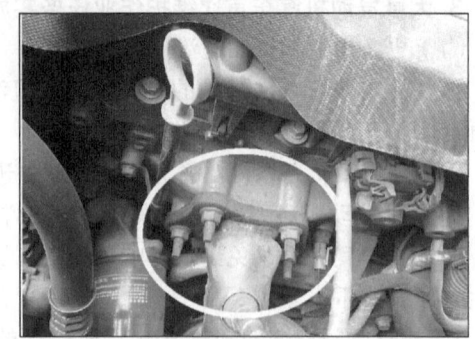

图 8-48　检查排气总管

4）检查油底壳的密封情况，主要查看油底壳密封垫（图 8-49 中的箭头所示）和放油螺栓（图 8-50 中的箭头所示）的密封情况。

图 8-49　检查油底壳

图 8-50　检查放油螺栓

5）检查发电机及空调压缩机等旋转部件（图 8-51）传动带松紧情况（图 8-52）。如果传动带被压下超过 25mm，则应按照维修手册所给出的张紧数据进行张紧度调整。

图 8-51　检查各旋转部件

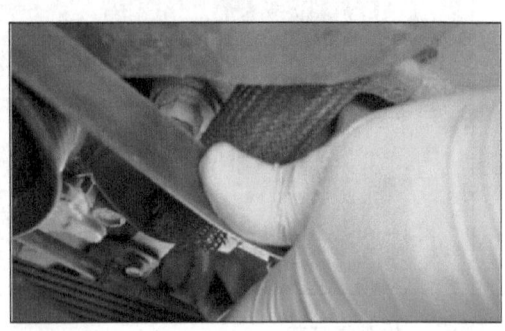

图 8-52　检查传动带松紧度

6）检查各管路连接及密封情况（图 8-53）。

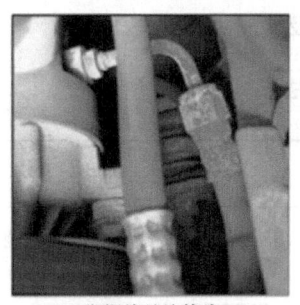
带螺纹的连接头

弹性夹

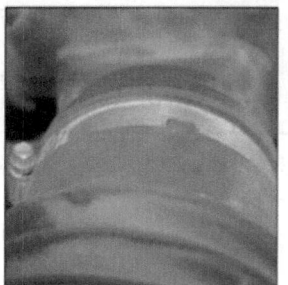
使用螺钉紧固的卡箍

图 8-53　检查各管路连接及密封情况

7）检查各导线的连接及紧固情况，尤其要注意各插接器的连接紧固情况（图 8-54 的圈中部分）。

图 8-54　检查各导线连接紧固情况

8）检查发动机各附属装置的工作情况。

9）重点检查发动机有无异响，查看发电机、空调压缩机等旋转部位有无干涉、卡滞等情况（图 8-55）。

图 8-55　检查各旋转部件运转情况

☞**重要提示**：应仔细检查发动机、空调压缩机、转向助力泵等旋转部件的运转情况，应无松旷、干涉、卡滞、异响等情况。

4. 大修发动机汽车的首次维护质量检验

大修发动机汽车的首次维护质量检验目前还没有出台相关规定，目前主要根据车辆维修手册相关要求进行，不同厂家、不同车型首次维护质量检验的项目和内容也不尽相同，应灵活掌握。这里以别克汽车为例进行介绍,其具体检验项目、技术要求及检验方法见表8-8。

表 8-8 大修发动机汽车首次维护的质量检验项目、技术要求及检验方法

序号	检验部位	检验项目	技术要求	检验方法
1	发动机润滑系统	发动机润滑油(机油)品质	所更换机油的黏度等级、使用级别、品牌以及加注量应符合原厂要求	查看产品说明及维修手册
		机油滤清器的安装情况	所更换机油滤清器的规格应符合原厂要求,安装可靠,试运行检验应无渗漏现象	目视检查
2	发动机总成	各系统运行情况	发动机燃料系统、冷却系统、润滑系统、点火系统、起动系统等各系统运行情况良好	目视检查、紧固或调整
		各部件工作情况	喷油器、点火线圈、火花塞、急速控制阀、排气再循环阀等各部件工作情况良好	目视检查、紧固或调整
		各总成安装情况	发电机、空调压缩机、转向助力泵等运转总成安装牢固,运转正常	目视检查、紧固或调整

8.3 汽车 4S 店的定期保养

汽车 4S 店的定期保养,以搭载 1.4 TSI(EA211)发动机的上海大众全新桑塔纳系列车型的 4S 店保养操作技术为例进行详细介绍,其他车型可参照执行。

8.3.1 搭载 1.4 TSI(EA211)发动机的上海大众全新桑塔纳系列车型保养计划

上海大众全新桑塔纳整车质保周期为 2 年或 60 000km,两者以先到者为准。新车可享受 1 次免费保养,首次免费保养在 5 000km 时进行,超出此规定范围将不再享受免费保养服务。首保过后,车辆保养周期为每 10 000km 时进行一次。在恶劣情况下保养周期会相应地缩短,例如:机油和机油滤清器建议每 5 000km 更换一次。搭载 1.4 TSI(EA211)发动机的全新桑塔纳系列车型(图 8-56)的 4S 店保养计划详见表 8-9。

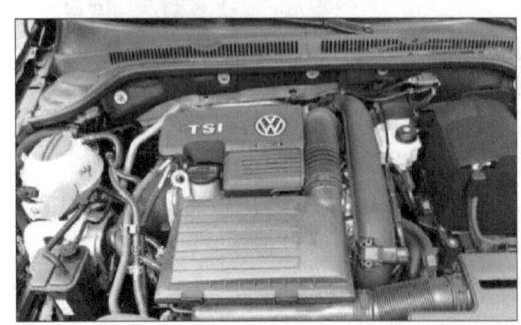

图 8-56 搭载 1.4 TSI(EA211)发动机的全新桑塔纳轿车

任务 8　现代汽车 4S 店维护作业的操作规程

表 8-9 搭载 1.4 TSI（EA211）发动机的上海大众全新桑塔纳系列车型保养计划表

维修站代号：743_____　　委托单号：_____　　车牌号：_____　　发动机号：_____

底盘号：_____　　行驶里程：_____　　送修日期：_____　　交车日期：_____

500	10 000	20 000	30 000	40 000	50 000	60 000	70 000	80 000	90 000	100 000	110 000	120 000	130 000	140 000	150 000	160 000	170 000	180 000	190 000	200 000	210 000	220 000	230 000
A	B	C	D	C	B	E	B	C	D	C	B	E	C	D	C	B	E	C	D	C	B	E

序号	保养内容	保养类型 A 5 000 km 首次保养	B 10 000 km 常规保养	C 20 000 km 常规保养	D 30 000 km 常规保养	E 60 000 km 常规保养	保养检查情况 正常	不正常	已调整
1	车身内外照明电器，用电设备检查功能： ① 组合仪表指示灯，阅读灯，时钟，点烟器，喇叭，电动摇窗机，电动外后视镜，暖风空调系统，收音机 ② 近光灯，弯道行车灯，辅助行车灯，远光灯，前雾灯，转向灯，警告灯 ③ 驻车灯，后雾灯，制动灯，倒车灯，车牌灯，行李舱照明灯	●	●	●	●	●			
2	安全气囊和安全带：目测外表是否受损，并检查安全带功能	●	●	●	●	●			
3	多功能转向盘：检查各按键的功能	●	●	●	●	●			
4	手制动器：检查功能	●							
5	自诊断：用专用 VAS 诊断设备读取系统控制器内的故障存储信息	●	●	●	●	●			
6	燃油喷油器检查：用专用 VAS 诊断设备读取发动机测量值（IDE03953），标准值为：0.8~1.2（超差时应按规定更换或清洗）	●	●	●	●	●			
7	保养周期显示器：复位		●	●	●	●			
8	活动天窗：检查功能、清洁导轨，如有必要，涂敷专用油脂		●	●	●	●			
9	活动天窗排水功能：检查，必要时清洁			●	●	●			
10	前照灯：检查灯光照射位置，必要时调整		●	●	●	●			
11	前风窗玻璃落水槽、排水孔：清洁		●						
12	刮水器/洗涤装置：检查刮片，必要时更换；检查清洗装置功能，必要时调整并加注清洗液		●	●	●	●			
13	灰尘及花粉过滤器：清洁罩壳和滤芯			●		●			
14	灰尘及花粉过滤器：清洁罩壳并更换滤芯（行驶里程较少的车辆，建议每 12 个月更换 1 次）				●	●			
15	发动机舱：检查燃油管路、真空管路、电气线路、制动管路是否存在干涉或损坏，必要时调整	●	●	●	●	●			
16	冷却系统：检查冷却液冰点，检查系统是否泄漏，必要时补充原装冷却液（标准值为 −35℃，极寒地区可低于 −35℃，应使用折射计 T10007A 检测冷却液冰点数值）	●	●	●	●	●			

(续)

序号	保养内容	保养类型					保养检查情况		
		A 5 000 km 首次保养	B 10 000 km 常规保养	C 20 000 km 常规保养	D 30 000 km 常规保养	E 60 000 km 常规保养	正常	不正常	已调整
17	蓄电池：用专用检测仪检测蓄电池状况，检查正、负极连接状态	●	●	●	●	●			
18	空气滤清器：清洁罩壳和滤芯	●	●						
19	空气滤清器：清洁罩壳并更换滤芯（行驶里程较少的车辆，建议每24个月更换1次）			●		●			
20	火花塞：更换			●		●			
21	发动机燃烧室和排气道：用内窥镜检查，必要时使用上海大众专用汽油清洁剂				●	●			
22	楔形传动带（发动机附件带）：检查（首次30 000km），必要时更换，每100 000km更换		●			●			
23	正时齿形带：检查（首次90 000km），必要时更换					●			
24	正时齿形带张紧轮：检查（首次90 000km），必要时更换					●			
25	水泵齿形带：检查（首次90 000km），必要时更换					●			
26	发动机机油及机油滤清器：更换（行驶里程较少的车辆，建议每12个月更换1次） （注：如拆卸油底壳放油螺栓，必须按照要求更换正确状态的螺栓和垫片） 选择机油类型：□专用机油　□优选机油　□高端机油 　　　　　　　□尊选机油	●	●	●	●	●			
27	变速器/传动轴护套：检查有无渗漏和损坏，连接是否牢固		●	●	●	●			
28	转向横拉杆/稳定杆/连接杆：检查有否间隙，连接是否牢固	●	●	●	●	●			
29	车身底部：检查燃油管、制动液管是否干涉以及底部保护层是否损坏，排气管是否泄漏，固定是否牢靠		●	●	●	●			
30	燃油滤清器：更换					●			
31	底盘螺栓：检查并按规定力矩紧固	●	●	●	●	●			
32	制动系统：检查制动液管路、制动系统零部件是否泄漏，检查制动液液面，必要时补充	●	●	●	●	●			
33	制动盘及制动摩擦片：检查厚度及磨损情况，必要时更换（首次检查在30 000km）			●	●	●			
34	轮胎/轮毂（包括备胎）：检查轮胎磨损情况，必要时进行轮胎换位，同时校正轮胎气压（若配备胎压报警功能，在校正轮胎气压后，必须进行标定）	●	●	●	●	●			
35	车轮固定螺栓：检查并按规定力矩紧固	●	●	●	●	●			
36	车门限位器；固定销；门锁；发动机舱盖；行李舱盖铰链和锁扣：检查功能并润滑		●	●	●	●			

（续）

序号	保养内容	保养类型					保养检查情况		
		A 5 000 km 首次保养	B 10 000 km 常规保养	C 20 000 km 常规保养	D 30 000 km 常规保养	E 60 000 km 常规保养	正常	不正常	已调整
37	空调系统冷凝排水：检查，必要时清洁		●	●	●	●			
38	尾气排放：检测			●		●			
39	试车：性能检查	●	●	●	●	●			
40	制动液：更换（每24个月或50 000km，以先到者为准）	特殊项目							
41	TSI 发动机燃油系统清洁：应使用上海大众专用汽油清净剂进行维护（使用方法请参照汽油清净剂使用说明）	建议项目							

注：① 本表格的保养内容适用于上海大众生产的全新桑塔纳（New Santana）、浩纳（Gran Santana）等配备 1.4 TSI CST（EA211）发动机的车型。保养项目需根据车型的不同配置进行选择。
② 本表格的保养内容和周期是根据汽车在正常行驶情况下制定的。对于使用条件比较恶劣的车辆，特别是经常停车/起动以及常在低温情况下使用的车辆，应经常检查机油液面，并建议每 5 000km 更换机油和机油滤清器。
③ 在灰尘较大环境里行驶的车辆，应缩短空气滤清器滤芯、空调系统花粉过滤器和活动天窗的保养间隔（如每 5 000km 更换）。
④ 每次保养时请在保养表上部的里程表相应的空格内打√，并根据里程表中不同里程下方建议的保养类型（A、B、C、D、E）正确地选择保养项目。
⑤ 本表格的保养内容将根据车辆技术状态变化进行调整，应以最新版本为准（本版本为 2015 年 05 月版）。
检修工签字（日期）：_____ 检验员签字（日期）：_____ 客户签字（日期）：_____

> **特别提醒**：花粉过滤器滤芯脏污将影响空调制冷效果，空气滤清器滤芯脏污可能导致涡轮增压器损坏，应注意检查并及时更换。

8.3.2　搭载 1.4 TSI（EA211）发动机的上海大众全新桑塔纳系列车型典型保养项目

搭载 1.4 TSI（EA211）发动机的上海大众全新桑塔纳系列车型在 4S 店里的典型保养任务主要包括：

1）汽车发动机舱内作业，如发动机润滑系统和冷却系统的养护，蓄电池、火花塞、空气滤清器、风扇传动带等零部件的检查、调整、补充和更换以及相关附件检查等，见表 8-10。

2）汽车车身外部的养护和清洁作业，如车身清洁、车窗玻璃和车外后视镜清洁、汽车镀铬部件清洁等，风窗玻璃刮片养护、橡胶密封条养护以及车门养护等，见表 8-11。

3）汽车车身内部的养护和清洁作业，如塑料件和仪表板的清洁和维护、软垫和植物饰面的清洁、人造皮革椅套的清洁、天然皮革椅套的清洁、安全带的清洁等，见表 8-12。

4）汽车底盘维护作业，如传动、转向、行驶、制动等系统的养护等，见表 8-13。

> **特别提示**：搭载 1.4 TSI（EA211）发动机的上海大众全新桑塔纳系列车型在 4S 店里的典型保养项目、作业内容、操作要领、技术要求、注意事项及相关图解，以图表形式进行编写，以便学生完成相应养护任务的工作页。

表 8-10　全新桑塔纳轿车发动机舱内保养项目、作业内容、操作要领及技术要求

序号	保养项目	作业内容	操作要领	技术要求	相关图解
1	发动机润滑系统养护	检查机油液面高度	①将车辆停放于水平地面 ②关闭发动机 ③打开发动机舱盖 ④等待几分钟后拔出机油尺 ⑤用一块干净的抹布擦净机油尺，然后把机油尺插回原位 ⑥再次拔出机油尺，读出机油液面位置	①机油液面既不能超出"MAX"上限，也不能低于"MIN"下限。液面高度最好处于两个标示中间偏上位置 注意：机油液面不得超出"MAX"上限，否则废气净化装置有损坏的可能 ②由于高原行驶条件恶劣，发动机温度较高，机油黏度变小，机油消耗增加。因此，长期在高原行驶的车辆最好每 5 000km 更换一次机油	
		补充机油	①检查发动机机油液位 ②拧开发动机机油加注口盖子 ③以小份额补充合适的发动机机油 ④再次检查发动机机油液位 ⑤小心地拧紧加注口的盖子，并把机油尺向下插到底，否则发动机运转时机油可能溢出	①在补充机油时，机油不得滴落在发动机零部件上，否则有燃烧的危险 ②机油液面不得超出"MAX"上限，否则机油会被曲轴箱的通风孔吸入，并可能通过废气排放装置进入大气，机油可能在废气净化装置中燃烧并损坏废气净化装置	
		更换机油	①将旧机油排放干净 ②更换机油滤清器滤芯 ③安装并按规定力矩拧紧油底放油螺栓 ④加注机油后，着车运行2min，熄火等待 3min，确认机油量	①更换发动机机油前先让发动机充分冷却，否则容易被热机油烫伤 ②要佩戴防护眼镜，否则洒出的机油容易对眼睛造成伤害 ③当用手旋出放油螺栓时，手臂应保持水平，以免流出的机油顺着手臂向下流而烫伤手臂 ④在任何情况下都不允许将废弃机油直接排入下水道或留存在地面上	

（续）

序号	保养项目	作业内容	操作要领	技术要求	相关图解
2	发动机冷却系统养护	冷却液温度/液位警告灯检查	① 打开点火开关后，该警告灯亮数秒钟后不熄灭，说明冷却系统存在故障 ② 行驶中该警告灯亮起或闪亮，同时系统发出警告，说明冷却液温度过高或液位偏低	① 若冷却液温度过高，应立即停车，关闭发动机，检查冷却液液位。若冷却液液位正常，系统过热，应联系上海大众汽车特约维修站 ② 若冷却液液位偏低，应尽早添加符合规定的冷却液 ③ 忽视亮起的警告灯和文字信息会导致在路途中抛锚，易引起事故和受伤 ④ 若看见蒸汽或冷却液逸出发动机舱，则切不可打开发动机舱盖，以防烫伤。直至无蒸汽或冷却液逸出时方可打开发动机舱盖	
		发动机冷却液规格识别	① 根据红颜色识别补偿容器中的冷却液是不是原装冷却液 ② 如果补偿容器中的液体颜色发生变化，则说明冷却液与其他冷却液添加剂混合了 ③ 如果在原装冷却液中混入其他添加剂，则必须立即更换，否则会出现严重的功能故障或发动机故障	① 严寒条件下为确保冷却液的防冻能力，应根据环境温度加入规定浓度的冷却液，否则冷却液可能冻结，导致车辆抛锚。同时，汽车取暖系统不工作，致使汽车驾乘人员暴露在严寒之中，有冻伤危险 ② 冷却液中不得加入任何其他类型的添加剂，否则将大大降低其防腐能力，导致发动机冷却系统腐蚀，冷却液流失，严重损坏发动机 ③ 冷却液和冷却液添加剂应收集并按规定处理	
		检查冷却液液位	① 将车辆停放在水平而坚实的地面上 ② 待发动机冷却后打开发动机舱盖 ③ 通过发动机冷却液补偿罐（膨胀罐）上的"MAX"和"MIN"标志来检查液位 ④ 发动机处于冷态时检查冷却液液位是否处于补偿罐上的"MAX"和"MIN"标记之间，若低于"MIN"标记（若此时点火钥匙处于ON位，则发动机冷却液警告灯会亮起），则须添加符合规定的冷却液 ⑤ 牢固拧紧冷却液补偿罐盖子	① 冷却液液位是否正常对发动机冷却系统的正常工作极其重要 ② 发动机达到暖态或热态时冷却系统处于高压状态，此时切不可拧开冷却液补偿罐盖子，否则可能被高温蒸汽烫伤 ③ 如果在紧急情况下没有符合要求规格的发动机冷却液时，不要使用其他发动机冷却液，可暂时添加蒸馏水，然后用规定的发动机冷却液添加剂来恢复正确的混合比	

（续）

序号	保养项目	作业内容	操作要领	技术要求	相关图解
2	发动机冷却系统养护	补充添加冷却液	① 关闭发动机，待其冷却，打开冷却液补偿罐盖子 ② 添加符合上海大众规格要求的原装冷却液	① 为防止烫伤，用厚布包住冷却液补偿罐，然后缓慢拧下补偿罐盖子 ② 发动机冷却液液位必须处于补偿罐上的"MAX"和"MIN"标记之间，液位不得超过"MAX"位上边缘，否则多余的发动机冷却液在受热时会被挤出，并可能导致冷却系统损坏	
3	汽车充电系统养护	检查充电系统警告灯	① 当打开点火开关时，充电警告灯会亮起，当发动机起动正常运转后，若该灯熄灭，则说明发电机正常发电，充电系统工作正常；若该灯不熄灭，则说明充电系统存在故障，应及时进行检修 ② 在车辆行驶时若警告灯亮起，表明发电机不再对蓄电池充电。与此情况，应尽快到附近的上海大众特约维修站进行检修	① 切勿忽视亮起的警告灯和文字信息，否则会导致车辆在行驶途中抛锚、引起事故或受伤 ② 对充电系统进行检修前必须关闭发动机、点火开关及所有用电设备，断开蓄电池负极电缆线 ③ 打开点火开关，发动机处于运转状态时切不可断开蓄电池，否则容易损坏充电系统和电子元器件	
		检查蓄电池电解液液位	① 将车辆停放在水平而坚实的地面上，打开发动机舱盖 ② 对于带电眼（蓄电池顶部的圆形观察孔，观察孔内的颜色随充电量和电解液液位而变化）的免维护蓄电池，可通过电眼颜色变化来检查蓄电池电解液液位。若电眼呈黑色，表明蓄电池正常；若电眼呈白色，表明电解液液位偏低，应尽快更换蓄电池 ③ 对于不带电眼（电眼）的蓄电池，应安装保养要求，定期前往上海大众特约维修站进行检查	① 蓄电池电解液有很强的腐蚀性，操作不当可能灼伤皮肤甚至使眼睛失明。因此在检查处理蓄电池时，务必佩戴防护眼镜和防护手套，以防止双手、双臂和面部被溅出的电解液损伤 ② 切勿翻倒汽车蓄电池，否则电解液容易从排气孔中流出，从而导致酸液灼伤人体或车身 ③ 若不慎将电解液溅到皮肤或眼睛上，应立即用清水冲洗相关部位数分钟，然后立即就医 ④ 切勿将损坏或渗漏的蓄电池连接到车辆上，否则易腐蚀损坏车辆	
		蓄电池的充电及更换	① 对于经常短途行驶或长时间停放不用的汽车，应在规定的保养周期内对蓄电池进行检查和充电，并适当增加充电次数 ② 若蓄电池损坏、电量不足，从而导致发动机起动困难，则应尽快更换上海大众经销商匹配的原装蓄电池	① 蓄电池的充电应用专业设备、专业人员，在专业可控场所进行 ② 充电时蓄电池容易产生易爆气体，因此充电场所必须通风良好 ③ 切不可对冰冻的蓄电池或刚解冻的蓄电池进行充电，否则可能引起蓄电池爆炸和化学灼伤 ④ 将蓄电池与整车电气系统断开时必须先拆下负极电缆，然后方可拆正极电缆；连接蓄电池前必须先关闭所有用电设备，且必须先接正极电缆，后接负极电缆；切勿接错极性，否则可能引起火灾	

任务 8　现代汽车 4S 店维护作业的操作规程

（续）

序号	保养项目	作业内容	操作要领	技术要求	相关图解
4	空气滤清器养护	空气滤清器的清洁和更换	① 打开卡子 ② 打开盖子取出空气滤清器滤芯 ③ 更换空气滤清器滤芯	① 若滤芯堵塞不严重、灰尘较少，可轻轻拍打端面除尘，最好用压缩空气由里向外吹 ② 空气滤清器的滤芯不能用液体清洗，若发现被液体淋湿，则应更换 ③ 所更换的空气滤清器滤芯应清洁有效，安全可靠	
5	传动带养护	检查发电机传动带	① 检查传动带张紧力及状况 ② 检查各部件磨损情况，必要时更换	① 驱动附件的传动带应无龟裂和过量磨损，表面无油污；张紧力应符合原厂规定 ② 应按规定里程更换上海大众原厂附件传动带，否则劣质传动带一旦断裂，会导致发动机不能正常工作	
		检查正时带	检查调整正时带，必要时更换（每 8 万 km 更换）	应按规定里程更换上海大众原厂正时带，否则劣质传动带一旦断裂，会导致发动机严重受损	
6	火花塞养护	火花塞间隙调整及更换	清洁、检查、调整火花塞，若不符合技术要求，则应更换火花塞 ① 拔下各个缸线（高压线） ② 拆下全部火花塞 ③ 装上新火花塞，并拧紧火花塞 ④ 装复所有缸线	① 首先清洁、检查并调整火花塞间隙，若已无法调整且已不符合技术要求，则应更换 ② 应更换经过匹配和测试，其电极数量、间隙、热值一致并具有抗无线电干扰的原厂火花塞 ③ 用专用扳手按规定力矩拧紧火花塞	
7	发动机附件检查	检查制动液液面	① 用专用仪器检查制动液品质、质量 ② 目视检查制动液面指示灯开关	① 制动液不变质，型号为 DOT4，液面高度在 MAX 和 MIN 之间，更换周期为 2 年或 50 000km ② 必要时更换制动液	
		检查转向助力液液面	① 目视检查转向器、助力泵、储液罐等的密封性 ② 目视检查液压助力器储油罐油面高度（见圈中部分）	① 液压油液面高度应在标记 MAX 至 MIN 之间 ② 转向助力系统工作良好，无异响	
		检查风窗清洗液液面高度	目视检查风窗清洗液液面高度	风窗清洗液液面高度不能过低，必要时添加，否则易烧坏喷液电机	

（续）

序号	保养项目	作业内容	操作要领	技术要求	相关图解
7	发动机附件检查	检查燃油蒸发控制装置	① 目视检查软管和各部接头 ② 目视检查活性炭罐、储油罐外观	① 软管无老化、裂损，连接可靠无泄漏 ② 活性炭罐、储油罐完好、密封，工作正常	
		检查曲轴箱通风装置	检查PCV阀（箭头所示）和通气软管	PCV阀不堵塞，单向阀关闭严密，开关灵活、无卡滞现象	

表 8-11　全新桑塔纳轿车车身外部保养项目、作业内容、操作要领及技术要求

保养项目	作业内容	操作要领	技术要求	相关图解
汽车外部养护和清洁	清洗汽车	① 自动清洗 　自动洗车前应与自动清洗机操作员一同检查汽车上是否有额外安装的部件，并遵守操作员提供的建议 ② 手工清洗 　a. 先用大量清水软化污垢，并冲洗干净 　b. 用柔软的海绵、手套或刷子自车顶向下轻轻清洗汽车 　c. 洗车期间应经常冲洗海绵或手套等洗车工具 　d. 粘结牢固的污物应用专用清洁剂加以清除 　e. 车轮和门槛等部位应最后清洗，清洗时换一块海绵或手套 　f. 用清水彻底冲洗汽车 　g. 用鹿皮仔细擦干漆面，若遇寒冷天气，则用干净布擦干橡胶密封件及周围表面，防止其结冰，并用硅树脂喷涂橡胶密封件 ③ 高压清洗 　严格按照高压清洗机的使用说明清洗汽车，应特别注意其工作压力和喷洗距离	① 用自动清洗机洗车时，需注意对漆面的损伤。如机洗后发现车身漆面变暗或有划痕，则应立即通知操作员，设法纠正 ② 清洗车身底部时，注意不要被尖锐部件刮伤手和手臂 ③ 汽车表面处于干燥状态时切勿试图清除其上的污物、泥浆或灰尘，清洁汽车表面时不可使用干布或干泡沫塑料，否则易损坏漆面和玻璃 ④ 应尽可能避免在烈日下洗车，以免损坏车身漆面 ⑤ 在寒冷天气洗车时，若用软管洗车，则切不可对准锁孔或车门、行李舱或发动机舱的接缝处冲洗，以防上述部位结冰 ⑥ 应远距离喷洗柔软部件和涂漆保险杠，切勿用高压清洗机清除车窗上的冰雪 ⑦ 切不可用"集束喷嘴"清洗轮胎，即使远距离短时间喷洗也容易对轮胎造成可见和不可见损伤，从而埋下安全隐患 ⑧ 洗车后应尽可能避免紧急制动，须轻踏数次制动踏板，挤干渗入制动器内的水分	

(续)

保养项目	作业内容	操作要领	技术要求	相关图解
汽车外部养护和清洁	清洁车窗玻璃和车外后视镜	① 清洁车窗玻璃和车外后视镜 a. 使用上海大众原装玻璃清洁剂弄湿车窗和车外后视镜 b. 用干净的鹿皮或不起毛的布擦干玻璃表面 ② 清除车蜡残余物 a. 用洗车机和汽车养护材料清洗汽车后窗玻璃表面残留的车蜡，蜡汁应用专用清洁剂或保洁布加以清除 b. 用含有专用除蜡清洁剂（按规定比例添加）的风窗清洗液清除风窗上的蜡残留物，以免残蜡刮擦刮片而使其损坏 ③ 清除积雪 可用小刷子清除车窗和车外后视镜上的积雪	① 擦拭过车身漆面的鹿皮不得再用于擦拭车窗和车外后视镜玻璃，否则其上残留的蜡会导致玻璃变得模糊 ② 玻璃上残留的橡胶、机油、油渍和硅酮须用玻璃清洁剂或硅酮清洁剂加以清除 ③ 切勿将其他规格的玻璃清洁剂与上海大众原装玻璃清洁剂混用，否则容易堵塞风窗清洗液喷嘴 ④ 切勿用温水或热水清除车窗玻璃和后视镜上的冰雪，否则容易导致玻璃爆裂 ⑤ 切勿用刮冰铲在玻璃上来回刮擦，否则容易使车窗上的污物刮坏车窗玻璃 ⑥ 切勿用不干胶将电丝黏在后风窗内侧，否则容易损坏后风窗内侧的加热丝	
	清洁风窗玻璃刮片	① 将刮水器置于维护位置，然后将刮水器臂抬离风窗 ② 用柔软的布擦去刮片上的灰尘和脏物 ③ 风窗清洗剂清洗刮片，黏结牢固的污垢可用海绵、柔软塑料薄膜或布清除	① 使用已经损坏或脏污的刮片会降低能见度，增大事故和受伤的风险 ② 寒冷冰冻条件下首次使用刮水器前务必检查刮片是否冻结在风窗玻璃上，否则一旦使用刮水器，则容易损坏刮片和刮水器电机 ③ 禁止在无水的情况下使用刮水器（即干刮）；若风窗玻璃及刮片表面有灰尘、油渍，则禁止使用刮水器，否则会造成刮片永久性损坏，若发现刮片损坏，应及时更换	
	汽车漆面上蜡和抛光	① 上蜡 清洗汽车车身表面后无水滴滚落即可上优质保护蜡 ② 抛光 漆面暗淡，即使上蜡也不能恢复其光泽时需对漆面进行抛光处理	① 塑料件和喷涂亚光漆的部件不得抛光或上蜡 ② 切勿在沙尘环境里抛光汽车漆面	

（续）

保养项目	作业内容	操作要领	技术要求	相关图解
汽车外部养护和清洁	清洁镀铬部件	① 用湿布清洗镀铬部件 ② 用铬清洁剂清除其表面污垢及附着物 ③ 用柔软的干布抛光镀铬部件表面	① 切勿用研磨剂处理镀铬部件，否则会刮伤镀铬部件的表面 ② 切勿在沙尘环境里清洗和抛光镀铬部件，否则会刮伤镀铬部件表面	
	钢质车轮的维护	① 定期用专用海绵清洁钢车轮 ② 用工业清洁剂清除制动磨屑，如出现油漆损坏，必须在金属锈蚀前加以修补	① 制动系统内如有水、冰或防滑盐时，将降低制动效能，延长制动距离，极易引发事故，因此必须彻底清除 ② 钢车轮维护结束后，应在低速行驶过程中轻踏制动踏板，去除制动器上的水、冰或防滑盐，以恢复制动效能	
	合金车轮的维护	① 每2周清洗合金车轮上的防滑盐和制动磨屑 ② 每3个月在合金车轮上涂硬蜡	① 必须用无酸清洁剂清洗车轮 ② 不得用汽车抛光机或其他研磨剂处理车轮，若合金车轮表面防护层损坏，则必须及时修复损伤处	
	养护橡胶密封条	① 天窗橡胶密封条的养护： a. 完全打开天窗 b. 用柔软、不起毛的清洁布和大量清水除去橡胶密封件的尘土和污物，必要时还要除去密封件支撑部位表面涂漆上的尘土和污物 c. 让橡胶密封件充分干燥 ② 行李舱盖和车门上橡胶密封条的养护：用柔软的清洁布和大量清水除去橡胶密封件的尘土和污物	① 使用不适合的养护剂可能会导致密封件损坏 ② 对已干燥的橡胶密封件，最好选用上海大众原装附件养护套件来处理	
	去除车门锁芯内的积冰	使用具有润滑及防腐特性的上海大众原装喷雾剂去除车门锁芯内的积冰	不可使用含油脂溶化剂的除冰喷雾剂去除车门锁芯内的积冰，否则容易导致门锁生锈	

任务 8　现代汽车 4S 店维护作业的操作规程

（续）

保养项目	作业内容	操作要领	技术要求	相关图解
汽车外部养护和清洁	车身底部防护层的维护	定期检查车身底部和行驶系统的防护层，若有破损，应及时修补，最好春末秋初各检查1次	① 切勿将汽车停驻在诸如干草或汽油等可燃物上，以免处于高温状态的催化转换器引燃这些物质，造成不必要的损失 ② 在尾气排放控制系统隔热罩、排气管和催化转换器上不得涂覆车身底板防护剂或密封剂，否则处于高温状态的发动机和尾气排放控制系统可能点燃防护剂或密封剂	
	清洁发动机舱	① 冬季行驶条件下，经常在撒盐路面行驶时良好的防腐涂层尤为重要。为防止防滑盐腐蚀汽车，撒盐期前后应彻底清洗整个发动机舱 ② 若用油脂清除剂清洗发动机舱或由他人清洗发动机舱，则防腐涂层通常会被洗掉，故清洗后必须对发动机舱的所有表面、缝隙、接合处和部件进行防腐处理	① 打开发动机舱盖前务必关闭发动机，拉紧驻车制动器，拔下点火钥匙 ② 务必在发动机充分冷却后再清洗发动机舱 ③ 清洗时应注意不要被发动机舱内和汽车上的金属锐边刮伤 ④ 清洗时切勿触碰散热器风扇，因其受温度控制，即使关闭发动机、拔下点火钥匙后，风扇仍然可能突然自动起动	

表 8-12　全新桑塔纳轿车车身内部保养项目、作业内容、操作要领及技术要求

保养项目	作业内容	操作要领	技术要求	相关图解
汽车内部的养护和清洁	塑料件和仪表板的清洁和维护	① 用干净的湿布清洗塑料件和仪表板 ② 若清洗效果不佳，则可用不含溶剂的塑料清洗剂进行处理	① 切勿用含溶剂的清洗剂清洗仪表板和安全气囊组件的表面，否则会使仪表板表面疏松，一旦安全气囊触发，碎裂的塑料件可能严重伤害乘员 ② 切勿用含溶剂的驾驶舱喷雾剂和清洁剂清洗仪表板和安全气囊组件的表面，否则含溶剂会损坏车内材料	

（续）

保养项目	作业内容	操作要领	技术要求	相关图解
汽车内部的养护和清洁	软垫和织物饰面的清洁	① 普通保洁 a. 用柔软的海绵或不起毛的细纤维布清洁 b. 如果表面只是一般性的脏污，则可用常用的泡沫清洁剂进行处理，但要涂匀（不能湿透织物），然后用吸水性较好的干燥清洁布擦净泡沫，待完全干透后再用吸尘器处理 ② 清除污斑 a. 对饮料造成的污斑可以用高级洗涤溶剂处理，用海绵蘸上少许洗涤溶剂进行擦拭，若污斑不易清除，可直接在污斑处涂擦一块洗涤膏，然后用清水进行处理，最后用吸水性好的干布擦净 b. 对巧克力或化妆品造成的污斑可用一块洗涤膏涂擦，然后用一块打湿的海绵去除洗涤膏 c. 对油脂、油液、口红或圆珠笔痕迹造成的污斑可用中性肥皂粉处理（必要时用牛胆汁皂处理），然后用吸水性好的材料吸走洗涤剂，最后用水进行后续处理，但不要湿透织物	① 含有溶剂的清洁剂会腐蚀材料并使其过早损坏 ② 开着的尼龙搭扣容易导致软垫和织物饰面损坏，因此要扣好所有可能与软垫和织物饰面发生接触的尼龙搭扣 ③ 应注意避免棱角尖锐的物品、衣服和腰带上的镶嵌饰件（如拉链、铆钉、人造钻石）刮伤软垫和织物饰面	
	人造皮革椅套的清洁	使用水和中性清洁剂清洁人造皮革椅套	① 不允许用溶剂（如汽油、松脂精）、地板蜡、鞋油、污斑清除剂以及类似物品处理人造皮革，否则容易导致材料硬化以及提前开裂 ② 应注意避免棱角尖锐的物品、衣服和腰带上的镶嵌饰件在人造皮革表面形成不可恢复的划伤或刮痕	

（续）

保养项目	作业内容	操作要领	技术要求	相关图解
汽车内部的养护和清洁	天然皮革椅套的清洁和养护	①普通清洁 a.用插在吸尘器风口上的刷子头吸去松散的污物 b.用略微潮湿的纯棉抹布或羊毛抹布擦净有脏污的皮革表面 ②厚重污物的去除 a.把抹布先在中性的肥皂溶液（两汤匙中性肥皂粉溶于1L水）中浸透，然后拧干用来清洁污物厚重的部位 b.清洁时要注意防止水浸透皮革的任何部位，也不要让水进入接缝处的针孔内 ③污斑的清除 a.用吸水性较好的保洁布或纸巾清除新洒上的水质污斑（如咖啡、茶、果汁等），如污斑已干透，则使用合适的清洁剂处理 b.新洒上的油质污斑（如黄油、色拉油、巧克力等） 如果还没有浸入皮革表面，则可用吸水性较好的抹布、纸巾或合适的清洁剂清除，对于已干透的油污应用除油喷雾剂处理 c.对特殊污斑（如圆珠笔、记号笔、指甲油、乳胶漆、鞋油等）应使用皮革专用的污斑清除剂处理 ④皮革养护 a.每隔半年就要使用合适的皮革养护剂对天然皮革加以养护处理 b.涂上薄薄一层清洁养护用品 c.最后用柔软的抹布擦干	①绝不允许用溶剂（如汽油、松脂精、地板蜡、鞋油、污斑清除剂和类似物品）处理皮革 ②进入皮革毛孔、褶皱和拼缝中的灰尘及污物颗粒会磨损、损坏皮革表面，因此应注意日常保洁工作 ③定期及每次清洁后，应使用具有防光照和浸渍功能的养护油 ④每2~3个月清洁一次皮革，及时清除新的污渍 ⑤应尽快清除圆珠笔、墨水、口红、鞋油等留下的新污斑 ⑥要加强对皮革颜色进行养护，根据需要在有色差的部位涂上专用的彩色皮革油	

(续)

保养项目	作业内容	操作要领	技术要求	相关图解
汽车内部的养护和清洁	清洁杂物箱、饮料罐托架和烟灰缸	①清洁杂物箱、饮料罐托架：用一块干净且不起毛的抹布用水蘸湿后进行清洁。如果效果不好，可使用不含溶剂的塑料清洁养护剂进行清洁 ②清洁烟灰缸 a.取出烟灰缸将其清空，然后用抹布擦净烟灰缸 b.清洁点烟器时应使用牙签或类似物品来清除剩余烟灰	切勿用含有溶剂的清洁剂进行清洁，否则易腐蚀内饰材料使其提早损坏	
	清洁安全带	①小心地拉出脏污的安全带，并保持在拉出位置 ②用淡皂液清洗脏污的安全带 ③待安全带完全干透，干透前切勿收卷安全带	①务必定期检查车内所有安全带的状况，若发现安全带带基、插接件、收卷机构或锁损坏，则必须到上海大众经销商处进行更换 ②绝不允许拆下安全带进行清洗，切勿使用化学清洁剂清洗安全带，否则可能损坏安全带带基 ③切勿试图自行维修损坏的安全带；任何情况均不得拆卸和改装安全带	
	空调系统养护	①检查空调操纵系统 ②检查空调密封状况	①检查各操纵部件的工作状况，各部件操纵应灵敏有效 ②检查空调系统，应无磨损和泄漏（一般用专用仪器检测）	

表8-13 全新桑塔纳轿车底盘保养项目、作业内容、操作要领及技术要求

序号	保养项目	作业内容	操作要领	技术要求	相关图解
1	制动系统维护	检查前制动器	①微微举升车辆，使车轮离开地面，松开轮胎螺栓 ②继续举升20cm，检查举升器是否对位，然后拆下前、后轮胎，对制动片进行检查 ③检查转向横拉杆、防尘套、底部保护层、燃油管、制动油管及排气管的状况，看有无损伤，并检查减振器有无渗漏	①摩擦片极限厚度不得小于规定值，若磨损超限，应更换 ②装回轮胎时，检查轮胎气压及磨损程度并清理杂物，使用扭力扳手将轮胎螺栓紧固到规定力矩 ③对达到规定里程的车辆进行同侧轮胎前后调换	

（续）

序号	保养项目	作业内容	操作要领	技术要求	相关图解
1	制动系统维护	检查后制动器	① 使用一把直尺测量外制动器摩擦片的厚度 ② 通过制动卡钳内的检查孔目测检查内制动器摩擦片的厚度	① 检查各部件磨损情况，必要时更换 ② 确保制动器摩擦片没有不均匀磨损，如果制动器摩擦片的厚度低于磨损极限，则更换制动器摩擦片 ③ 确保内制动器摩擦片与外制动器摩擦片没有明显的偏差	
		检查制动液管路和轮缸	检查制动液管路和轮缸	制动液管路应无磨损，制动液无渗漏	
2	转向系统维护	检查转向传动机构	检查转向传动轴（前驱）的密封和工作状况	防尘套应无破损（圆圈所示），各部件螺栓连接可靠	
3	传动系统维护	检查变速器的密封状况	检查变速器的密封和工作状况	变速器外部应清洁，外表应无裂纹，密封垫及油封要完好，无渗漏现象	
		检查液面高度	检查油面高度及油质，必要时更换	① 手动变速器齿轮油规格为 API GL-5，液面高度为加油孔下边缘，螺栓的紧固力矩为 25N·m ② 自动变速器油规格为 VW ATF，颜色为淡黄色，液面高度为上、下刻度之间	车头方向　加油孔
		检查变速器换档操纵机构	检查变速器换档操纵机构	换档操纵机构应操纵灵活、连接可靠，无松旷	

（续）

序号	保养项目	作业内容	操作要领	技术要求	相关图解
4	行驶系统维护	检查轮胎花纹	检查轮胎花纹和轮辋	轮辋应无裂纹和变形，车轮清洁，胎面无气鼓、裂伤、老化、变形、扎钉，气门嘴完好	
		检查轮胎气压	检查轮胎（含备胎）气压	轮胎气压标准：夏季，230kPa；冬季，250kPa；备胎，230kPa	
		检查轮胎螺栓	检查轮胎拧紧力矩	轮胎的装用符合要求，车轮螺栓拧紧力矩为120N·m	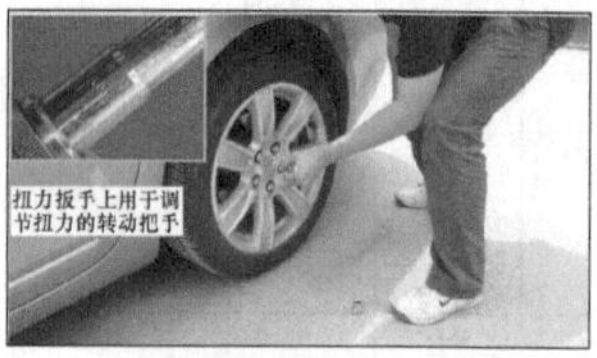
5	车身底部维护	检查燃油系统	检查燃油箱及油箱盖，检查燃油管路及管路接头	燃油箱、燃油管路应安装牢固，无变形	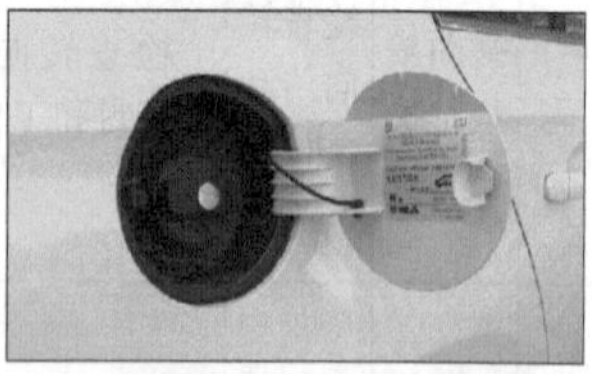
		检查排气系统和三元催化转换装置	①检查排气歧管、消声器状况及密封性 ②检视三元催化转换器外观及连接状况	①排气歧管、消声器各部件应完好，密封垫、吊耳齐全，无裂纹、漏气，消声器性能良好 ②三元催化转换器的保护壳应完整，连接牢固；内部载体无破损、不堵塞	
		检查悬架系统	检查减振器密封及各部连接状况	减振器应不漏油，上部支撑架胶套无开裂，紧固可靠，减振作用良好	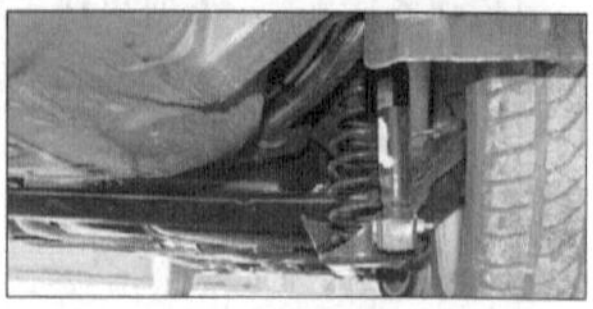
		检查球头	检查各拉杆球头间隙，紧固防尘套	当上下晃动悬架时，摆臂球头应无松旷，下摆臂衬套完好，配合无松动	

234

解读和学习工匠精神之八

人类社会发展的历史告诉我们,人的现代化是社会现代化的核心,但是人的现代化总是滞后于物的现代化。"工欲善其事,必先利其器",但仅有"利器",未必能"善事",想要"善事",关键在于用"利器"的人。现在影响我国社会现代化进程的关键因素,不是物,而是人。这就需要弘扬工匠精神,用精益求精、追求卓越去推进人的现代化,去培育善用"利器"的人。

任务总结

1)PDI 检查的概念:"PDI"是英语"pre-delivery inspect"的缩写,其含义是"交付前检查",在广州本田新车检验体系中,"PDI"是指车辆交付给用户前对新车所实施的"售前检查"。

2)PDI 检查的目的:确保把完美无缺的新车交付到用户的手中,使用户满意。

3)许多汽车生产厂家明确要求其售后服务企业,在车辆进行首保时,汽车维修技师必须向客户说明车辆维护保养方面的相关知识,而且将这一任务作为维修技师考核的重要内容。

4)新车首次维护作业的任务主要包括更换机油和机油滤清器、对全车进行目视检查、对汽车底盘进行目视检查等内容。

5)汽车首次维护的质量检验国家还没有出台相关规定,目前主要根据车辆维修手册相关要求进行。不同厂家、不同车型首次维护质量检验的项目和内容也不尽相同,应灵活掌握。

6)汽车大修发动机后的首次维护是指当大修发动机后的车辆行驶到一定行驶里程后,对机油、机油滤清器进行更换,并对发动机各系统、各总成、各部件进行全面检查、紧固、调整的作业过程。

7)大修发动机汽车首次维护作业任务主要包括更换发动机机油和机油滤清器以及对发动机各系统、各总成、各部件进行全面检查、紧固或调整等内容。

8)搭载 1.4 TSI(EA211)发动机的上海大众全新桑塔纳系列车型在 4S 店里的典型保养任务主要包括发动机舱内作业、车身外部的养护和清洁作业、车身内部的养护和清洁作业以及底盘维护作业等内容。

任务验收

掌握"学习工作页"任务 8 中的关键理论知识;熟练完成各项维护作业任务;认识大国工匠,学习和弘扬工匠精神。

参 考 文 献

[1] 夏长明. 汽车维护 [M]. 北京：机械工业出版社，2019.

[2] 吉武俊，胡勇. 汽车维护与保养 [M]. 2版. 北京：机械工业出版社，2016.

[3] 范爱民，张晓雷. 汽车维护与保养 [M]. 2版. 北京：清华大学出版社，2015.

[4] 孙庆奎，焦建刚. 汽车检测与维修常用工具及设备 [M]. 北京：中国水利水电出版社，2015.

[5] 夏长明. 汽车使用与维护 [M]. 北京：机械工业出版社，2014.

[6] 姜龙青，罗新闻. 汽车维护与保养一体化教程 [M]. 北京：机械工业出版社，2012.

[7] 彭光乔，姚博瀚. 汽车保养与维护 [M]. 北京：北京理工大学出版社，2011.

[8] 赵计平. 实施汽车维护作业 [M]. 北京：机械工业出版社，2011.

[9] 嵇伟，孙庆华. 汽车运行材料 [M]. 北京：人民交通出版社，2007.

[10] 陈作兴. 汽车一、二级维护 [M]. 北京：机械工业出版社，2007.

表1-3 上海大众新桑塔纳轿车保养周期表

保养项目 \ 保养里程	5 000公里	10 000公里	15 000公里	20 000公里	25 000公里	30 000公里	35 000公里	40 000公里	45 000公里	50 000公里	55 000公里	60 000公里	65 000公里	70 000公里	75 000公里	80 000公里	85 000公里	90 000公里	95 000公里	100 000公里	120 000公里	140 000公里	150 000公里	160 000公里	180 000公里	200 000公里	210 000公里	220 000公里	240 000公里	250 000公里	260 000公里	270 000公里	280 000公里	300 000公里
更换机油	●	●	●	●	●	●	●	●	●	●	●	●	●	●	●	●	●	●	●	●		●	●											
更换机油滤清器	●	●	●	●	●	●	●	●	●	●	●	●	●	●	●	●	●	●	●	●		●	●											
更换空气滤清器				●				●				●				●				●														
更换空调滤清器				●				●				●				●				●														
更换燃油滤清器				●								●				●				●														
更换火花塞												●									●													
更换制动液												●																						
检查自动变速器油										●											●													
检查发动机正时带												●									●					●								
检查动力系统	●	●		●		●		●		●		●				●		●		●		●	●	●	●	●	●	●	●	●	●	●	●	●
检查空调系统	●	●		●		●		●		●		●				●		●		●		●	●	●	●	●	●	●	●	●	●	●	●	●
检查电气设备	●	●		●		●		●		●		●				●		●		●		●	●	●	●	●	●	●	●	●	●	●	●	●
检查安全设备	●	●		●		●		●		●		●				●		●		●		●	●	●	●	●	●	●	●	●	●	●	●	●
检查悬架与转向系统	●	●		●		●		●		●		●				●		●		●		●	●	●	●	●	●	●	●	●	●	●	●	●
检查制动系统	●	●		●		●		●		●		●				●		●		●		●	●	●	●	●	●	●	●	●	●	●	●	●

3. 职业素养

根据本课程服务广大车主，确保行车安全，维护社会和谐安宁的特点，参照职业素养提升的一般步骤，制订职业化塑造计划，并进行职业生涯规划。

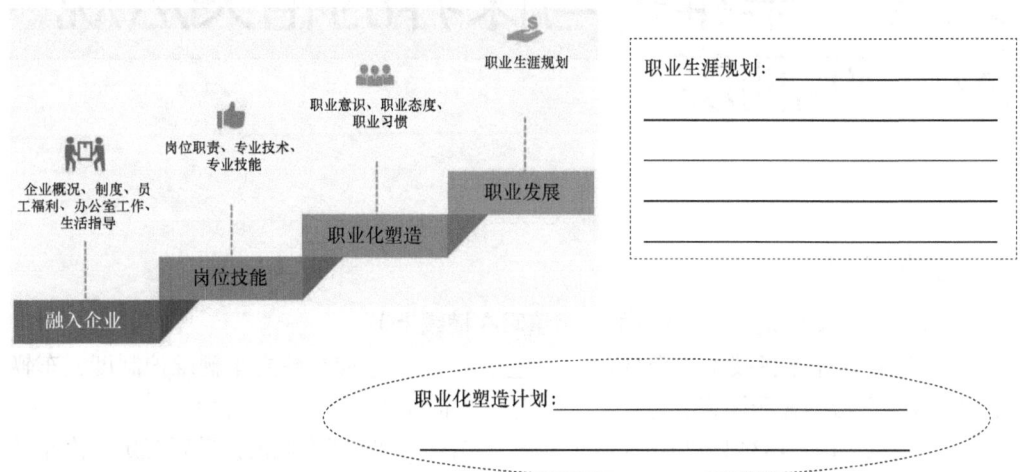

4. 工匠精神

4.1 认识"大勇不惧"的三个杰出代表，深入挖掘他们的先进事迹

1）多年战斗在祖国偏远地区，不怕艰辛，为祖国建设付出青春与热血的大国工匠彭祥华。

2）为铸"利剑"不畏险，"雕刻"火药三十年，一次次助推火箭升入太空的大国工匠徐立平。

3）行走在特高压线上，如履平地，一次次带电检修，艺高胆大的大国工匠王进。

4.2 学习大国工匠的心得体会

_____
_____
_____
_____。

任务 2
现代汽车维护与保养的相关法规及工作制度

1. 关键知识

1.1 完成以下填空（将正确的答案填写在横线上）

1）道路运输车辆技术管理规定：_____应当建立车辆维护制度，车辆维护作业项目应当按照国家_____要求确定。

2）根据 GB/T 18344—2016《汽车维护、检测、诊断技术规范》最新规定，汽车常规维护分为日常维护、一级维护和二级维护三类，取消了以往的_____。

3）7S 工作管理机制的内容包括整理、整顿、清扫、清洁、素养、_____和_____七个部分。

1.2 完成以下判断（正确的打√号，错误的打×号）

1）为塑造良好的工作环境和企业形象，提高生产力、工作效率、生产安全性、服务水平和维修质量以及人员素质，减少不必要的浪费，目前所有汽车 4S 店都推行 7S 工作管理机制。（　　）

2）道路运输经营者不具备二级维护作业能力的，可以委托二类以上机动车维修经营者进行二级维护作业。（　　）

2. 核心技能

填补 7S 工作制中部分作业技术的空白部分。

2.1 整顿作业（节选）

任务2 现代汽车维护与保养的相关法规及工作制度

7S 工作制中整顿作业的原则及具体要求

序号	整顿原则	具体要求
1	规定放置的方法	研究符合功能要求的放置方法：
		品种名称和放置场所的标示：
		拿放方便的改进：
2	遵守保管的规则	取拿、收存的训练和改进的效果：

2.2 安全作业

7S 工作制中安全作业的要点及具体措施

安全要点	具体措施
维护工作环境的安全及培养全员防灾、防公害的相关技能	

5

3. 职业素养

3.1 根据"7S"发展趋势,制订汽车维修企业 7S(整理,Seiri;整顿,Seiton;清扫,Seiso;清洁,Seiketsu;素养,Shitsuke;安全,Safety;节约,Save)工作制度训练计划,建立学生重视安全生产、自我保护和节能减排的职业素养

"7S"发展趋势及"7S"训练计划

源于日本	发展于美国	希望完善于中国	训练计划
整理(Seiri)	清理(Sort)	整理(Seiri)	___
整顿(Seiton)	整理(Straighten)	整顿(Seiton)	___
清扫(Seiso)	清洁(Sweep)	清扫(Seiso)	___
清洁(Seiketsu)	保持(Standardize)	清洁(Seiketsu)	___
素养(Shitsuke)	不断改进(Sustain)	素养(Shitsuke)	___
安全(Safety)	安全(Safety)	安全(Safety)	___
节约(Save)	节约(Save)	节约(Save)	___

3.2 根据图示形象礼仪中对企业员工仪容仪表的相关要求,进行仪容仪表练习,以培养学生阳光向上,积极乐观的人生态度,提升企业文化内涵,提高企业的社会形象

仪容仪表合格标准	练习情况	现场测评
眼镜:选择适合自己脸型的镜片,随时擦拭干净 发型:发型大方、头发清洁、无异味、无头屑、不抹过多的发胶 胡须:鬓角与下巴要剃干净 指甲:不留长指甲,指甲长度与手指长度匹配	发型是否符合形象礼仪标准? 改进措施:_____	
	眼睛是否符合形象礼仪标准? 改进措施:_____	
	胡须是否符合形象礼仪标准? 改进措施:_____	
	指甲是否符合形象礼仪标准? 改进措施:_____	

4. 工匠精神

4.1 认识"大术无极"的三个杰出代表,深入挖掘他们的先进事迹

1)左手残疾,仅靠右手练就一身电焊绝活的大国工匠卢仁峰。
2)焊造"海上超级冷冻车"LNG船的大国工匠张冬伟。
3)保障核电站反应堆主管道40年安全的大国工匠未晓朋。

4.2 学习大国工匠的心得体会

_____

_____

_____。

任务 3
现代汽车的常规维护与保养

1. 关键知识

1.1 完成以下填空（将正确的答案填写在横线上）

1）汽车日常维护的基本作业内容为_____、_____和_____三大作业。

2）汽车日常维护的质量检验，可参照《汽车维护、检测、诊断技术规范》（GB/T 18344—2016）最新规定中_____及其_____进行检验。

3）汽车一级维护的_____，可根据《汽车维护、检测、诊断技术规范》（GB/T 18344—2016）最新规定中汽车一级维护作业项目及其相应技术要求进行检验。

4）汽车二级维护除一级维护作业外，以检查和调整制动系统、转向操纵系统、悬架等安全部件，并拆检轮胎，进行轮胎换位，以及检查、调整_____和_____等为主的维护作业。

5）汽车二级维护作业项目包括_____和_____，其中_____应根据汽车二级维护进厂检测的结果、作业过程中发现的维修项目和相关原则来确定。

6）根据《汽车维护、检测、诊断技术规范》最新规定：汽车二级维护过程中应始终贯穿过程检验，并记录_____或_____。

1.2 完成以下判断（正确的打√号，错误的打×号）

1）汽车日常维护的基本要求是每一位车主在汽车日常维护保养中，必须强制执行"三检、四清、四防"的维护制度，以达到车容整洁、车况良好、行车安全之目的。
（   ）

2）汽车的日常维护是汽车最基础、最基本、最平常的维护工作，而且维护工作的好与坏以及正确与否，直接关系到车辆的使用寿命、能耗高低、排放大小和行车安全。
（   ）

3）汽车一级维护的基本要求是必须由汽车维修企业的员工来完成维护作业的各项任务，以确保维护质量和进度。（   ）

4）汽车一级维护的作业内容应涵盖汽车日常维护的所有内容，同时在着重完成润滑和紧固两大中心作业外，还要进行大量的检查作业，同时进行清洁、补给、更换和调整等作业。（   ）

5）汽车二级维护的基本要求是在开展维护作业前，首先进行检测诊断，来确定附

加作业小修项目,以合理安排工期,避免过度维护。　　　　　　（　　）

6）汽车二级维护除了完成检查和调整两大中心作业外,还要同时进行大量的清洁、紧固、润滑、补给作业以及少量的更换和检测作业,且作业内容要涵盖汽车日常维护的所有内容。　　　　　　　　　　　　　　　　　　　　　　　　　（　　）

7）在汽车二级维护具体实施过程中,应处理好附加作业的技术规范问题和附加作业如何安排的问题。　　　　　　　　　　　　　　　　　　　　　　　　（　　）

8）汽车二级维护进行过程检验的目的就是实现维护过程的质量控制。（　　）

1.3 完成单项选择（将选择认为正确的答案字母填写在横线上）

1）汽车日常维护由＿＿＿＿＿＿来完成。
A. 维修工　　　　　B. 驾驶人　　　　　C. 生产厂　　　　　D. 经销商

2）汽车日常维护的中心内容是＿＿＿＿＿＿。
A. 清洁、润滑、紧固　B. 清洁、补给和安全性能检视　C. 检查、调整　D. 拆检

3）汽车一级维护由＿＿＿＿＿＿来完成。
A. 维修工　　　　　B. 驾驶员　　　　　C. 生产厂　　　　　D. 经销商

4）汽车一级维护的中心内容是＿＿＿＿＿＿。
A. 润滑、紧固　　B. 清洁、补给和安全检视　　C. 检查、调整　　D. 拆检

5）汽车二级维护的中心内容是＿＿＿＿＿＿。
A. 清洁、润滑、紧固　B. 清洁、补给和安全检视　C. 检查、调整　D. 拆检

6）现代汽车一、二级维护周期的确定,应以汽车＿＿＿＿＿＿为基本依据。
A. 行驶时间间隔　　B. 行驶里程　　C. 诊断周期　　D. 车辆使用说明书

7）汽车二级维护竣工检验是对承修汽车在二级维护过程中作业项目维护质量的一次综合检验,由＿＿＿＿＿＿来完成。
A. 专职检验员和专职修理工　　　　　B. 专职修理工和专业检测线
C. 专职检验员和专业检测线　　　　　D. 专职检验员和专业工量具

8）汽车附加作业小修是用修理或更换个别零件的方法,保证或恢复汽车工作能力的＿＿＿＿＿＿。
A. 计划修理　　　B. 定期修理　　　C. 恢复性修理　　　D. 运行性修理

2. 核心技能

扫码观看教师示范操作微视频,对照主教材相应的操作过程及步骤,实施汽车各级维护的各项作业,并完成各项任务记录。

2.1 完成汽车日常维护作业任务实施中的各项任务记录

1）车辆外观及附属设施保养项目单

任务3 现代汽车的常规维护与保养

序号	保养项目	任务记录		若不符合相关技术要求（对照汽车日常维护的质量检验技术要求），则应如何解决	学生处理结果及教师评分情况
1	目视检查车辆外观	车身是否清洁，车身钣金有无锈蚀和刮花情况，轮胎气压是否一致		解决措施：	
		是（　）	否（　）		
2	目视检查车辆附属设施	灭火器、客车安全锤的放置位置是否正确，安全带的功能是否完好		解决措施：	
		是（　）	否（　）		
3	目视检查风窗玻璃刮水器	功能是否正常		解决措施：	
		是（　）	否（　）		

微视频1

2）发动机工作液（机油及冷却液）保养项目单

序号	保养项目	任务记录		若不符合相关技术要求（对照汽车日常维护的质量检验技术要求），则应如何解决	学生处理结果及教师评分情况
1	目测检查发动机润滑油面高度	油面高度是否处于上、下刻线之间		解决措施：	
		是（　）	否（　）		
2	目测检查发动机冷却液液面高度	液面高度是否处于 min 和 max 之间		解决措施：	
		是（　）	否（　）		

微视频2

3）汽车制动系统保养项目单

序号	保养项目	任务记录		若不符合相关技术要求（对照汽车日常维护的质量检验技术要求），则应如何解决	学生处理结果及教师评分情况
1	制动系统的仪表自检	经过若干秒或起动后，指示灯是否熄灭		解决措施：	
		是（　）	否（　）		
2	目视检查制动液液面高度	液面高度是否处于规定范围内		解决措施：	
		是（　）	否（　）		
3	路试检查行车制动	实施行车制动后，反应是否灵敏		解决措施：	
		是（　）	否（　）		
4	坡道检查驻车制动	实施驻车制动后，车辆是否溜动		解决措施：	
		是（　）	否（　）		

微视频3

4）汽车车轮及轮胎保养项目单

序号	保养项目	任务记录	若不符合相关技术要求（对照汽车日常维护的质量检验技术要求），则应如何解决	学生处理结果及教师评分情况
1	目视检查轮胎外观、气压	轮胎外观是否存在破损、变形、刮破等问题 轮胎气压值： 左右前轮胎各_____、_____kPa 左右后轮胎各_____、_____kPa 轮胎气压是否一致，是否在规定范围内 是（　） 否（　）	解决措施：	
2	目视检查车轮螺栓、螺母的紧固情况	车轮螺栓、螺母是否存在松动情况，车轮螺栓是否存在滑牙情况 车轮螺母拧紧力矩：　　N·m 是（　） 否（　）	解决措施：	

（微视频4）

5）照明、信号指示装置及仪表保养项目单

序号	保养项目	任务记录	若不符合相关技术要求（对照汽车日常维护的质量检验技术要求），则应如何解决	学生处理结果及教师评分情况
1	目视检查前照灯	前照灯照射角度及光照强度是否在规定范围内 是（　） 否（　）	解决措施：	
2	各电控系统自检	打开点火开关进行系统自检，经过若干秒或起动后，故障自检指示灯是否熄灭 是（　） 否（　）	解决措施：	
3	目视检查仪表工作状态	各仪表显示是否正常 是（　） 否（　）	解决措施：	

（微视频5）

2.2　完成汽车一级维护（企业中也称为 A 级维护或小保养）作业任务实施中的各项任务记录

1）机油、机油滤清器、放油螺塞垫片的更换保养项目单

序号	保养项目	任务记录	若不符合相关技术要求（对照汽车一级维护的竣工检验技术要求），则应如何解决	学生处理结果及教师评分情况
1	机油滤清器的更换	机油滤清器拧紧力矩：_____N·m； 滤清器与机体接合处是否存在漏油问题 是（　） 否（　）	解决措施：	

微视频6

任务 3　现代汽车的常规维护与保养

（续）

序号	保养项目	任务记录	若不符合相关技术要求（对照汽车一级维护的竣工检验技术要求），则应如何解决	学生处理结果及教师评分情况
2	放油螺塞垫片的更换	放油螺丝拧紧力矩为：_____N·m；垫片与壳体接合处是否存在漏油问题 是（　）　否（　）	解决措施：	
3	机油的更换	所排放旧机油颜色：_____色； 所选用新机油黏度级（SAE）：_____； 所选用新机油使用级（API）：_____； 所选用新机油是否符合发动机技术要求 是（　）　否（　）	解决措施：	微视频7
4	机油油面高度的检查	机油油面高度：接近上刻线（　），接近下刻线（　），上、下刻线之间（　） 机油油面高度是否在规定范围内 是（　）　否（　）	解决措施：	微视频8

2）发动机舱传动带、蓄电池、空气滤清器、冷却装置的视情清洁、调整、补充、更换和紧固等保养项目单

序号	保养项目	任务记录	若不符合相关技术要求（对照汽车一级维护的竣工检验技术要求），则应如何解决	学生处理结果及教师评分情况
1	传动带的检查和调整	传动带松紧度是否合适 是（　）　否（　） 传动带是否存在开裂、边缘磨损或者表面磨光等问题 是（　）　否（　）	解决措施： 解决措施：	微视频9
2	蓄电池的检查	蓄电池的正负两个接线柱是否被腐蚀，连接是否松动 是（　）　否（　）	解决措施：	
3	空气滤清器的检查	空气滤清器外壳是否破损，固定卡箍或螺母是否脱落、损坏或缺失 是（　）　否（　） 空气滤清器滤芯是否被堵塞 是（　）　否（　）	解决措施： 解决措施：	
4	发动机舱冷却装置的检查	冷却液液面高度：超过 MAX（　），低于 MIN（　），处于 MAX 和 MIN 之间（　）；液面高度是否在规定范围内 是（　）　否（　） 冷却系统是否存在渗漏情况 是（　）　否（　）	解决措施： 解决措施：	

3）车身灯光系统、喇叭、刮水器、喷水系统的视情清洁、调整、补充、更换和紧固等保养项目单

序号	保养项目	任务记录		若不符合相关技术要求（对照汽车一级维护的竣工检验技术要求），则应如何解决	学生处理结果及教师评分情况
1	车身灯光系统和喇叭的检查	前照灯的光束照射距离（照度）和光束照射位置（角度）是否符合技术要求		解决措施：	
		是（　　）	否（　　）		
		所有灯光系统是否齐全有效		解决措施：	
		是（　　）	否（　　）		
		喇叭声级为：_____dB，是否符合技术要求		解决措施：	
		是（　　）	否（　　）		
2	车身刮水器和喷水系统的检查	刮扫是否均匀、清洁，有无死角；刮片是否出现松动或破损等问题		解决措施：	
		是（　　）	否（　　）		
		喷淋角度及距离是否符合技术要求，喷嘴是否存在堵塞等问题		解决措施：	
		是（　　）	否（　　）		

微视频 10

4）底盘驻车制动器、制动片、制动盘（或鼓）、制动液、制动管路和软管、转向盘、连杆、转向器、离合器液、差速器油、MT（或AT）变速器油、混合动力传动桥油、动力转向油、轮胎及气压、轮胎损伤情况的视情清洁、调整、补充、更换和紧固等保养项目单

序号	保养项目	任务记录		若不符合相关技术要求（对照汽车一级维护的竣工检验技术要求），则应如何解决	学生处理结果及教师评分情况
1	驻车制动器的检查	驻车制动器的结构类型：手拉式（　　），脚踩式（　　），电子式（　　）；停车坡度：_____°；是否存在溜动现象		解决措施：	
		是（　　）	否（　　）		

（续）

序号	保养项目	任务记录		若不符合相关技术要求（对照汽车一级维护的竣工检验技术要求），则应如何解决	学生处理结果及教师评分情况
2	行车制动器的检查	制动液液面高度是否在规定范围内		解决措施：	
		是（　）	否（　）		
		制动管路和制动软管是否存在渗漏现象		解决措施：	
		是（　）	否（　）		
3	转向盘、连杆及其转向器的检查	动力转向油液面高度是否在规定范围内，液压管路是否存在渗漏现象		解决措施：	
		是（　）	否（　）		
		转向横拉杆球头销等各连接销的润滑、密封及紧固是否良好		解决措施：	
		是（　）	否（　）		
		转向器转动是否自如，有无卡滞现象		解决措施：	
		是（　）	否（　）		
4	离合器液、差速器油、手动或自动变速器油、混合动力传动桥油的检查检查	变速器等各总成内的油液或液面高度是否在规定范围内		解决措施：	
		是（　）	否（　）		
		各总成、各管路、各个接合处是否存在泄漏、脏污等问题		解决措施：	
		是（　）	否（　）		
5	轮胎损伤情况的检查	轮胎气压是否符合技术要求		解决措施：	
		是（　）	否（　）		
		轮胎是否存在异常磨损		解决措施：	
		是（　）	否（　）		
		轮胎胎冠或胎侧是否存在较深的裂纹、凹坑、扎痕或尖锐划痕等损伤		解决措施：	
		是（　）	否（　）		

微视频 11

微视频 12

5）发动机系统、变速器系统以及其他系统的计算机诊断项目单

序号	保养项目	任务记录	若不符合相关技术要求（对照汽车一级维护的竣工检验技术要求），则应如何解决	学生处理结果及教师评分情况
1	电控燃油喷射发动机系统的计算机诊断	蓄电池开路电压值：_____V，是否在规定范围内 是（　　）　　否（　　）	解决措施：	
		发电机输出电压值：_____V，是否在规定范围内 是（　　）　　否（　　）	解决措施：	
		消除故障码后，发动机起动后故障自检灯是否熄灭 是（　　）　　否（　　）	解决措施：	
2	电控自动变速器系统以及其他电控系统的计算机诊断	OBD-Ⅱ标准接口位置：发动机舱（　　），驾驶舱（　　） 接口是否存在松动、脱落等问题 是（　　）　　否（　　）	解决措施：	
		解码器品牌、型号：_____，是否能够与OBD-Ⅱ标准接口匹配 是（　　）　　否（　　）	解决措施：	

6）机油复位、胎压复位、时钟音响复位以及空调复位等保养灯归零项目单

序号	保养项目	任务记录	若不符合相关技术要求（对照汽车一级维护的竣工检验技术要求），则应如何解决	学生处理结果及教师评分情况
1	机油复位操作（机油保养灯归零）	剩余机油寿命里程数（显示发动机剩余机油寿命的车型）：_____km 是否接近保养间隔里程 是（　　）　　否（　　）	解决措施：	
		显示屏显示机油寿命值（提示发动机机油寿命复位的车型）：_____% 是否接近保养间隔里程 是（　　）　　否（　　）	解决措施：	
2	胎压复位操作（轮胎气压指示灯归零）	轮胎气压值： 左右前轮胎各_____、_____kPa 左右后轮胎各_____、_____kPa 轮胎气压是否一致，是否在规定范围内 是（　　）　　否（　　）	解决措施：	
		里程表读数：_____km；是否能够完成复位 是（　　）　　否（　　）	解决措施：	

任务 3　现代汽车的常规维护与保养

2.3　完成汽车二级维护（企业中也称为 B 级维护或大保养）作业任务实施中的各项任务记录

1）机油、机油滤清器、放油螺塞垫片、空气滤清器、燃油滤清器、空调滤清器的更换保养项目单（其他项目在一级维护中已进行，这里重点要完成燃油滤清器和空气滤清器的更换任务）

序号	保养项目	任务记录		若不符合相关技术要求（对照汽车二级维护的竣工检验技术要求），则应如何解决	学生处理结果及教师评分情况
1	燃油滤清器的更换	车辆行驶里程数：_____ km；是否接近或超过保养间隔里程		解决措施：	
		是（　）	否（　）		
		燃油系统残余压力：　　kPa；在拆卸燃油滤清器以前是否进行过泄压处理		解决措施：	
		是（　）	否（　）		
		燃油滤清器固定夹拧紧力矩：N·m 新燃油滤清器安装方向与燃油流动方向是否一致		解决措施：	
		是（　）	否（　）		
		燃油系统是否存在渗漏情况		解决措施：	
		是（　）	否（　）		
2	空调滤清器的更换	车辆行驶里程数：_____ km；是否接近或超过保养间隔里程		解决措施：	
		是（　）	否（　）		
		空调滤清器的安装位置：_____，安装是否牢固，进、出风口有无堵塞情况		解决措施：	
		是（　）	否（　）		

15

2）传动带、冷却及加热系统、排气管和装配件等发动机基本部件的视情清洁、调整、补充、更换和紧固等保养项目单

序号	保养项目		任务记录	若不符合相关技术要求（对照汽车二级维护的竣工检验技术要求），则应如何解决	学生处理结果及教师评分情况
1	传动带的维护（检查和调整作业与一级维护作业基本相同，这里重点介绍传动带的更换作业）		车辆行驶里程数：＿km；是否接近或超过更换间隔里程 是（　）　否（　）	解决措施：	
			是否有传动带走向图 是（　）　否（　）	解决措施：	
			新旧传动带的开槽数目、宽度和长度是否一致，有无安装方向要求 是（　）　否（　）	解决措施：	
			新传动带的张紧力是否符合技术要求 是（　）　否（　）	解决措施：	
2	发动机冷却及加热系统的维护（冷却液液面高度的检查、补充、调整和更换等维护作业与一级维护大同小异，这里重点介绍发动机冷却系统的清洁和冷却液冰点检查作业）	发动机冷却系统的清洁	冷却液液面高度：超过max（　），低于min（　），处于max和min之间（　）；液面高度是否在规定范围内 是（　）　否（　）	解决措施：	
			冷却系统的压力：＿＿＿＿＿kPa；系统是否存在堵塞、渗漏等问题 是（　）　否（　）	解决措施：	
			膨胀罐中有无气泡 是（　）　否（　）	解决措施：	
			冲洗设备各管路接头有无泄漏现象 是（　）　否（　）	解决措施：	
		冷却液的冰点检查	冷却液的冰点值：＿＿＿＿＿°，是否在规定范围内	解决措施：	
			冷却液的浓度或酸性程度（pH值）：＿＿＿＿＿，是否在规定范围内	解决措施：	
3	排气管的维护（排气管的清洁、检查及紧固等维护作业前已述及，这里重点介绍更换排气系统管道部件的维护作业）		相关紧固件或法兰盘有无受损 是（　）　否（　）	解决措施：	
			是否配备新的密封垫圈 是（　）　否（　）	解决措施：	
			否存在干涉现象 是（　）　否（　）	解决措施：	
			所有连接处是否存在泄漏现象 是（　）　否（　）	解决措施：	

微视频13

任务 3　现代汽车的常规维护与保养

3）蓄电池、起动电压、火花塞、点火线圈和高压导线等点火系统主要总成及部件的视情清洁、调整、补充、更换和紧固等保养项目单

序号	保养项目	任务记录		若不符合相关技术要求（对照汽车二级维护的竣工检验技术要求），则应如何解决	学生处理结果及教师评分情况
1	蓄电池维护	起动电压_____V；是否符合技术要求		解决措施：	
		是（　　）	否（　　）		
2	火花塞维护	火花塞电极间隙_____mm；是否存在积炭、烧蚀、弯曲变形等问题		解决措施：	
		是（　　）	否（　　）		
		火花塞的热值：_____；属于：冷型（　），热型（　），中型（　）；火花塞拧紧力矩为：_____N·m；是否符合技术要求		解决措施：	
		是（　　）	否（　　）		
3	点火线圈和高压导线维护	点火线圈和高压火帽是否完好		解决措施：	
		是（　　）	否（　　）		
		点火线圈初级绕组电阻：_____Ω 点火线圈次级绕组电阻：_____Ω 是否符合技术要求		解决措施：	
		是（　　）	否（　　）		

4）燃油和进/排气控制系统中空气滤清器、进/排气歧管、燃油泵、燃油滤清器、喷油器等主要部件的视情清洁、调整、补充、更换和紧固等保养项目单（燃油、进/排气控制系统中空气滤清器和燃油滤清器的维护作业前已述及，这里重点完成进/排气歧管、燃油泵和喷油器等主要部件的维护作业）

序号	保养项目	任务记录		若不符合相关技术要求（对照汽车二级维护的竣工检验技术要求），则应如何解决	学生处理结果及教师评分情况
1	进/排气歧管的维护	进气歧管拧紧力矩为：_____N·m，排气歧管拧紧力矩为：_____N·m；有无漏气现象		解决措施：	
		是（　　）	否（　　）		
2	燃油泵的维护	打开点火开关但不起动发动机，能否听到电动汽油泵的运转声		解决措施：	
		是（　　）	否（　　）		
		燃油泵最大供油压力：_____kPa，燃油泵保持压力：_____kPa；是否符合技术要求		解决措施：	
		是（　　）	否（　　）		

（续）

序号	保养项目	任务记录	若不符合相关技术要求（对照汽车二级维护的竣工检验技术要求），则应如何解决	学生处理结果及教师评分情况
3	喷油器的维护	在急速运转时，能否用听诊器或长螺钉旋具测听到其工作声音 是（　　）　　否（　　）	解决措施：	
		喷油器两脚之间的电阻：＿＿＿＿＿Ω，属于低阻型（　　），高阻型（　　）；是否符合技术要求 是（　　）　　否（　　）	解决措施：	
		喷油器1号插口与地之间电压：＿＿＿V；打开点火开关时，是否为蓄电池电压 是（　　）　　否（　　）	解决措施：	
		仪器所检测出的喷油器喷油量是否一致或误差是否在规定范围内 是（　　）　　否（　　）	解决措施：	
		喷油器是否存在雾化不良（喷雾角度、喷射距离和油束均匀性不一致），密封不好（油嘴滴漏）等问题 是（　　）　　否（　　）	解决措施：	

5）车身灯光系统、扬声器、刮水器、喷水系统以及空调系统的视情清洁、调整、补充、更换和紧固等保养项目单（车身灯光系统、扬声器和刮水器的维护作业前已述及，空调系统后续介绍，这里重点要完成喷水系统的维护作业）

保养项目	任务记录	若不符合相关技术要求（对照汽车二级维护的竣工检验技术要求），则应如何解决	学生处理结果及教师评分情况
喷水系统的维护	储液罐中清洗液液面高度：接近底部（　　），接近上盖（　　），在中上部（　　）；液面高度是否合适，清洗液是否被污染 是（　　）　　否（　　）	解决措施：	
	清洗液储液罐是否有渗漏或其他损坏等问题 是（　　）　　否（　　）	解决措施：	
	清洗液泵是否运转自如 是（　　）　　否（　　）	解决措施：	
	喷嘴是否堵塞 是（　　）　　否（　　）	解决措施：	
	清洗液管道是否泄漏 是（　　）　　否（　　）	解决措施：	

6）底盘驻车制动器、制动片和制动盘（或鼓）、制动液、制动管路和软管、转向盘、连杆、转向机、离合器液、差速器油（FR4 或 WD）、变速器油、混合动力传动桥油、动力转向油、前/后悬架、四轮换位、平衡、定位、传动轴套、球头和防尘套、轮胎及气压、轮胎损伤情况的视情清洁、调整、补充、更换和紧固等保养项目单

序号	保养项目		任务记录	若不符合相关技术要求（对照汽车二级维护的竣工检验技术要求），则应如何解决	学生处理结果及教师评分情况
1	行车制动器的维护（行车制动器的其他维护项目与一级基本相同，这里重点完成鼓式和盘式制动器的清洁、检查及更换等维护作业）	更换鼓式制动器的制动蹄，并检查相关的零部件	车轮制动轮缸是否存在泄漏 是（　　）　否（　　）	解决措施：	
			制动器底板上的零部件是否存在磨损、损坏和渗漏等情况 是（　　）　否（　　）	解决措施：	
			制动蹄等组件是否安装定位，有无干涉现象 是（　　）　否（　　）	解决措施：	
		检查和清洁鼓式制动器的制动鼓，并检查相关零部件	制动鼓的内表面是否有擦痕或磨光区域 是（　　）　否（　　）	解决措施：	
			制动鼓的内径： 左前轮：＿＿＿＿mm 右前轮：＿＿＿＿mm 左后轮：＿＿＿＿mm 右后轮：＿＿＿＿mm 是否有足够的厚度来进行表面再修整 是（　　）　否（　　）	解决措施：	
			制动盘表面是否出现较深的沟槽 是（　　）　否（　　）	解决措施：	
			制动盘表面是否出现裂纹 是（　　）　否（　　）	解决措施：	
		检查和清洁盘式制动器的制动盘，并检查相关的零部件	制动片是否存在异常磨损，有无较深的沟槽或摩擦衬片厚度不足 是（　　）　否（　　）	解决措施：	
			制动盘的厚度： 左前轮：＿＿＿＿mm 右前轮：＿＿＿＿mm 左后轮：＿＿＿＿mm 右后轮：＿＿＿＿mm 是否有足够的厚度满足再修整的要求 是（　　）　否（　　）	解决措施：	
			制动盘的表面跳动量是否在允许范围内 是（　　）　否（　　）	解决措施：	

（续）

序号	保养项目		任务记录		若不符合相关技术要求（对照汽车二级维护的竣工检验技术要求），则应如何解决	学生处理结果及教师评分情况
2	转向盘、连杆和转向器等总成及零部件的维护（转向盘、连杆和转向器等总成及零部件的维护内容与一级维护基本相同，这里重点完成动力转向油的保养及转向系统各连接件的检查及润滑作业）	动力转向油的保养作业(系统管道清洗及油液更换)	动力转向油面高度：超过max（　），低于min（　），处于max和min之间（　）；油面高度是否在规定范围内		解决措施：	
			是（　）	否（　）		
			冲洗设备各管路接头是否存在泄漏问题		解决措施：	
			是（　）	否（　）		
			动力转向系统是否存在泄漏问题		解决措施：	
			是（　）	否（　）		
			液压动力转向系统中是否进入空气		解决措施：	
			是（　）	否（　）		
		转向系统各连接件的检查及润滑作业	各润滑脂加注孔是否被堵塞		解决措施：	
			是（　）	否（　）		
			下控制臂、前/后轴衬套、下球头、内/外横拉杆及球头是否有损伤		解决措施：	
			是（　）	否（　）		
			中间连杆、随动转向臂、转向摇臂和万向节是否有损伤		解决措施：	
			是（　）	否（　）		
			上控制臂、前/后轴衬套和上球头是否有损伤		解决措施：	
			是（　）	否（　）		
			转向横拉杆球头销是否有损伤或松旷等情况		解决措施：	
			是（　）	否（　）		
			转向横拉杆球头销防尘罩是否有油污或裂纹		解决措施：	
			是（　）	否（　）		
			稳定杆球头销是否有损伤或松旷等情况		解决措施：	
			是（　）	否（　）		
			稳定杆球头销防尘罩是否有油污或裂纹		解决措施：	
			是（　）	否（　）		

微视频 14

（续）

序号	保养项目		任务记录	若不符合相关技术要求（对照汽车二级维护的竣工检验技术要求），则应如何解决	学生处理结果及教师评分情况
3	底盘离合器液、差速器油、变速器油、混合动力传动桥油、动力转向油的检查、补给及更换作业（其他项目一级维护已述及，这里重点完成自动变速器的清洗作业）		设备各管路适配接头处是否存在泄漏问题 是（　）　否（　）	解决措施：	
			自动变速器液压系统是否存在渗漏情况 是（　）　否（　）	解决措施：	
			自动变速器油油面高度： COOL（冷车）： 接近或超过上刻线（　） 接近或低于下刻线（　） 上下刻线之间或偏上（　） HOT（热车）： 接近或超过上刻线（　） 接近或低于下刻线（　） 上下刻线之间或偏上（　） 排放的旧自动变速器油中是否含有金属屑和其他杂质 是（　）　否（　）	解决措施：	
4	四轮换位、车轮动平衡、四轮定位等作业（四轮定位作业的操作步骤较为繁琐，这里不作详述，请参考有关资料）	四轮换位作业（单向的轮胎换位）	轮胎气压： 左前轮：_____kPa 右前轮：_____kPa 右后轮：_____kPa 左后轮：_____kPa 轮胎气压是否一致 是（　）　否（　）	解决措施：	
			轮胎花纹沟槽深度： 左前轮：_____mm 右前轮：_____mm 右后轮：_____mm 左后轮：_____mm 乘用车花纹沟槽深度是否低于1.6mm；轮胎花纹是否一致，有无损伤 是（　）　否（　）	解决措施：	
			轮胎螺母拧紧力矩为：_____N·m；螺母是否存在滑牙等问题 是（　）　否（　）	解决措施：	

（续）

序号	保养项目		任务记录	若不符合相关技术要求（对照汽车二级维护的竣工检验技术要求），则应如何解决	学生处理结果及教师评分情况
4	四轮换位、车轮动平衡、四轮定位等作业（四轮定位作业的操作步骤较为繁琐，这里不作详述，请参考有关资料）	轮胎螺栓的紧固作业	螺栓（螺柱上）是否存在锈蚀、滑牙等问题 是（　） 否（　）	解决措施：	
			轮胎螺母拧紧顺序为：_____；轮胎螺母上是否有油渍 是（　） 否（　）	解决措施：	
			轮胎螺母拧紧力矩为：_____N·m；螺母是否存在滑牙等问题 是（　） 否（　）	解决措施：	
		车轮动平衡作业	轮胎气压： 左前轮：_____kPa 右前轮：_____kPa 右后轮：_____kPa 左后轮：_____kPa 轮胎气压是否一致，是否符合技术要求 是（　） 否（　）	解决措施：	
			动平衡机离车轮轮辋的距离 a：_____mm，测量及输入数据是否正确 是（　） 否（　）	解决措施：	
			轮辋宽度 b：_____mm，测量及输入数据是否正确 是（　） 否（　）	解决措施：	
			轮辋直径 d：_____mm，测量及输入数据是否正确 是（　） 否（　）	解决措施：	
			动平衡误差值是否在 5g 以内 是（　） 否（　）	解决措施：	

说明：上海别克系列轿车 B 级维护作业中，发动机、变速器、ABS、安全气囊以及其他系统的计算机诊断方法和步骤与 A 级维护作业的相同，这里不再赘述。

B 级维护作业中的机油复位、胎压复位、时钟音响复位及空调复位等保养灯归零等作业任务的操作方法和要领与 A 级维护作业的大同小异，这里也不再赘述。

3. 职业素养

3.1 职业能力培养

《道路运输车辆技术管理规定》明确规定:"汽车日常维护"由驾驶人自己来完成。对此,通过汽车日常维护作业的实训,向学生传授汽车日常维护的知识和技能,促使他们日后由学生转换为驾驶人,由驾驶人转换为维修人,并培养他们具有坚持自己改革创新观点又能服从管理的品格。

日常维护个性化定制	改革创新点	小组评价	教师评价	综合评价
1				
2				
3				
4				
5				

3.2 团队合作意识培养

结合汽车常规维护作业的分组实训,进行团队意识和相互协作精神的培养,使学生步入社会后具备能够与人融洽相处的能力。

1. 场地、车辆、工量具及仪器设备准备情况:优( ),良( ),中( ),( ),差( );2. 小组分工,相互协作,完成任务情况:优( ),良( ),中( ),及( ),差( )。

4. 工匠精神

4.1 认识"大巧破难"的三个杰出代表,深入挖掘他们的先进事迹

1)利用"墨子圆规"的古人思想和顺势而为的东方智慧,完美拼接四千多块面板,能与星星对话的大型球面镜的大国工匠朱晓朋。

2)独创造船工艺,使手工打制的渔船滴水不漏的大国工匠张兴华。

3)让中国的消化内镜微创切除技术领跑世界的大国工匠周平红。

4.2 学习大国工匠的心得体会

_____
_____
_____。

任务 4
现代汽车的季节维护与保养

1. 关键知识

1.1 完成以下填空（将正确的答案填写在横线上）

1）夏季汽车的使用特点是_____，动力下降；润滑油变稀、变质，_____，运动零部件磨损加剧；驾驶员易疲劳、打盹，_____；雨水增多使车辆打滑易造成车辆受损，甚至发生交通事故。

2）做好夏季车辆的维护保养及高温下的安全驾驶是一项十分重要的工作，作为驾驶人员，尤其是广大私家车主，必须掌握_____并及时采取正确的_____，以确保人身及财产的安全。

3）在天寒地冻的冬季里，尤其是经过一个晚上露天的风吹霜寒后，汽车车身变得冰凉，难以起动，_____，_____，_____，难以操纵等。

4）做好冬季车辆的维护保养及低温下的安全驾驶是一项十分重要的工作，作为驾驶人员，尤其是广大私家车主，必须掌握冬季车况特点并及时采取正确的维护保养和_____、_____、_____措施，以确保人身及财产的安全。

1.2 完成以下判断（正确的打√号，错误的打 × 号）

1）汽车季节维护是指在季节转换之前，结合常规维护，附加一些相应的小修项目，使汽车能够顺利适应变化了的运行条件的按需维护。（   ）

2）夏季汽车的维护重点是根据夏季车况特点，及时对发动机冷却系统、润滑系统、燃油供给系统、汽油机点火系统和汽车充电系统等进行夏季针对性维护，以确保这些系统的工作可靠性和行车安全。（   ）

3）冬季汽车的维护重点是根据冬季车况特点，及时对发动机冷却系统、润滑系统、燃油供给系统和汽车充电系统进行冬季针对性维护，以确保这些系统的工作可靠性和行车安全。（   ）

4）无论任何季节，在使用车辆时，一定要等待发动机暖机后，再挂挡起步，否则会导致发动机剧烈磨损。（   ）

2. 核心技能

观看相关视频，对照主教材相应的操作过程及步骤，实施汽车冬夏两季维护的各项作业，并完成各项任务记录。

2.1 完成汽车夏季维护作业任务实施中的各项任务记录

1）发动机冷却系统夏季针对性保养项目单

序号	保养项目	任务记录		若存在问题，应如何解决	学生处理结果及教师评分情况
1	检视百叶窗	百叶窗是否能够全部打开（南方可拆除）		解决措施：	
		是（ ）	否（ ）		
2	清除发动机水套和散热器内的水垢	是否存在泄漏或其他堵塞等问题		解决措施：	
		是（ ）	否（ ）		
3	测试节温器性能	节温器主阀门全关，副阀门全开（小循环）温度为_____℃；节温器主、副阀门部分开启（大、小循环）温度为_____℃；节温器主阀门全开，副阀门全关（大循环）温度为_____℃ 节温器功能是否正常		解决措施：	
		是（ ）	否（ ）		

2）汽车各润滑系统夏季针对性保养项目单

序号	保养项目	任务记录		若存在问题，应如何解决	学生处理结果及教师评分情况
1	更换机油	所选用机油黏度级（SAE）：_____ 所选用机油使用级（API）：_____ 是否存在泄漏、烧机油等问题		解决措施：	
		是（ ）	否（ ）		
2	更换手动变速器齿轮油	是否存在泄漏情况		解决措施：	
		是（ ）	否（ ）		
3	更换自动变速器液力传动油	是否存在泄漏情况		解决措施：	
		是（ ）	否（ ）		
4	更换转向器液压油	是否存在泄漏情况		解决措施：	
		是（ ）	否（ ）		

3）汽车燃油供给系统夏季针对性保养项目单

序号	保养项目	任务记录		若存在问题，应如何解决	学生处理结果及教师评分情况
1	清洗汽油机燃料供给系统的燃油箱、滤清器（最好更换）、喷油器和燃油分配管等部件	是否存在泄漏或其他堵塞等问题		解决措施：	
		是（　　）	否（　　）		
2	手动泵油循环清洗柴油机燃料供给系统的燃油箱、滤清器、输油泵、喷油泵、喷油器和所有管路	是否存在泄漏或其他堵塞等问题		解决措施：	
		是（　　）	否（　　）		
3	调整汽油机的喷油器或燃油分配管及柴油机的喷油泵、喷油器等部件	是否存在泄漏或其他堵塞等问题		解决措施：	
		是（　　）	否（　　）		
4	进/排气歧管上有预热装置的应调整至"夏"字位置	是否存在泄漏或其他堵塞等问题		解决措施：	
		是（　　）	否（　　）		

4）汽油机点火系统夏季针对性保养项目单

序号	保养项目	任务记录		若存在问题，应如何解决	学生处理结果及教师评分情况
1	调整火花塞间隙	火花塞螺栓拧紧力矩：_____N·m 火花塞间隙：_____mm 火花塞电极处是否存在积炭等沉积物，火花塞间隙是否在规定范围内		解决措施：	
		是（　　）	否（　　）		
2	调整点火正时	怠速工况点火提前角：_____° 是否存在爆燃和早燃现象		解决措施：	
		是（　　）	否（　　）		

5）汽车充电系统夏季针对性保养项目单

序号	保养项目	任务记录	若存在问题，应如何解决	学生处理结果及教师评分情况
1	调整蓄电池电解液密度（免维护蓄电池除外）	蓄电池开路电压为_____V；蓄电池电解液密度（维护型）为_____g/cm³；电眼颜色（免维护型）为_____色 蓄电池开路电压是否在规定范围内 是（ ）　否（ ）	解决措施：	
2	校正发电机调节器（电子无触点调节器除外）	蓄电池充电电压为_____V；蓄电池充电电流为_____A 是否存在充电电流过大现象 是（ ）　否（ ）	解决措施：	

2.2　完成汽车冬季维护作业任务实施中的各项任务记录

1）发动机冷却系统冬季针对性保养项目单

序号	保养项目	任务记录	若存在问题，应如何解决	学生处理结果及教师评分情况
1	安装发动机附加保温罩及检修起动预热装置	电热塞（部分采用分隔式燃烧室的柴油机装配此装置）电阻：_____Ω 电热塞电阻值是否一致，起动预热装置是否正常工作 是（ ）　否（ ）	解决措施：	
2	冷却液的冰点值和pH值的测量	冷却液的冰点值为_____℃；冷却液的pH值为_____ 是否存在泄漏或其他结冰等问题 是（ ）　否（ ）	解决措施：	
3	测试节温器效能	节温器主阀门全关，副阀门全开（小循环）温度为_____℃；节温器主、副阀门部分开启（大小循环）温度为_____℃；节温器主阀门全开，副阀门全关（大循环）温度为_____℃ 节温器功能是否正常 是（ ）　否（ ）	解决措施：	

2）汽车各润滑系统和总成冬季针对性保养项目单

序号	保养项目	任务记录		若存在问题，应如何解决	学生处理结果及教师评分情况
1	更换机油	所选用机油黏度级（SAE）：_____ 所选用机油使用级（API）：_____ 是否存在泄漏、烧机油等问题		解决措施：	
		是（　　）	否（　　）		
2	更换手动变速器齿轮油	是否存在泄漏和堵塞等问题		解决措施：	
		是（　　）	否（　　）		
3	更换自动变速器液力传动油	是否存在泄漏和堵塞等问题		解决措施：	
		是（　　）	否（　　）		
4	更换转向器液压油	是否存在泄漏和堵塞等问题		解决措施：	
		是（　　）	否（　　）		

3）汽车燃油供给系统冬季针对性保养项目单

序号	保养项目	任务记录		若存在问题，应如何解决	学生处理结果及教师评分情况
1	清洗汽油机燃料供给系统的燃油箱、滤清器、喷油器和燃油分配管等部件（以目前市场上使用越来越多的TSI汽油发动机为例）	是否存在泄漏或其他堵塞等问题		解决措施：	
		是（　　）	否（　　）		
2	手动泵油循环清洗柴油机燃料供给系统的输油泵、喷油泵、喷油器和所有管路（以目前市场上使用越来越多的高压共轨柴油发动机为例）	柴油牌号：_____；是否存在泄漏或其他堵塞等问题		解决措施：	
		是（　　）	否（　　）		
3	调整汽油机的喷油器和燃油分配管及柴油机的喷油泵和喷油器等部件	是否存在泄漏或其他堵塞等问题		解决措施：	
		是（　　）	否（　　）		
4	有进气预热阀装置的调整到"冬"位置	是否存在泄漏或其他堵塞等问题		解决措施：	
		是（　　）	否（　　）		

4）汽车充电系统冬季针对性保养项目单

序号	保养项目	任务记录	若存在问题，应如何解决	学生处理结果及教师评分情况
1	调整蓄电池电解液密度（免维护蓄电池除外）	蓄电池开路电压：_____V 蓄电池电解液密度（维护型）：_____g/cm³ 电眼颜色（免维护型）：_____色 蓄电池开路电压是否在规定范围内 是（　　）　否（　　）	解决措施：	
2	校正发电机调节器（电子无触点调节器除外）	蓄电池充电电压：_____V 蓄电池充电电流：_____A 是否存在充电电流过小现象 是（　　）　否（　　）	解决措施：	

3. 职业素养

结合汽车冬夏两季使用与维护的特点，通过汽车季节维护作业的分组实训，培养学生实事求是的工作作风，使其具备较强的分析问题、解决问题的能力和自我学习的能力。

分析问题和解决问题的情景设置	冬季维护的关键项目	夏季维护的关键项目	冬夏两季维护拟解决的关键问题	教师点评

4. 工匠精神

4.1 认识"大艺法古"的三个杰出代表，深入挖掘他们的先进事迹

1)"薄如蝉翼洁如雪"，依循古法让极品宣纸再现于世，再续传奇的大国工匠毛胜利。

2) 深得古錾启示，在厚度只有 0.6mm 的银片上能够錾出细致纺织纹理的大国工匠孟剑锋。

3）参悟古法，谨遵先人教诲，让历史瑰宝双马驮钟扫尽尘封，再度惊艳于世的大国工匠王津。

4.2 学习大国工匠的心得体会

_____

_____

_____

_____。

任务 5

现代汽车的深度维护与保养

1. 关键知识

1.1 完成以下填空（将正确的答案填写在横线上）

1）汽车发动机燃油系统进行深度维护的意义是在不拆卸燃油分配管、喷油器、燃油滤清器、各_____、_____、_____、_____等供油系统和进气系统各部件的前提下，清除其中的_____、_____和_____等积垢，从而恢复系统功能。

2）汽车发动机润滑系统进行深度维护的意义是在不拆卸_____、_____的前提下，能够彻底清除润滑油路及摩擦表面的_____、_____、_____等微粒，从而恢复发动机润滑系统的润滑、清洁、冷却、密封、防腐和降噪等功能。

3）汽车发动机冷却系统进行深度维护的意义是在不拆卸_____、_____、_____及各管路和接头的前提下，能够迅速、彻底地清除冷却系统中的_____、_____等积垢，从而恢复系统功能。

4）汽车空调系统进行深度维护的意义是在不拆卸_____、_____以及各管路和接头的前提下，能够迅速、彻底地清除蒸发器上的_____、_____、_____等杂质，防止_____被腐蚀、堵塞和泄漏，以保证制冷系统良好的工作性能。

5）汽车自动变速器进行深度维护的意义是在不拆卸_____、_____和_____等部件的前提下，实现彻底换油，而且利用设备特有的_____、_____，能够完全清除自动变速器内的_____、_____，使自动变速器长期保持最佳的工作状态。

6）汽车制动系统进行深度维护的意义是在不拆卸_____和_____等总成及部件的前提下，快速清除制动管路中的_____、_____等沉积物，彻底更换制动液，迅速恢复系统功能。

7）汽车液压动力转向系统进行深度维护的意义是在不拆卸_____、_____以及各管路和接头的前提下，快速、安全地清除系统中有害的_____、_____等沉积物，减少油泥等污垢的形成。

1.2 完成以下判断（正确的打√号，错误的打×号）

1）汽车深度维护是指在突出不解体或仅解体个别总成及部件的前提下，利用专业的产品、设备、技术，在传统保养项目的基础上对车辆进行免拆、快速、全面、彻底的维护。　　　　　　　　　　　　　　　　　　　　　　　　　　　（　　）

2）汽车的深度维护目前主要适用于汽车燃油系统、润滑系统、冷却系统、空调系统、自动变速器、制动系统和液压动力转向系统等具有循环流动系统的清洗和补给作业环节。（   ）

3）在清洗柴油机时，切勿使柴油和清洗剂的混合液完全耗尽，混合液使用完前一定要关闭发动机，以免损坏高压油泵。（   ）

2. 核心技能

观看相关视频，对照主教材相应的操作过程及步骤，实施汽车深度维护的各项作业，并完成各项任务记录。

1）汽车燃油系统深度维护作业项目单

序号	保养项目	任务记录	若存在问题，应如何解决	学生处理结果及教师评分情况
1	进气系统清洗（以缸内直喷涡轮增压式汽油机为例）	车辆是否存在故障 是（ ）否（ ）	解决措施：	
		发动机工作温度：_____℃ 发动机工作温度是否达到正常 是（ ）否（ ）	解决措施：	
		连接工具各接头是否匹配，有无缝隙，是否连接牢固 是（ ）否（ ）	解决措施：	
		清洗时的发动机转速：_____r/min 清洗完毕后的发动机怠速转速：_____r/min 发动机运转是否正常 是（ ）否（ ）	解决措施：	
		清洗时间：_____min 进气管道是否存在漏气现象 是（ ）否（ ）	解决措施：	
2	燃油管路清洗（以缸内直喷涡轮增压式汽油机为例）	车辆是否存在故障，发动机是否达到正常工作温度 是（ ）否（ ）	解决措施：	
		车辆油路及电路是否正常，有无漏电、漏油现象 是（ ）否（ ）	解决措施：	
		是否释放油管压力，燃油管路中的残余压力：_____kPa 是（ ）否（ ）	解决措施：	
		管路及设备连接是否牢靠，各管路连接处有无泄漏情况 是（ ）否（ ）	解决措施：	

任务5　现代汽车的深度维护与保养

（续）

序号	保养项目	任务记录		若存在问题，应如何解决	学生处理结果及教师评分情况
2	燃油管路清洗（以缸内直喷涡轮增压式汽油机为例）	发动机怠速转速：_____r/min 清洗时间：_____min 整个燃油管路是否有泄漏现象		解决措施：	
		是（　）	否（　）		
		燃油管路所有的接头与连接管是否安装复位		解决措施：	
		是（　）	否（　）		

2）汽车润滑系统深度维护作业项目单

序号	保养项目	任务记录		若存在问题，应如何解决	学生处理结果及教师评分情况
1	润滑系统清洗保养	发动机工作温度：_____℃ 发动机工作温度是否达到正常		解决措施：	
		是（　）	否（　）		
		机油清洗剂加入量：_____mL 发动机运转清洗时间：_____min 发动机运转速度：_____r/min 发动机运转是否稳定		解决措施：	
		是（　）	否（　）		
		油底螺塞拧紧力矩：_____N·m； 新机油滤清器拧紧力矩：_____N·m； 机油油面高度是否合适，机油滤清器及油底螺塞处是否存在漏油现象		解决措施：	
		是（　）	否（　）		
2	润滑系统增效、活化保养	润滑系统的增效、活化保养与润滑系统的清洗保养的施工工艺流程大同小异，注意事项及任务好处基本相同，只是两者所采用的材料不同而已。目前采用复合产品，可一次性完成润滑系统的增效、活化与清洗作业，这里不再赘述			

3）汽车冷却系统深度维护作业项目单

序号	保养项目	任务记录		若存在问题，应如何解决	学生处理结果及教师评分情况
1	冷却系统清洗保养	发动机工作温度：_____℃ 发动机工作温度是否达到正常		解决措施：	
		是（　　）	否（　　）		
		清洗剂加入量：_____mL（或罐） 发动机运转清洗时间：_____min 发动机运转速度：_____r/min 发动机运转是否稳定		解决措施：	
		是（　　）	否（　　）		
		冷却系统各管路和连接处是否存在泄漏现象		解决措施：	
		是（　　）	否（　　）		
2	冷却系统止漏保养	冷却系统的止漏保养与冷却系统的清洗保养的施工工艺流程大同小异，注意事项及任务好处基本相同，只是两者所采用的材料不同而已。进行发动机冷却系统的止漏保养时，按冷却系统止漏保护剂的施工工艺流程操作即可，这里不再赘述			

4）汽车空调系统深度维护作业项目单

序号	保养项目	任务记录		若存在问题，应如何解决	学生处理结果及教师评分情况
1	蒸发箱泡沫清洗	发动机工作温度：_____℃ 发动机工作温度是否达到正常		解决措施：	
		是（　　）	否（　　）		
		空调系统工作是否正常		解决措施：	
		是（　　）	否（　　）		
		仪表板是否显示正常		解决措施：	
		是（　　）	否（　　）		
		蒸发器清洗剂加入量：_____mL（或罐） 清洗时间：_____min 清洗剂泡沫液化时间：_____min 蒸发箱中的清洗剂泡沫是否完全液化		解决措施：	
		是（　　）	否（　　）		
		空调系统各管路和连接处是否存在泄漏现象		解决措施：	
		是（　　）	否（　　）		

（续）

序号	保养项目	任务记录		若存在问题，应如何解决	学生处理结果及教师评分情况
2	车内、空调风管除菌除味	发动机工作温度：_____℃ 发动机工作温度是否达到正常		解决措施：	
		是（　）	否（　）		
		空调系统工作是否正常		解决措施：	
		是（　）	否（　）		
		仪表板是否显示正常		解决措施：	
		是（　）	否（　）		
		是否已经拆卸出车内的空调滤清器		解决措施：	
		是（　）	否（　）		
		除菌除味剂加入量：_____mL（或罐） 空调外循环工作时间：_____min 除菌除味剂是否完全雾化		解决措施：	
		是（　）	否（　）		
		空调系统各管路和连接处是否存在泄漏现象		解决措施：	
		是（　）	否（　）		

5）汽车自动变速器深度维护作业项目单

序号	保养项目	任务记录		若存在问题，应如何解决	学生处理结果及教师评分情况
1	自动变速器清洗保养	发动机工作温度：_____℃ 自动变速器油是否达到正常工作温度 在走档前是否可靠驻车，驱动轮是否用三角垫木固定牢靠		解决措施：	
		是（　）	否（　）		
		高效自动变速器清洗剂加注量：_____mL 自动变速器油面刻度尺孔周围是否存在油污和灰尘		解决措施：	
		是（　）	否（　）		
		走档清洗时间：_____min 是否变换所有档位进行清洗		解决措施：	
		是（　）	否（　）		
		是否能够放掉全部旧油		解决措施：	
		是（　）	否（　）		

（续）

序号	保养项目	任务记录	若存在问题，应如何解决	学生处理结果及教师评分情况
1	自动变速器清洗保养	新自动变速器油加注量：_____mL 油面高度是否合适 自动变速器及各管路是否存在泄漏现象 是（ ）　否（ ）	解决措施：	
2	自动变速器的增效（防滑）、活化保养	高效自动变速器保护剂加注量：_____% 自动变速器油面刻度尺孔周围是否存在清洗流程工艺污垢 是（ ）　否（ ）	解决措施：	
		自动变速器油散热器是否完好，各管路及接头有无渗漏现象 是（ ）　否（ ）	解决措施：	

6）汽车制动系统深度维护作业项目单

序号	保养项目	任务记录	若存在问题，应如何解决	学生处理结果及教师评分情况
1	制动系统全面清洁	所有制动轮缸及管路连接处是否存在泄漏问题 是（ ）　否（ ）	解决措施：	
		所有制动软管是否存在鼓胀、凹陷、破损和裂纹等问题 是（ ）　否（ ）	解决措施：	
		轮毂表面及周边、制动盘周边、制动钳内侧以及制动轮缸内侧等处是否存在锈迹	解决措施：	
		制动卡钳内侧、制动轮缸内侧等重要部位是否存在难以清洗的硬质残留物 是（ ）　否（ ）	解决措施：	
		行车制动器的各重要部位是否存在粉尘 是（ ）　否（ ）	解决措施：	
2	制动轮缸、卡销及制动片的润滑	制动片背面是否平滑、光洁	解决措施：	
		制动轮缸定位螺栓是否存在锈蚀和滑牙等问题 是（ ）　否（ ）	解决措施：	
		轮毂螺母（中心固定大螺母）是否存在松动现象，锁止片或锁止销是否完好	解决措施：	
		轮胎螺栓是否存在锈蚀和滑牙等问题	解决措施：	
		轮缸活塞防尘套是否存在变形、破损和裂纹等问题 是（ ）　否（ ）	解决措施：	

7）汽车液压助力转向系统深度维护作业项目单

序号	保养项目	任务记录		若存在问题，应如何解决	学生处理结果及教师评分情况
1	液力助力转向系统清洗保养	转向助力油液面高度：接近或超过max（　），接近或低于min（　），max和min之间（　） 转向储液罐盖是否完好		解决措施：	
		是（　）	否（　）		
		转向助力油抽出量：_____mL 清洗剂加注量：_____mL 储液罐是否存在泄漏		解决措施：	
		是（　）	否（　）		
		清洗时间：_____min 转向器是否能够自动回正		解决措施：	
		是（　）	否（　）		
		是否能够放掉全部旧油		解决措施：	
		是（　）	否（　）		
		新转向助力油中是否混入空气		解决措施：	
		是（　）	否（　）		
		液力助力转向系统是否有渗漏现象		解决措施：	
		是（　）	否（　）		
2	液力助力转向系统增效、活化保养	转向助力油抽出量：_____mL 保护剂加注量：_____mL 储液罐是否存在泄漏		解决措施：	
		是（　）	否（　）		
		转向助力油液面高度是否在max和min之间 转向储液罐盖是否完好		解决措施：	
		是（　）	否（　）		

3. 职业素养

结合汽车个性化的深度维护，安排学生分组开展汽车重要系统和总成的深度维护作业，来提高学生对汽车特色养护的认识，培养学生对具体问题进行具体分析，对特殊情况进行特殊处理的能力，使其具备既坚持自己改革创新观点又能服从管理的品格。

4. 工匠精神

4.1 认识"大工传世"的三个杰出代表,深入挖掘他们的先进事迹

1)让"一触即碎,入水就溶"的古代织物还原如初,使丝绸文化代代传承的大国工匠王亚蓉。

2)拥有中国瓷器烧制巅峰技艺,让绝迹 800 年的汝瓷珍品重现于世的大国工匠朱文立。

3)利用拓印技术,让历史经典变得灵动可亲的大国工匠李仁清。

4.2 学习大国工匠的心得体会

_____
_____
_____
_____ 。

任务 6
新能源汽车的维护与保养

1. 关键知识

1.1 完成以下填空（将正确的答案填写在横线上）

1）我国现代新能源汽车的主要类型有_____、_____和_____。

2）纯电动汽车的维护保养项目与传统汽车的维护保养项目有许多相同之处，但两者维护与保养的最大区别在于传统汽车主要针对_____进行保养，需要定期更换_____、_____等，而纯电动汽车主要是针对_____和_____进行日常的维护与保养。

3）纯电动新能源汽车的维护任务主要包括_____、_____、_____以及驱动电机控制器的维护与保养等内容。

1.2 完成以下判断（正确的打√号，错误的打×号）

1）纯电动汽车用动力电池组和电动机代替传统汽车的发动机和变速器来驱动汽车行驶。（　　）

2）纯电动新能源汽车的维护任务实施，应特别注意相关系统及总成的使用条件、安全注意事项以及相应的操作要领等相关要求，以确保人身安全。（　　）

3）纯电动新能源汽车维护与保养结束后，应根据需要进行相关检测，以确保维护质量。（　　）

2. 核心技能

扫码观看教师示范操作微视频，对照主教材相应的操作过程及步骤，实施纯电动新能源汽车维护的各项作业，并完成各项任务记录。

这里以北汽新能源 EV150/EV200 系列纯电动乘用车中的 EV150 汽车为例进行介绍，各学校可根据自身情况开展相关的实训教学。

1）充电系统的维护与保养作业项目单

微视频 15

序号	保养项目	任务记录		若不符合相关技术要求（对照纯电动新能源汽车维护与保养后的相关检测标准值），则应如何解决	学生处理结果及教师评分情况
1	车载充电机工作状态的检测	对车辆进行充电，查看指示灯是否正常		解决措施：	
		是（　）	否（　）		
2	充电线功能、外观及其插头状态的检查、测试	目测充电线外观是否破损或出现裂痕		解决措施：	
		是（　）	否（　）		
		进行充电测试，检测充电线是否导通		解决措施：	
		是（　）	否（　）		
3	充电口盖开关状态的检测	当充电口盖板打开时，仪表充电指示灯是否常亮		解决措施：	
		是（　）	否（　）		
		当关闭充电口盖板时，仪表充电指示灯是否熄灭		解决措施：	
		是（　）	否（　）		
		检查充电口盖是否能够正常开启或关闭		解决措施：	
		是（　）	否（　）		

2）动力电池系统的维护与保养作业项目单

序号	保养项目	任务记录		若不符合相关技术要求（对照纯电动新能源汽车维护与保养后的相关检测标准值），则应如何解决	学生处理结果及教师评分情况
1	动力电池外箱的检查	动力电池外箱底部是否存在磕碰、划伤、损坏等现象，动力电池外箱是否存在灰尘		解决措施：	
		是（　）	否（　）		
		极柱座橡胶护套是否齐全，极柱是否氧化		解决措施：	
		是（　）	否（　）		
		极柱是否存在拉弧或打火烧蚀等现象		解决措施：	
		是（　）	否（　）		

微视频 16

（续）

序号	保养项目	任务记录	若不符合相关技术要求（对照纯电动新能源汽车维护与保养后的相关检测标准值），则应如何解决	学生处理结果及教师评分情况
2	动力电池的定期充放电	电池的充电时间一般为_____h，充电时的电池温度应≤_____℃ 车辆行驶过程中，电量表的指示灯红灯和黄灯是否都点亮 是（　）　否（　）	解决措施：	
		车辆行驶过程中，是否出现黄灯熄灭，而只剩下红灯亮的情况 是（　）　否（　）	解决措施：	
3	动力电池单体电池一致性测试，并查看各类电池信息	电池电压为_____V，SOC电量为_____%，电池温度为_____℃ 汽车在行驶中，是否出现速度突然降低的情况 是（　）　否（　）	解决措施：	
4	BMS、绝缘电阻、插接件与紧固件情况的检查	电池正极绝缘电阻应≥_____MΩ，负极绝缘电阻应≥_____MΩ，是否符合相关技术要求 是（　）　否（　）	解决措施：	
		动力电池高低压插接件是否存在变形、松脱、过热、损坏等情况 是（　）　否（　）	解决措施：	
5	动力电池固定螺栓力矩的检测	螺栓标准力矩为_____N·m，是否符合相关技术要求 是（　）　否（　）	解决措施：	

3）电机及电机控制器的维护与保养作业项目单

序号	保养项目	任务记录	若不符合相关技术要求（对照纯电动新能源汽车维护与保养后的相关检测标准值），则应如何解决	学生处理结果及教师评分情况
1	车身底部防护层、驱动电机的目测检查	车身底部防护层、驱动电机是否存在磕碰、损坏等情况 是（　）　否（　）	解决措施：	

微视频 17

(续)

序号	保养项目	任务记录	若不符合相关技术要求（对照纯电动新能源汽车维护与保养后的相关检测标准值），则应如何解决	学生处理结果及教师评分情况
2	驱动电机及变速器悬置软垫固定螺栓力矩的检测	支架与车身悬置连接力矩为_____N·m，变速器悬置连接力矩为_____N·m 是否符合相关技术要求 是（ ） 否（ ）	解决措施：	
3	底盘高压线缆外观及连接状况的检查	底盘高压线缆保护套是否存在进水、老化、破损等情况 是（ ） 否（ ）	解决措施：	
4	驱动电机、电机控制器外观的检查	驱动电机、电机控制器的外观是否清洁 是（ ） 否（ ）	解决措施：	

4）电器与电控系统的维护与保养作业项目单

序号	保养项目	任务记录	若不符合相关技术要求（对照纯电动新能源汽车维护与保养后的相关检测标准值），则应如何解决	学生处理结果及教师评分情况
1	系统故障码的检测	进行测试，查询是否存在故障码 是（ ） 否（ ）	解决措施：	
2	高、低压线束的外观及连接情况的检查	机舱线束（高、低压）插接是否牢靠，线束根部是否存在过热、变形、松脱等情况 是（ ） 否（ ）	解决措施：	
3	高压线束导电性和绝缘性的检查	高压线束的导电电阻应为_____Ω，高压线束的绝缘电阻应为_____MΩ 高压线束的导电性和绝缘性是否符合相关的技术要求 是（ ） 否（ ）	解决措施：	

3. 职业素养

结合新能源汽车维护与保养作业的分组实训，引导学生关注国家大政方针，把握汽车产业发展脉搏，树立强烈的节能环保及劳动安全意识，做有理想、有抱负、有激情、有冲劲、有担当的新时代"汽车全科医生"。

团队协作训练情景	小组成员	评价要素	评价情况
		场地、车辆、工量具及仪器设备准备情况	优（　），良（　），中（　），及（　），差（　）
		车辆举升操作流程及安全检查情况	优（　），良（　），中（　），及（　），差（　）
		对纯电动汽车安全隐患的排查情况	优（　），良（　），中（　），及（　），差（　）
		任务实施过程中的劳动、安全保护情况	优（　），良（　），中（　），及（　），差（　）
		小组分工，相互协作，完成任务情况	优（　），良（　），中（　），及（　），差（　）

4. 工匠精神

4.1 认识"大技贵精"的三个杰出代表，深入挖掘他们的先进事迹

1）"心细如发，探手轻柔"，即使 5μm 的公差也要"执拗"返工的大国工匠李峰。

2）"心有精诚，手有精艺"，仅凭一双手捏捻搓摸，便可精准感知细如发丝钢板厚度的大国工匠顾秋亮。

3）"蒙眼插线，穿插自如"，方寸之间能插接百条线路，成就"中国制造"领跑世界的大国工匠李刚。

4.2 学习大国工匠的心得体会

_____
_____
_____
_____○

任务 7
现代汽车4S店维护作业的工作流程

1. 关键知识

1.1 完成以下填空（将正确的答案填写在横线上）

1）汽车 4S 店是指集整车销售（Sale）、零配件供应（Spare part）、售后服务（Service）和信息反馈（Survey）四位一体的具有_____、_____、_____特点的汽车售后服务企业。

2）现代汽车 4S 店维护作业的工作流程主要包括汽车 4S 店的基本运作流程，汽车 4S 店的_____、_____、_____和定期保养等内容。

3）汽车 4S 店的基本运作流程大体包含预约、接待、填写修理单（报修）、监督工作进程、交车前的_____、交车时的_____、_____和与客户建立良好的关系等几个方面。

4）汽车 4S 店的安全生产要求主要包括员工个人安全、工具和设备的安全使用、提升汽车时的安全等注意事项，以及在车间发动汽车时的注意事项、_____和_____时的注意事项等内容。

1.2 完成以下判断（正确的打√号，错误的打 × 号）

1）当今汽车市场的竞争不仅是汽车产品的竞争，而且更多的是售后服务的竞争。
（　　）

2）汽车 4S 店售后服务业务中有 50%～60% 的工作为汽车常规性维护与保养作业。
（　　）

2. 核心技能

对照教材中汽车 4S 店基本运作流程中的相应操作步骤进行分组模拟演练，并将所缺内容填写在相应横线上。

2.1 预约（节选）

任务 7　现代汽车 4S 店维护作业的工作流程

汽车 4S 店预约流程的操作步骤及注意事项

序号	操作步骤	操作图解	注意事项	目标、要点及提示
1	进行电话预约	填写预约表，对返修客和投诉客要特别标出	（1）把握好预约时机：即什么时候可以预约，什么时候不能预约 （2）填写预约表时注意： ① 预约时间应保持 15min 左右间隔 ② 预约截止时间由维修主管决定 ③ 问清楚是"返修客"，还是"投诉客"	目标： ① _____ ② _____ 要点： ① 尽可能将预约放在空闲时间，避免都挤在繁忙的上午和即将收工的傍晚 ② 留出 20% 的车间容量应付简易修理和前一天遗留下来的修理及不能预见的延误
2	确认预约	提前两天与顾客联络，以确认预约		

2.2　接待（节选）

汽车 4S 店接待流程的操作步骤及注意事项

序号	操作步骤	操作图解	注意事项	目标、要点及提示
1	接待顾客	① _____ ② 自我介绍 ③ 询问顾客姓名，以及他（或她）是否预约 ④ _____ ⑤ 在修理单上写下顾客和车辆的资料	① 如果是新客，则进行第 3 项操作，即小心聆听 ② 如果是熟客或长期顾客，则取出已制备好的修理单和顾客档案（资料）	要点： ① _____ _____ ② 小心听取客户的要求，将客户的描述登记在修理单上 ③ 与技术主管进行路试或仪器诊断 ④ _____ _____

（续）

序号	操作步骤	操作图解	注意事项	目标、要点及提示
2	小心聆听	小心聆听，以了解故障（或维修要求）、故障产生的情况等	必要时，需要服务专员与顾客进行交谈	提示： 接待过程的目标是，用有序、专业的方式接待顾客，增加客户的信心，在有能力的基础上超越客户的期望
		询问检查目的和里程表读数，然后确定技术检查程序（例如，40 000km 例行检查）	① 需要服务主管参加交谈 ② _____ ③ 将顾客的要求和服务主管的指示写在修理单上	
		取出顾客档案或印出维修记录	① _____ ② 必要时，陪顾客到汽车诊断区	
3	准备诊断	① _____ ② 索取品质保证书或维修手册 ③ 查看顾客档案，计算机印出资料，了解上次维修情况	① 在车旁进行操作 ② 确认车主姓名和上次所做的检查 ③ _____ ④ 记下里程计读数	其他要点： 在一般维修和返修或投诉后，还需完成：用服务主管或车间主任的话，将替换零件及工作指示写在修理单上 询问顾客是否还有其他要求

任务 7　现代汽车 4S 店维护作业的工作流程

2.3　填写修理单（报修单）

汽车 4S 店报修流程的操作步骤及注意事项

序号	操作步骤	操作图解	注意事项	目标、要点及提示
1	写下修理要求	①检查零件库存情况 ②估计收费和交车日期及时间 ③解释要做的工作，并获得客户的批准 ④将修理单交给车间主任	①逐项解释收费 ②总体打折，单项不打折 ③加强使用设备仪器的使用 ④增加附加检测 ⑤加强收费的解释说明 ⑥质量保证说明 ⑦配件解释说明 ⑧打折幅度变化不宜过大 ⑨制订收费标准 ⑩品牌不打折 ⑪不让客户找经理或老板 ⑫事故车估价细致，预见不可估计费用 ⑬注意维修难度 ⑭了解配件价格及采购难度 ⑮是否常见车型，其他修理企业能否完成，是否到其他企业维修过 ⑯了解什么样的客户类型，了解是否本地车和外地车	目标： ①_____ ②要签合约 要点： ①_____ ②除了定期检查，人工和零件的收费应与车间主任一起协商估算 ③_____ 提示： 有效的修理单信息和有效的维修过程管理为顾客满意度打下基础，精确的修理单写法是达到"一次修复"的重要一环

2.4　监督工作进程

汽车 4S 店监督工作进程的操作步骤及注意事项

序号	操作步骤	操作图解	注意事项	目标、要点及提示
1	检查工作进程	顾客等候 利用工作进程控制表/板来监督各项工作，向顾客汇报工作进程	在预定交车前两小时，检查工作进程	目标： _____ 要点： ①确保车间主任或调度员随时刷新工作进程控制表或工作进程控制板，以及反映各项工作的最新状况

（续）

序号	操作步骤	操作图解	注意事项	目标、要点及提示
2	有变化时，事先征得顾客同意	① 将客户同意的变动项目通知车间主任，以便他能恢复工作 ② 在车间主任的协助下决定新的交车时间及估价 ③ 将变化通知顾客，并争得他或她的同意 ④ 将顾客的回答记在修理单上	将变化写在修理单上时注意： ① 为了使顾客同意了的任何变动突出醒目，请用红笔书写添加的工作、增加的收费和修改了的交车时间 ② 在预定交车时间前2h，检查各车的工作进程	② 如果必须作改动，则将添加的工作、增加的收费以及新的交货日期和时间通知顾客，并获得其同意 提示： _____

2.5 交车前的最后检查（节选）

汽车4S店交车前的最后检查步骤及注意事项

序号	操作步骤	操作图解	注意事项	目标、要点及提示
1	对所做的工作进行车上检查	① 查看修理单，以确认最后检查已完成（例如车间主任签字）。如果修理单上写的内容有不清楚的地方，要向车间主任或技术员查询 ② 检查所做的工作和所更换的零件。请准备对顾客有用的资料 ③ 确认车辆里外已清理干净 ④ 确认其他交车前的礼仪工作（将座椅回复到原来位置等） ⑤ 再次检查接车前的检查项目（车身损伤等），并与原先的检查进行比较	在修理单上记述所做的工作和最后检查结果时注意： ① _____ ② 确认最后检查已完成 ③ 在完成了交车前最后检查后，请服务主管和服务专员签字	目标 ① _____ ② 了解所有工作的详情、更换了什么零件和更换的原因，以及每一项的收费，以便在交车时能作出令顾客满意的解释 ③ _____ 要点 ① 要求进行维修的车间主任或技术员对所做的工作作出完整的解释（什么、为什么和如何）
2	备妥文件	① 填好修理单，并逐项检查收费，包括人工和零件价格 ② 根据修理单制备账单（如果账单与修理单是分开的话）	① 要求服务主管批准特别修理（例如，昂贵的修理、保用工作或返修等）的收费 ② _____ ③ 在维修手册或品质保证书中记录已完成的定期检查	② _____ 提示：交车程序是为了确保顾客离开时对销售店有正面的印象并对工作满意

任务 7　现代汽车 4S 店维护作业的工作流程

2.6　交车时的维修工作说明（节选）

汽车 4S 店交车时的维修工作说明及注意事项

序号	操作步骤	操作图解	注意事项	目标、要点及提示
1	解释所做的工作和收费（在业务处）	① 向顾客问好 ② 向顾客讲述在维修中发现的问题，并且提供有用的咨询	分三种情况进行说明： ① ＿＿＿＿＿＿＿ ② ＿＿＿＿＿＿＿ ③ 返修或投诉。解释所做的工作，并展示换下的零件。此时服务主管应在场	目标： 确保顾客对贵中心有信赖感： ① 向顾客展示，所要求的工作已满意完成，因此顾客可以满怀信心地驾驶他或她的车辆
2	展示所做工作的质量（在车上）	① 取下椅套 ② 陪同顾客至业务处	陪同顾客到车旁，并做如下的工作： ① 解释所做的工作 ② 展示所做工作的（如果在诊断时进行了路面驾驶，那么此时也与顾客一起进行路面驾驶） ③ ＿＿＿＿＿＿＿ ④ 展示商誉性的服务	② ＿＿＿＿＿＿＿ 要点： ① 在车旁还应再简述所做的工作 ② 作为汽车保养专家，应向顾客讲述在维修过程中发现的问题

2.7　服务追踪

汽车 4S 店服务追踪步骤及注意事项

序号	操作步骤	操作图解	注意事项	目标、要点及提示
1	维修后追踪（L1 和 L2）	L1 通过电话 ① 取出有关的修理单（在维修后一周内） ② 在预约的日期和时间联络顾客，并且按照预定的程序进行追踪（例如，感谢顾客惠顾确认他/她是否满意等）	① ＿＿＿＿＿＿＿ ② 如果顾客不满意或投诉：感谢顾客向你提出的问题，从而帮助你杜绝下次出现同样的问题 请顾客将车开回维修车间，以便解决投诉的问题 立即向服务主管报告投诉	目标： ① 对顾客惠顾表示感谢 ② ＿＿＿＿＿＿＿ ③ 通知顾客下一次例行保养检查的时间 要点： ① ＿＿＿＿＿＿＿

（续）

序号	操作步骤	操作图解	注意事项	目标、要点及提示
1	维修后追踪（L1和L2）	L2 通过信件	按照预定程序编制的调查问卷邮寄给顾客	②确实执行服务主管决定，通过电话追踪的标准程序 ③确实执行服务主管决定，处理不满意顾客的标准程序（例如，立即报告服务主管，以便于他能与顾客联络） 提示： 跟踪服务可以保持与顾客的交流并在顾客满意度方面提供有价值的反馈
2	向服务主管报告追踪的结果	总结当天追踪的结果，并且向服务主管汇报		

2.8 与客户建立良好的关系

汽车 4S 店与客户建立良好关系的注意事项

操作图解	注意事项
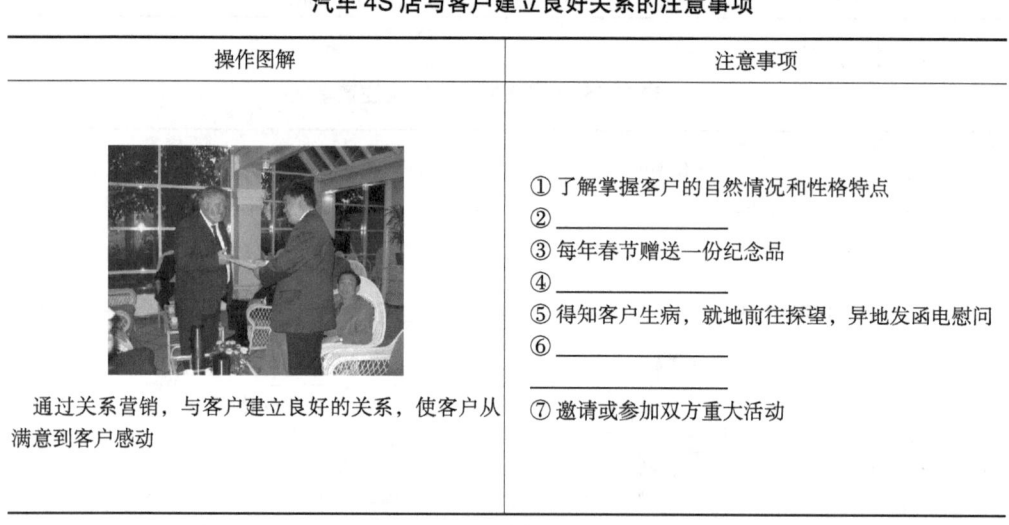 通过关系营销，与客户建立良好的关系，使客户从满意到客户感动	①了解掌握客户的自然情况和性格特点 ②＿＿＿＿＿＿＿＿ ③每年春节赠送一份纪念品 ④＿＿＿＿＿＿＿＿ ⑤得知客户生病，就地前往探望，异地发函电慰问 ⑥＿＿＿＿＿＿＿＿ ⑦邀请或参加双方重大活动

3. 职业素养

通过汽车 4S 店基本运作流程中相应操作步骤的分组模拟演练，增强学生的团队合作意识和集体荣誉感。培养学生建立"顾客是上帝"的经营服务理念，从而进一步提高他们的责任心和进取心。引导学生养成踏实肯干的工作作风，为今后保证汽车维护作业的工作质量，提高客户满意度，维护汽车 4S 企业的良好形象奠定基础。

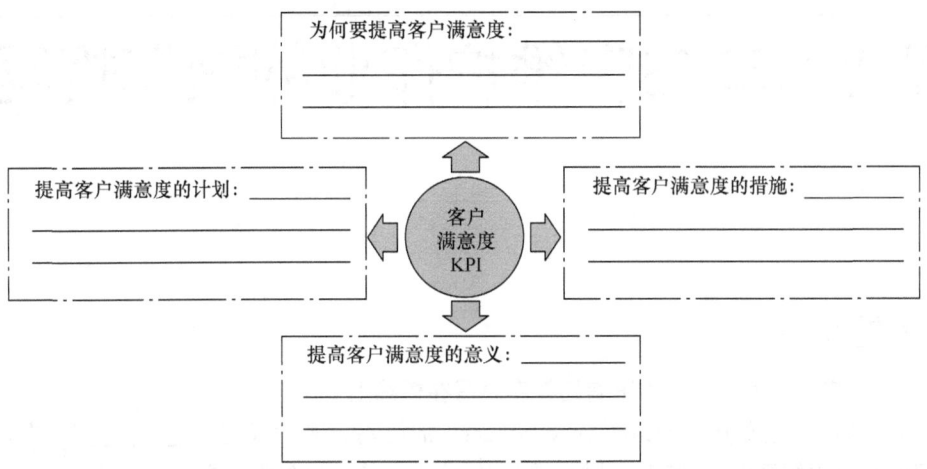

4．工匠精神

4.1 认识"大道无疆"的三个杰出代表，深入挖掘他们的先进事迹

1）用手指触摸测量，下刀依然完美精准的大国工匠裴永斌。
2）人民币人像雕刻的顶尖高手，"使刀成圣同样可换笔夺魁"的大国工匠马荣。
3）自制改进工具数百件，加工精度逼近零公差的大国工匠方文墨。

4.2 学习大国工匠的心得体会

_____
_____
_____
_____。

任务 8
现代汽车4S店维护作业的操作规程

1. 关键知识

1.1 完成以下填空（将正确的答案填写在横线上）

1）"PDI"是英语"pre-delivery inspect"的缩写，其含义是"＿＿＿＿＿"，在广州本田新车检验体系中，"PDI"是指车辆交付给用户前对新车所实施的"＿＿＿＿＿"。

2）新车首次维护作业的任务主要包括更换＿＿＿＿＿和＿＿＿＿＿对全车进行目视检查、对汽车底盘进行目视检查等内容。

3）汽车大修发动机后的首次维护是指当大修发动机后的车辆行驶到一定的行驶里程后，对机油、机油滤清器进行更换，并对发动机＿＿＿＿＿、＿＿＿＿＿、＿＿＿＿＿进行全面＿＿＿＿＿、＿＿＿＿＿、＿＿＿＿＿的作业过程。

4）搭载1.4 TSI（EA211）发动机的上海大众全新桑塔纳系列车型在4S店里的典型保养任务主要包括＿＿＿＿＿作业、＿＿＿＿＿养护和清洁作业、＿＿＿＿＿养护和清洁作业以及底盘维护作业等内容。

1.2 完成以下判断（正确的打√号，错误的打×号）

1）PDI检查的目的就是确保把完美无缺的新车交付到用户的手中，使用户满意。
（　　）

2）汽车首次维护的质量检验国家还没有出台相关规定，目前主要根据车辆维修手册相关要求进行。不同厂家、不同车型首次维护质量检验的项目和内容也不尽相同，应灵活掌握。
（　　）

3）目前所有汽车生产厂家都明确要求其售后服务企业，在车辆进行首保时，维修技师必须向客户说明车辆维护保养方面的相关知识，且将这一任务作为维修技师考核的重要内容。
（　　）

4）大修发动机汽车首次维护作业任务主要包括更换发动机润滑油和机油滤清器以及对发动机各系统、各总成、各部件进行全面检测、调整等内容。
（　　）

2. 核心技能

2.1 完成维修技师与车主互动练习中的各项任务记录

对照教材中汽车维修技师与车主进行互动时要完成的有关任务以及相应的话语话术

和相关的工作情境，进行分组模拟演练，并补齐向客户重点说明的有关内容。

维修技师与车主互动的任务、话术及情境（节选）

技师任务	相应话术	学生完成及教师评分情况
介绍车辆以后的保养间隔（如5 000km换机油）	1）发动机润滑油：第一次3 000km，以后每隔5 000km或3个月更换一次 向客户重点说明：	
	2）自动变速器油：建议60 000km更换一次 向客户重点说明：	
	3）制动液：建议30 000km或18个月更换一次 向客户重点说明：	
	4）动力转向油：建议60 000km更换一次 向客户重点说明：	
	5）发动机冷却液：理想状况是5年或240 000km更换一次（仅限于别克专用） 向客户重点说明：	

（续）

技师任务	相应话术	学生完成及教师评分情况
介绍用车的注意事项，如发动机冷却液温度、轮胎气压、润滑油压力和油量等	1）发动机冷却液的正常温度一般为 80~90℃ 向客户重点说明： 2）轮胎气压应符合车辆使用手册规定。轮胎气压值一般在油箱盖板内侧面或行李舱等处有标注 向客户重点说明： 3）发动机润滑油压力和油量应符合规定。机油压力一般为 300~400kPa，机油油量应处于机油尺上、下刻线之间 向客户重点说明：	
讲述车辆质量担保期限及其必要条件等	1）整车保修期：2 年或 60 000km，以先到达者为准（蓄电池 1 年或 30 000km） 2）更换配件的保修期：1 年或 20 000km，以先到达者为准 3）客户享受保修必要条件：按照车辆定期保养要求在上海通用授权的特约维修中心接受定期保养和维修 4）须确认是否享有保修服务的权利 向客户重点说明：	
告知车辆非保修的项目	1）正常的噪声、振动、磨损和老化 向客户重点说明： 2）环境与外部环境原因造成的损坏 向客户重点说明： 3）使用不当造成的 向客户重点说明： 4）客户提出保修前，未保护好损坏件原始状态或发生故障后在未经同意的情况下擅自处置导致损坏扩大的 5）因车辆停用造成的经济损失和附加费用	

2.2 完成新车首次维护作业任务实施中的各项任务记录

对照教材中新车首次维护作业任务实施中的相应内容，进行新车首次维护作业，并完成新车首次维护作业任务实施中的各项任务记录。

1）首保更换机油及滤清器项目单

序号	保养项目	任务记录	若不符合相关技术要求（对照汽车首次维护的质量检验技术要求），则应如何解决	学生处理结果及教师评分情况
1	更换机油	所选用机油黏度级（SAE）：_____ 所选用机油使用级（API）：_____ 放油螺塞拧紧力矩：_____N·m 系统是否存在泄漏问题 是（　）　否（　）	解决措施：	
2	更换机油滤清器	机油滤清器的拧紧力矩：_____N·m 机油油位是否处于合适位置 是（　）　否（　）	解决措施：	
3	发动机润滑油寿命监视系统归零（若有）	发动机润滑油寿命监视系统是否能够归零 是（　）　否（　）	解决措施：	

2）首保全车检查项目单

序号	保养项目	任务记录	若不符合相关技术要求（对照汽车首次维护的质量检验技术要求），则应如何解决	学生处理结果及教师评分情况
1	检查全车灯光	全车灯光是否齐全有效 是（　）　否（　）	解决措施：	
2	检查全车油液	发动机润滑油油面高度是否在合适的范围内，是否存在泄漏问题 是（　）　否（　）	解决措施：	
		发动机冷却液液面高度是否在合适的范围内，是否存在泄漏问题 是（　）　否（　）	解决措施：	
		风窗玻璃清洗液液面高度是否在合适的范围内，是否存在泄漏问题 是（　）　否（　）	解决措施：	
		动力转向油油面高度是否在合适范围内，是否存在泄漏问题 是（　）　否（　）	解决措施：	
		制动液液面高度是否在合适范围内，是否存在泄漏问题 是（　）　否（　）	解决措施：	
		自动变速器油油面高度是否在合适范围内，是否存在泄漏问题 是（　）　否（　）	解决措施：	

微视频19

3）首保底盘检查项目单

序号	保养项目	任务记录		若不符合相关技术要求（对照汽车首次维护的质量检验技术要求），则应如何解决	学生处理结果及教师评分情况
1	检查轮胎	轮胎气压值： 左右前轮胎各_____、_____kPa 左右后轮胎各_____、_____kPa 轮胎气压是否一致，是否在规定的范围内		解决措施：	
		是（　）	否（　）		
		轮胎是否存在异常磨损		解决措施：	
		是（　）	否（　）		
2	检查转向及悬架系统的零部件	是否存在渗漏、扭曲、变形等问题		解决措施：	
		是（　）	否（　）		
3	检查排气管	是否存在漏气、连接螺栓松动和老化等问题		解决措施：	
		是（　）	否（　）		

2.3 完成大修发动机汽车首次维护作业任务实施中的各项任务记录

对照教材中大修发动机汽车首次维护作业任务实施中的相应内容，进行大修发动机后的首次维护作业，并完成大修发动机后的首次维护作业任务实施中的各项任务记录。

1）更换机油及滤清器项目单

序号	保养项目	任务记录		若不符合相关技术要求（对照大修发动机汽车首次维护的质量检验技术要求），则应如何解决	学生处理结果及教师评分情况
1	更换机油	所选用机油黏度级（SAE）：_____ 所选用机油使用级（API）：_____ 放油螺塞拧紧力矩：_____N·m 系统是否存在泄漏问题		解决措施：	
		是（　）	否（　）		
2	更换机油滤清器	机油滤清器的拧紧力矩：_____N·m 机油油位是否处于合适位置		解决措施：	
		是（　）	否（　）		

2）发动机总成检查项目单

序号	保养项目	任务记录	若不符合相关技术要求（对照大修发动机汽车首次维护的质量检验技术要求），则应如何解决	学生处理结果及教师评分情况
1	检查气门罩盖密封情况	是否存在泄漏问题 是（　　）　　否（　　）	解决措施：	
2	检查气缸盖螺栓与气缸垫的紧固及密封情况	气缸盖螺栓拧紧力矩为：＿＿＿＿N·m 拧紧顺序为：＿＿＿＿ 是否存在漏油、漏水、漏气等问题 是（　　）　　否（　　）	解决措施：	
3	检查进、排气歧管及总管的连接紧固情况	进、排气歧管连接螺栓的拧紧力矩为：＿＿＿＿N·m，拧紧顺序为：＿＿＿＿ 是否存在漏气问题 是（　　）　　否（　　）	解决措施：	
4	检查油底壳的密封情况	查看油底密封垫和放油螺塞处是否存在泄漏问题 是（　　）　　否（　　）	解决措施：	
5	检查发电机及空调压缩机等旋转部件驱动带松紧情况	传动带挠度为：＿＿＿＿mm 传动带松紧度是否在规定范围内 是否存在松旷、干涉、卡滞、异响等情况 是（　　）　　否（　　）	解决措施：	
6	检查各管路连接及密封情况	连接是否可靠，是否存在变形、破损等问题 是（　　）　　否（　　）	解决措施：	
7	检查各导线连接及紧固情况	连接是否可靠，是否存在变形、破损、松动、脱落等问题 是（　　）　　否（　　）	解决措施：	
8	检查发动机各附属装置工作情况	工作情况是否正常，是否存在移位、缠绕、干涉等现象 是（　　）　　否（　　）	解决措施：	
9	检查发动机有无异响	查看发电机、空调压缩机等旋转部位有无干涉、卡滞等情况 是（　　）　　否（　　）	解决措施：	

3．职业素养

结合目前绝大多数汽车售后服务企业在进行汽车首保时，安排技师与车主进行互动,即由汽车维修技术向车主重点说明汽车首保后的使用维护注意事项这一环节,来提高学生的话语话术能力,使其具备较强的沟通能力、人际交往能力和自我学习能力,并增强他们的责任心和进取心,从而提高客户的满意度和忠诚度。

见面问候:您好!早上好!中午好!下午好!晚上好!……

介绍自己:我是谁?我是做什么的?我可以帮到您什么?……

话术准备:我要跟车主说什么?向车主做哪些重点说明?怎样说才能更清楚明白?……

重点说明:如何让车主认真听我讲?如何证明我的讲解是真实的?如何引起车主对我重点说明的重视?……

演练要求:两人一组,组员观摩,礼仪到位,语言流畅,讲解准确,表情自然,时间恰当
演练点评:组员互评,教师点评,综合评价

4. 工匠精神

4.1 认识"大任担当"的三个杰出代表,深入挖掘他们的先进事迹

1)心怀梦想,心平手稳,焊接飞天神箭的大国工匠高凤林。

2)能在毫厘之间,把握分寸,重现旷世兵马俑的大国工匠马宇。

3)在肉眼难辨的误差里,手工打造精美弧线,托举中国大飞机翱翔蓝天的大国工匠王伟。

4.2 学习大国工匠的心得体会

_____
_____
_____
_____。